Antonio Carlos da Fonseca Bragança Pinheiro
Marcos Crivelaro

EDIFICAÇÕES INTELIGENTES
Smart Buildings para Smart Cities

São Paulo
2020

érica

Av. Dra. Ruth Cardoso, 7221, 1º Andar, Setor B
Pinheiros – São Paulo – SP – CEP: 05425-902

SAC Dúvidas referentes a conteúdo editorial, material de apoio e reclamações:
sac.sets@somoseducacao.com.br

DADOS INTERNACIONAIS DE CATALOGAÇÃO NA PUBLICAÇÃO (CIP)
ANGÉLICA ILACQUA CRB-8/7057

Pinheiro, Antonio Carlos Bragança
  Edificações inteligentes : smart buildings para smart cities / Antonio Carlos Bragança Pinheiro, Marcos Crivelaro. – São Paulo : Érica, 2020.
  240 p.

  Bibliografia
  ISBN 978-85-365-3265-3

  1. Edifícios inteligentes 2. Arquitetura e tecnologia 3. Automação residencial I. Título II. Crivelaro, Marcos.

19-2473
CDD 720.105
CDU 72.004

Direção executiva	Flávia Alves Bravin
Direção editorial	Renata Pascual Müller
Gerência editorial	Rita de Cássia S. Puoço
Editora de aquisições	Rosana Ap. Alves dos Santos
Editoras	Paula Hercy Cardoso Craveiro
	Silvia Campos Ferreira
Assistente editorial	Rafael Henrique Lima Fulanetti
Produtor editorial	Laudemir Marinho dos Santos
Serviços editoriais	Juliana Bojczuk Fermino
	Kelli Priscila Pinto
	Marília Cordeiro
Preparação	Julia Pinheiro
Revisão	Angélica Beatriz Halcsik
Projeto gráfico e diagramação	Ione Franco
Capa	Tiago Dela Rosa
Impressão e acabamento	Gráfica Paym

Índices para catálogo sistemático:

1. Arquitetura e tecnologia

Copyright © Antonio Carlos Bragança Pinheiro, Marcos Crivelaro
2020 Saraiva Educação
Todos os direitos reservados.

2020

Nenhuma parte desta publicação poderá ser reproduzida por qualquer meio ou forma sem a prévia autorização da Saraiva Educação. A violação dos direitos autorais é crime estabelecido na Lei n. 9.610/98 e punido pelo art. 184 do Código Penal.

CO 646360   CL 642511   CAE 716643

Agradecimentos

Somos gratos ao apoio ofertado pela Editora Érica e sua equipe desde o início da concepção e editoração deste livro até a divulgação e venda.

Fazemos um agradecimento especial à nossa amiga e editora de aquisições Rosana Aparecida, que sempre nos apoia e incentiva na criação de novas obras.

Sobre os autores

Antonio Carlos da Fonseca Bragança Pinheiro é bacharel em Engenharia Civil pela Universidade Presbiteriana Mackenzie e doutor em Engenharia Civil pela Escola Politécnica da Universidade de São Paulo (EPUSP). É docente da Faculdade de Tecnologia de São Paulo (Fatec-SP), da Universidade Cidade de São Paulo (Unicid) e do Centro Universitário Estácio de São Paulo (Estácio-SP). Na área de construção civil, foi chefe do departamento de Projetos, gerente de Engenharia e diretor técnico. Foi professor e diretor da Escola de Engenharia do Mackenzie; diretor de campus; coordenador e docente na área de Construção Civil do Instituto Federal de São Paulo (IFSP).

Marcos Crivelaro é bacharel em Engenharia Civil pela EPUSP e pós-doutor em Engenharia de Materiais pelo Instituto de Pesquisas Energéticas e Nucleares de São Paulo (Ipen-USP). É professor da área de Construção Civil do IFSP e da Fatec-SP, e na graduação e pós-graduação da Faculdade de Informática e Administração Paulista (FIAP) e TOLEDO (Presidente Prudente). Na área de Construção Civil, foi diretor de Engenharia e Planejamento de obras residenciais e comerciais de grande porte.

Apresentação

As edificações inteligentes (smart buildings) já são realidade em várias localidades do mundo, inclusive no Brasil. O conceito smart pode ser empregado desde a concepção da obra até a adaptação de pequenos sistemas elétricos automatizados e controlados pelo smartphone. As principais vantagens do conceito inteligente referem-se ao conforto oferecido aos seus moradores e usuários, mas, também, à otimização de recursos financeiros/materiais e espaços físicos.

O Capítulo 1 apresenta a origem e os conceitos pertencentes ao smart building e smart city, além de como seria morar dentro de um edifício e de uma cidade inteligente.

O Capítulo 2 aborda o conforto ambiental, destacando as variáveis temperatura, vento e umidade. Além disso, relacionam-se conforto visual, acústico, tátil, olfativo e paisagismo.

O Capítulo 3 retrata o conforto térmico, os fatores ambientais e seus aspectos. São explicadas inovações tecnológicas nesse segmento e suas normas técnicas.

O Capítulo 4 apresenta o conforto visual e a importância das cores. Destaca a influência das cores no ambiente de trabalho e o detalhamento da cromoterapia, bem como as iluminações natural e artificial e suas variáveis.

O Capítulo 5 estuda o uso do solo e da vegetação nos ambientes externos em smart buildings e a influência das vedações e do sombreamento no desempenho térmico. Comenta a respeito de telhado verde e frio e pavimentações e suas relações com o conforto da edificação.

O Capítulo 6 detalha ventilação, ar-condicionado, umidade e aromatização em smart buildings. Discorre sobre tipos de ventilação, chuva ácida, camada de ozônio, gerenciamento da refrigeração e ambientes perfumados.

O Capítulo 7 estuda a acústica e o som ambiente em smart buildings e detalha os fatores intervenientes e a questão da sustentabilidade.

O Capítulo 8 apresenta a luminosidade e o uso racional de energia elétrica em smart buildings. Trata de iluminação artificial, aspectos ergonômicos e tipos de lâmpadas e luminárias.

O Capítulo 9 apresenta o clima e a arquitetura – ambientes internos e externos, arquitetura bioclimática e harmonização das construções com o meio ambiente.

O Capítulo 10, que finaliza este livro, estuda a análise ambiental de projetos para smart buildings.

Os autores

Sumário

Capítulo 1
Smart Cities e Smart Buildings 13

    1.1 Origem das smart cities 14

    1.2 Habitando smart cities 20

    1.3 Construção de smart cities 24

    1.4 Segurança nas smart cities 28

        1.4.1 Reconhecimento facial 29

    1.5 Serviços de saúde nas smart cities 30

    1.6 Educação nas smart cities 32

    1.7 Energia nas smart cities 33

    1.8 Água nas smart cities 34

        1.8.1 Sistema inteligente de monitoramento de redes de água 35

    1.9 Mobilidade nas smart cities 36

        1.9.1 Veículos elétricos 36

        1.9.2 Veículos autônomos 37

    1.10 Governança nas smart cities 40

        1.10.1 Internet das Coisas 41

        1.10.2 Realidade Aumentada 41

        1.10.3 Estônia, país digital 42

Capítulo 2
Fundamentos do Conforto Ambiental nas Edificações 45

    2.1 Conforto ambiental 46

    2.2 Condições climáticas – temperatura nas edificações 48

    2.3 Condições climáticas – ventilação nas edificações 51

    2.4 Condições climáticas – umidade nas edificações 52

    2.5 Conforto visual 53

2.6 Conforto acústico ... 55
2.7 Conforto tátil e antropodinâmico ... 55
2.8 Conforto olfativo ... 58
2.9 Eficiência energética ... 60
2.10 Orientação solar nas edificações ... 61
2.11 Paisagismo em projetos de edificações ... 63

Capítulo 3
Conforto Térmico em Smart Buildings ... 65

3.1 Variáveis do conforto térmico ... 66
3.2 Fatores ambientais influentes no conforto térmico ... 67
3.3 Fatores pessoais influentes no conforto térmico ... 69
3.4 Conforto térmico em smart buildings ... 71
3.5 Novas tecnologias em smart buildings ... 77

Capítulo 4
Conforto Visual e Cores nos Ambientes Internos em Smart Buildings ... 83

4.1 Influência da cor no conforto visual ... 84
4.2 Funções das cores ... 85
4.3 Cores nos ambientes de trabalho ... 88
    4.3.1 Cores na organização dos espaços ... 89
    4.3.2 Cores na sinalização de segurança ... 89
    4.3.3 Cores no marketing ... 96
4.4 Cromoterapia ... 97
4.5 Iluminação e conforto visual ... 99
    4.5.1 Iluminação e visão ... 100
    4.5.2 Iluminação natural ... 102
    4.5.3 Desempenho visual ... 102
    4.5.4 Uniformidade de iluminação e visão ... 102
    4.5.5 Brilho intenso ... 103

Capítulo 5
Uso do Solo e Vegetação nos Ambientes Externos em Smart Buildings 107

- 5.1 Influência das vedações no desempenho térmico 108
- 5.2 Ilhas de calor urbano 110
  - 5.2.1 Árvores e vegetação 111
- 5.3 Telhados verdes 113
- 5.4 Telhados frios 115
- 5.5 Pavimentos frios 117
- 5.6 Sombreamento 119
- 5.7 Smart city – Hong Kong 122

Capítulo 6
Ventilação, Ar-Condicionado, Umidade e Aroma em Smart Buildings 125

- 6.1 Vento e umidade do ar atmosférico 126
- 6.2 Renovação do ar interior por ventilação natural 127
  - 6.2.1 Ventilação cruzada 127
  - 6.2.2 Efeito chaminé 129
  - 6.2.3 Peitoril ventilado 129
  - 6.2.4 Redutores de velocidade do vento 130
- 6.3 Chuva ácida 131
  - 6.3.1 Formas de deposição de ácidos na superfície terrestre 132
  - 6.3.2 Efeitos da chuva ácida em plantas e árvores 133
  - 6.3.3 Capacidade de memória 134
- 6.4 Camada de ozônio 134
- 6.5 Gerenciamento da refrigeração 137
- 6.6 Aroma 141
  - 6.6.1 Aromatização em smart buildings 144

Capítulo 7
Acústica e Som Ambiente em Smart Buildings 147

- 7.1 Conforto acústico 148

7.2 Fatores intervenientes no conforto acústico ... 152
    7.2.1 Influência do barulho na vida do indivíduos ... 154

7.3 NBR 10.152:2017 – Acústica – níveis de pressão ... 157

7.4 NBR 10.151:2000 – Acústica – avaliação do ruído ... 158
    7.4.1 Medições realizadas no exterior das edificações ... 158
    7.4.2 Medições realizadas no interior das edificações ... 159

7.5 NBR 15.575:2013 – Desempenho em edificações ... 160
    7.5.1 Absorção e dissipação sonora ... 161
    7.5.2 Isolação sonora ... 161
    7.5.3 Fachada de vidro ... 163

7.6 Sustentabilidade e acústica nos projetos de edificações ... 164

Capítulo 8
Luminosidade e Uso Racional de Energia Elétrica em Smart Buildings ... 167

8.1 Luminosidade ... 168

8.2 Iluminação ... 173

8.3 Conforto visual ... 175

8.4 Parâmetros ergonômicos visuais ... 178

8.5 Parâmetros da iluminação ... 179
    8.5.1 Intensidade luminosa (I) ... 180
    8.5.2 Curva de distribuição de intensidade luminosa ... 183
    8.5.3 Fluxo luminoso ... 183
    8.5.4 Iluminância (E) ... 183

8.6 Medida da iluminância ... 184
    8.6.1 Índice de reprodução de cor ... 186
    8.6.2 Luminância (L) ... 187
    8.6.3 Eficiência da luminária ... 187
    8.6.4 Eficiência luminosa ... 187
    8.6.5 Efeitos luz e sombra ... 188
    8.6.6 Critérios de desempenho do ponto de vista do projeto de iluminação ... 188

8.7 Tipos de lâmpadas ... 189

  8.7.1 Lâmpada incandescente ... 191
  8.7.2 Lâmpada halógena ... 192
  8.7.3 Lâmpada halógena – IR (HIR) ... 193
  8.7.4 Lâmpada PAR ... 193
  8.7.5 Lâmpada refletora ... 194
  8.7.6 Lâmpada refletora elíptica ... 194
  8.7.7 Lâmpada mista ... 194
  8.7.8 Lâmpada fluorescente ... 194
  8.7.9 Lâmpada fluorescente tubular ... 195
  8.7.10 Lâmpada fluorescente compacta ... 196
  8.7.11 Lâmpada de LED ... 197
  8.7.12 Lâmpadas de luz negra ... 198

8.8 Temperatura das cores – cromaticidade ... 198
  8.8.1 Espectro visível ... 199

8.9 Sistemas de controle de iluminação ... 199
  8.9.1 Sensor de presença ... 199
  8.9.2 Sistema de controle fotoelétrico ... 200
  8.9.3 Dimmer ... 200
  8.9.4 Sensor de movimento × sensor de presença ... 200

8.10 Tipos de luminárias ... 203
  8.10.1 Fechadas (lâmpadas fluorescentes) ... 203
  8.10.2 Abertas ... 203
  8.10.3 Spots ... 204
  8.10.4 Projetores ... 204

8.11 Etapas do projeto de iluminação ... 204

8.12 Reciclagem de lâmpadas com mercúrio ... 206

Capítulo 9
Clima e Arquitetura em Ambientes Internos e Externos de Smart Buildings ... 207

 9.1 Clima terrestre ... 208
  9.1.1 Clima polar ... 208
  9.1.2 Clima temperado/frio ... 209
  9.1.3 Clima temperado/quente úmido ... 210

   9.1.4 Clima temperado/quente seco 211

9.2 Arquitetura bioclimática 213

9.3 Harmonização das construções com o meio ambiente 216

9.4 Arquitetura vernacular 220

Capítulo 10
Análise Ambiental de Projetos para Smart Buildings 223

 10.1 Metodologias intervenientes no projeto arquitetônico 224

   10.1.1 Sustentabilidade social 224

   10.1.2 Sustentabilidade econômica 225

   10.1.3 Sustentabilidade ambiental 225

 10.2 BREEAM 226

 10.3 LEED 230

 10.4 HQE 232

 10.5 CASBEE 234

 10.6 GBA Tool 235

Bibliografia 237

Smart Cities e Smart Buildings

1

CONSIDERAÇÕES INICIAIS

▶ Este capítulo tem o objetivo de definir os conceitos básicos pertinentes a smart cities, seus processos construtivos e sua operacionalização. Detalha também as origens, a habitação e a construção das smart cities. Apresenta os conceitos de segurança, saúde, educação, energia, água e mobilidade em uma cidade inteligente. Por fim, apresenta as ações de governança nas smart cities, usando uma linguagem bastante simples e didática, de modo a mostrar ao leitor como os habitantes das cidades podem interagir entre si e com os governos, com a intenção de trazer mais conforto e felicidade às populações urbanas. As informações apresentadas são a base necessária para entender, de modo gradual, os demais conceitos, bem como suas definições e suas metodologias.

1.1 Origem das smart cities

O estilo de vida das pessoas vem se modificando ao longo da história em decorrência dos avanços tecnológicos de cada época. Essa transformação no estilo de vida faz com que ocorram mudanças nas edificações e, como consequência, nas cidades.

Muitas das facilidades tecnológicas que se dispõem neste início de século XXI foram idealizadas muitos anos antes de existirem. Elas foram sugeridas em obras de ficção científica como livros, filmes e desenhos animados. A ficção científica apresenta ideias sobre o futuro da humanidade, proporcionando inovações tecnológicas que poderiam transformar o estilo de vida das pessoas em anos futuros.

O escritor francês Jules Gabriel Verne (Júlio Verne – 1828-1905), em sua obra de ficção científica *Da Terra à Lua* (1865), apresentou a viagem do homem até a Lua, fato que ocorreu somente em 20 de julho de 1969 pela agência espacial estadunidense NASA (National Aeronautics and Space Administration – Administração Nacional da Aeronáutica e Espaço), na missão Apolo 11, ou seja, pouco mais de 100 anos depois que o escritor idealizou.

A antecipação do futuro tecnológico sempre gerou entusiasmo em muitas pessoas, fazendo com que os pesquisadores buscassem soluções para realizarem os desejos de conforto da humanidade.

Um exemplo de casa do futuro foi apresentado no desenho animado *Os Jetsons*. Essa antiga série animada, idealizada pelos estúdios Hanna-Barbera entre as décadas de 1960 e 1980, fez com que gerações pensassem em tecnologias inovadoras voltadas às tarefas domésticas, ao lazer e ao trabalho.

 SAIBA MAIS

Os Jetsons (The Jetsons) foi uma série de desenho animado para a televisão, produzida pela Hanna-Barbera e originalmente exibida entre 1962 e 1963. Mais tarde, a série foi relançada com novos episódios produzidos entre 1984 e 1987, como parte do programa *The Fantastic World of Hanna-Barbera*. Tendo como tema a Era Espacial, a série introduziu no imaginário das pessoas o que seria o futuro da Humanidade. Na série, existiam carros voadores, cidades suspensas, trabalho automatizado, vários tipos de aparelhos eletrodomésticos e de entretenimento, robôs como criados, calçadas móveis, dentre outras tecnologias. A arquitetura da cidade seguia o estilo Googie, com casas e empresas suspensas sobre o chão e com colunas ajustáveis. Esse estilo – também conhecido como populuxe ou Doo-Wop – é um ramo da arquitetura, denominada arquitetura moderna, que é uma subdivisão da arquitetura futurística. Ela foi influenciada pela cultura automobilística e pelas eras espacial e atômica. Entre suas características estão tetos elevados e curvilíneos, figuras geométricas e o uso considerado arrojado do vidro, do aço e do neon.

A Figura 1.1 apresenta um totem da era Googie existente nos Estados Unidos.

Figura 1.1
A famosa placa de "Bem-vindos à fabulosa Las Vegas" é um ícone da era Googie.

A Figura 1.2 apresenta o Obelisco Espacial construído em 1962 na cidade de Seattle, no estado de Washington, durante a Expo 62 de Seattle.

Figura 1.2
Obelisco Espacial de Seattle.

Na série de desenho animado, o personagem George Jetson mora com a família em um apartamento panorâmico. Sua esposa, Jane, é dona de casa e eles têm dois filhos: a adolescente Judy, que frequenta a Escola Secundária Orbit, e o menino de seis anos, Elroy, que estuda na Little Dipper School. A empregada doméstica é a robô Rosie, que cuida da limpeza e de outras tarefas que usualmente são feitas a partir de apertos em incontáveis botões. A família tem um cão chamado Astro, com um sotaque que muda as consoantes das palavras para o som de R, como um rosnado.

George Jetson é um empregado típico de sua era, com jornada reduzida (uma hora por dia, dois dias por semana). Seu patrão é Cosmo Spacely, um personagem baixinho e irritadiço, proprietário da Spacely Space Sprockets. Jetson vai ao trabalho em um carro aéreo (que lembra um disco voador, com uma bolha transparente acoplada). A vida é bastante preguiçosa e com muito lazer, auxiliada por numerosos aparelhos que ocasionalmente se tornam defeituosos, com resultados humorísticos. Apesar disso, todos reclamam de esgotamento do trabalho e dificuldades em viver com algumas inconveniências que permaneceram.

Para saber mais sobre as tecnologias modernas apresentadas em *Os Jetsons*, acesse: <https://bit.ly/2yHHsfN> (em inglês). Para conhecer um pouco mais sobre a família Jetson, acesse: <https://bit.ly/2M3Hw24> (em inglês). Acesso em: 20 jul. 2019.

Quem assistir a essa série de desenho animado vai se surpreender com a antecipação de algumas tendências que já estão ocorrendo, ou que chegarão em breve. Alguns exemplos que apareciam na série:

- **Videofone:** no desenho, era comum a comunicação entre os integrantes por esse meio. Atualmente, existem alguns modelos similares, como o smartphone ou o computador utilizando Skype, WhatsApp, Facetime e Hangout (Figura 1.3).

Figura 1.3
Softwares que permitem ver e falar com pessoas via smartphone (a) e computador (b).

(a)

(b)

- **Robô-assistente:** na série, havia a empregada robô Rosie. Atualmente, existem alguns modelos similares, como o iRobot – robôs aspiradores com sistema de limpeza poderoso, sensores inteligentes para limpar pelos de animais, migalhas, sujeira e poeira diária (Figura 1.4). Existe também a versão para aparar a grama de jardins.

Figura 1.4
iRobot limpando o carpete.

Outro excelente exemplo que se aproxima do robô Rosie é o Pepper, um robô com forma humana. Ele é gentil, carinhoso e surpreendente. Foi projetado para ser um companheiro genuíno do dia a dia, cuja principal qualidade é sua capacidade de perceber emoções. Pepper é o primeiro robô humanoide capaz de reconhecer as principais emoções humanas e adaptar seu comportamento ao humor de seu interlocutor. Mais de 140 lojas SoftBank Mobile no Japão estão usando esse robô como uma nova maneira de receber, informar e divertir os clientes. Pepper também se tornou recentemente o primeiro robô humanoide a ser adotado em lares japoneses (Figura 1.5).

Figura 1.5
Robô doméstico tipo humanoide.

- **Drone:** na série de desenho animado, o transporte da família era feito por aeronaves leves e as pessoas eram envoltas em uma bolha de vidro. Atualmente, existem diversos tipos deles em termos de tamanho e utilidade. Alguns exemplos da utilização de drones são: realização de serviços para agricultura – fazendeiro inteligente usa drone para vários campos, como análise de pesquisa, tecnologia de varredura do terreno, monitoramento da hidratação do solo, problema de rendimento, tirar fotos e enviar dados para a nuvem (cloud) (Figura 1.6a); atuação em área diversas, como canteiro de obras ou fábricas, vigilância por vídeo ou inspeção industrial (Figura 1.6b); drone no Salão do Automóvel de Genebra (Suíça) de 2018: Audi, Italdesign e Airbus apresentaram o conceito pop.up next – um veículo híbrido que combina carro autônomo e drone de passageiros, com o objetivo de resolver problemas de trânsito nas cidades (Figura 1.6c). O conceito totalmente automático promete mobilidade horizontal e vertical. Em um futuro distante, o pop.up next poderia transportar pessoas nas cidades de maneira rápida e conveniente, tanto na estrada quanto no ar.

Figura 1.6
Drone na agricultura (a), drone na construção civil (b) e drone como transporte de passageiros (c).

- **3D Printed Food (alimentos impressos):** na série, a mãe Jane Jetson aperta alguns botões na cozinha e surgem refeições prontas (Figura 1.7).

Figura 1.7
Impressão de hambúrguer.

- **Smartwatch (relógios inteligentes):** no desenho animado, o pai George conversa com seu patrão por meio de um smartwatch. Dois exemplos de utilização desses relógios podem ser vistos nas Figuras 1.8a e 1.8b.

Figura 1.8
Smartwatches usados para monitoramento cardíaco (a) e para pagamento de contas (b).

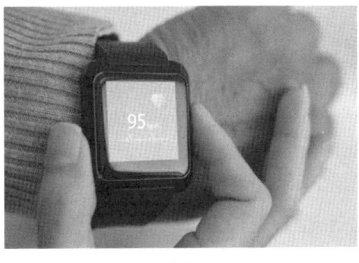

(a)   (b)

- **Treadmill for dogs (esteira rolante para caminhada para cães):** na série, o pai George caminha com seu cachorro Astro em uma esteira. Atualmente, existem alguns modelos em academias de treinamento e clínicas de fisioterapia para cachorros.

Figura 1.9
Esteira feita para uso de cachorros.

- **Jetpack (propulsores de voo individuais):** no desenho animado, o filho Elroy Jetson sai voando para brincar com os amigos. Atualmente, existem modelos movidos a jato de água pressurizada e de ar (Figura 1.10).

Figura 1.10
Esportista utilizando modelo movido a jato de água pressurizada.

> **DICA**
>
> O Spyce é o primeiro restaurante do mundo com uma cozinha robótica, que prepara refeições complexas, sob encomenda. Localizado em Boston, no estado de Massachusetts, nos Estados Unidos, o restaurante foi criado por quatro graduados do Massachusetts Institute of Technology (MIT) com a intenção de reinventar o jantar casual rápido.
>
> Quando os clientes entram no restaurante, eles são recebidos por um guia humano que os mostra um totem de tela sensível ao toque (touchscren), no qual podem fazer seus pedidos. A encomenda é, então, enviada para a cozinha – que fica visível aos clientes –, onde a comida é preparada por robôs. Por fim, a encomenda é entregue a um funcionário humano, para que ele adicione as guarnições, como coentro ou queijo de cabra desintegrado, antes de ser entregue ao cliente.
>
> Para mais informações, acesse <https://bit.ly/2kCcYEM> e <https://bit.ly/2t0PbDd>. Acessos em: 20 jul. 2019.

1.2 Habitando smart cities

Apresentar uma grande lista de inovações ou tendências tecnológicas não responde questões sobre conforto e desempenho em edificações na era das smart cities.

As cidades inteligentes são uma realidade neste início de século XXI. As cidades se modificam continuamente e, a partir da globalização das informações, estão migrando de forma que muitas delas rapidamente atingirão os níveis de smart city.

A tecnologia – em várias frentes – melhorará o cotidiano dos habitantes das cidades. Mas a condição smart city está associada a um processo tecnológico e social – as cidades vão atingindo patamares de desenvolvimento que as transformam em ambientes tecnologicamente desenvolvidos até serem consideradas inteligentes.

As smart cities podem contar, por exemplo, com melhorias na mobilidade urbana, na implantação de novos canais digitais na comunicação entre os moradores e a gestão pública, bem como com a automação na infraestrutura de iluminação urbana.

Assim, smart city é a cidade que faz uso de Tecnologias de Informação e Comunicação (TIC), como câmeras, sensores, smartphones, aplicativos e plataformas digitais como instrumentos de gestão urbana. São cidades inteligentes, pois conseguem se desenvolver economicamente e, ao mesmo tempo, aumentam a qualidade de vida dos habitantes ao gerar eficiência nas operações urbanas. Além disso, fazem uso de soluções tecnológicas pensando no cidadão, na melhoria do seu cotidiano, fazendo uso do aproveitamento de dados e recursos disponíveis.

SAIBA MAIS

A digitalização e o boom da tecnologia estão mudando a face das regiões centrais de grandes metrópoles como Zurique (Suíça), São Francisco (Estados Unidos) e Berlim (Alemanha), não apenas por causa dos aplicativos dedicados às smart cities.

A presença de grandes quantidades de empregados jovens, solteiros e com elevados salários, que trabalham em grandes empresas multinacionais de tecnologia, tem mudado a situação de moradia em regiões centrais deterioradas dessas cidades, fazendo com que pequenas lojas, bistrôs e lanchonetes cedam lugar a lojas de móveis requintados e bares da moda. Prédios antigos são vendidos, apartamentos reformados e alugados por valores mais caros para esses empregados que foram transferidos de suas cidades de origem.

Nos últimos anos, centenas de apartamentos foram removidos do mercado habitacional comum para serem transformados em apartamentos mobiliados, que são alugados por curtos períodos a novos empregados de multinacionais ou para turistas. A maioria desses funcionários ainda não tem famílias para sustentar e pode pagar aluguéis mais altos. Mesmo que as precárias condições de trabalho sejam frequentes em empresas jovens, a renda ainda é suficiente para um apartamento compartilhado.

As grandes empresas multinacionais de tecnologia funcionam como polos de atração para startups de todo o mundo. As prefeituras dessas grandes metrópoles estimam que o setor de tecnologia responda por 20% do crescimento econômico da cidade. Como resultado, os aluguéis aumentaram nessas metrópoles, em uma década, em média 70%; o metro quadrado em São Francisco, apenas para se ter uma ideia, é hoje mais caro do que em qualquer outro lugar dos Estados Unidos. Trabalhadores que não têm um emprego bem remunerado precisam contar com tempo de transporte estimado de duas horas ou mais, pois, com esses valores, não podem viver no centro dessas cidades.

Esse cenário tem conduzido a situações em que as famílias estão saindo da área urbana central, apresentando a menor taxa de população abaixo dos 18 anos. Essa é uma das razões porque se observa uma reação antitecnológica por parte de muitos habitantes dessas cidades.

O adensamento urbano apresenta indicadores que afirmam que, em 2030, cerca de 70% da população viverá nas cidades. Essa realidade traz como consequência que as grandes metrópoles serão cada vez mais verticais, com pouco espaço e prédios mais altos.

Esse adensamento pode ser acompanhado por aumento no déficit habitacional, necessitando realizar uma rápida construção de edificações e integrá-las aos sistemas urbanos. As novas construções devem tentar não repetir alguns erros cometidos anteriormente, como arquitetura repetitiva e padronizada, em grandes aglomerados sem integração adequada com a malha de transportes urbanos e com problemas na infraestrutura básica (água potável, energia elétrica e esgoto), em modelos urbanos não sustentáveis. Isso sem esquecer dos problemas relacionados ao conforto ambiental, à relação com o entorno, ao bem-estar e aos valores psicoculturais dos moradores.

A cidade inteligente não é mais uma simples opção de modo de viver, mas uma escolha indispensável para otimizar a utilização de recursos naturais, o consumo de energia e reduzir ao máximo a geração de poluentes.

Na smart city, existe a integração entre os diversos equipamentos urbanos e seus habitantes, a qual ocorre em corredores verdes, ciclovias, áreas para pedestres, serviços de mobilidade alternativos, uso misto entre residência e comércio, tratamento de águas residuais e aproveitamento de águas pluviais, produção de energias solar e eólica, redes wi-fi públicas, entre outros.

O estudo de smart cities aborda o conforto e o desempenho nos edifícios e nas cidades e sua influência no estilo de vida das pessoas.

Cada vez mais, os ambientes de convívio estão conectados pela internet a diversos outros locais, como estabelecimentos comerciais, escolas, dentre outros. A melhoria da qualidade de vida das pessoas acontece na administração do tempo. Por isso, são importantes as facilidades que possibilitem a melhoria do conforto das pessoas, como a redução do tempo em seus deslocamentos. Essa realidade tem conduzido a comportamentos que necessitam de atenção quanto a questões de conforto e desempenho, como home office, coworking, coliving e agrihood.

- **Home office:** cada vez mais, as empresas utilizam a prática do home office, no qual os indivíduos trabalham para suas empresas utilizando algum cômodo da residência.

- **Coworking:** é outra possibilidade de trabalho remoto. Nesse caso, existe um escritório compartilhado por diferentes profissionais ou empresas, que o alugam por dias ou meses conforme a necessidade. Seguindo as tendências do freelancing e das startups, os coworkings reúnem diariamente milhares de pessoas com o objetivo de trabalharem em ambientes inspiradores. No coworking, existem ambientes especialmente criados para o trabalho autônomo, possibilitando o relacionamento entre pessoas de diversas áreas (networking), com estrutura adequada para receber clientes, tendo um custo financeiro menor do que o aluguel de sala comercial. Esses espaços podem ter fins comerciais ou não, e contam com a estrutura que um escritório tradicional teria, porém ela é compartilhada por todos os integrantes do espaço. O espaço pode variar desde uma mesa em um andar comercial ou um departamento com várias mesas, fechado por paredes de vidro.

- **Coliving:** também denominada cohousing, é um ambiente compartilhado com a finalidade de moradia. Este tipo de organização não deve ser comparado a repúblicas estudantis, casas de repouso ou mesmo iniciativas de hospedagem compartilhada (movimento de aluguel temporário de imóveis). A ideia do coliving tem como princípios:
  – comunidade em harmonia com a individualidade;
  – aproximação de pessoas e troca de experiências;
  – consumo pensado na colaboração;

- projeção compartilhada de residências;
- economia de recursos naturais;
- divisão de decisões e tarefas.

As bases do coliving estão relacionadas às ideias de reaproveitamento e consumo consciente. Existe uma semelhança com a cultura da economia colaborativa: geralmente, o morador tem direito a um quarto e banheiro privativo; a cozinha e os espaços de leitura e trabalho são comunitários. Além do aluguel, os moradores pagam uma "taxa de amenidades" mensal, que inclui itens como internet, TV a cabo e roupas de cama.

- **Agrihood:** também denominado urban farm, é um conceito abrangente, que vai desde o plantio em áreas ociosas ou em coberturas de edificações até a concepção de empreendimentos imobiliários aliados à cultura de alimentos. Nesse caso, a qualidade de vida está no centro da criação das fazendas urbanas. O objetivo dessas comunidades é facilitar a produção de alimentos e, ao mesmo tempo, proporcionar recreação para os membros da comunidade.

Os projetos de agrihood preveem a preservação de áreas verdes acima do limite para sua legalização e, na fase de ocupação, utilizam técnicas conjugadas de plantio orgânico com agroflorestas. Voltado a diversas faixas de renda e perfis familiares, os empreendimentos reúnem edificações de uso misto (residências, comércio, serviços e hospitalidade), com destaque para centros clínico e terapêutico, escola, centro de terceira idade assistida e espaços culturais.

DICA

Nas grandes metrópoles, estão cada vez mais presentes as fazendas verticais (agrihood), que utilizam hidroponia (técnica de cultivar plantas sem solo, com as raízes suspensas em água com nutrientes minerais, ou apoiadas em substrato inerte) para disponibilizar nutrientes e luzes de LED que simulam a luz solar. O fazendeiro vertical (pessoa que cultiva plantas em edifícios) pode utilizar a Inteligência Artificial por meio de robô para visualizar a evolução das plantas e detectar a presença de erva daninha, aplicando produto químico no pulverizador.

Figura 1.11
Mudas de plantações hidropônicas controladas por robô.

1.3 Construção de smart cities

As pessoas desejam viver em cidades bonitas, agradáveis e confortáveis, ambientes em que todos possam cuidar e queiram viver bem. Habitantes de ambientes urbanos não acolhedores tendem a ser menos felizes. Tais locais são chamados por muitos de "selva de pedra", em referência aos vários edifícios, cuja cor predominante é a cinza. Eles têm imensos congestionamentos de veículos, a qualidade do ar é péssima, existem muitas ilhas de calor e, algumas vezes, enchentes.

Os habitantes dos centros urbanos querem climas mais amenos, horizontes mais coloridos, mais plantas para deixar o ar mais limpo e a temperatura mais agradável.

Em tempos em que a conscientização em relação à saúde mental é constante e sua prevenção está cada vez mais comum, dentro das cidades, a preocupação com o bem-estar da comunidade ampliou, gerando uma nova perspectiva em relação ao aproveitamento dos espaços públicos e modificando o planejamento das cidades atuais. O que se deseja é a felicidade nas vidas pessoal e coletiva.

O conceito das smart cities surgiu com o propósito de proporcionar crescimento inteligente e planejado das cidades, incluindo na comunidade fatores como cultura e felicidade. A intenção desse conceito foi provocar modificações diretas em grandes cidades ao redor do mundo, garantindo uma vida feliz e saudável aos seus cidadãos.

Dubai, nos Emirados Árabes, é um exemplo de cidade inteligente que se preocupa com a felicidade dos seus cidadãos e tem planos para se tornar a cidade inteligente mais feliz do mundo até 2020. Para isso, em 2014, começou a desenvolver um planejamento estratégico em conjunto com a comunidade local. Inicialmente, distribuíram aparelhos eletrônicos em 23 pontos da cidade, com a intenção de realizar uma pesquisa de satisfação de seus cidadãos em relação à sua experiência na cidade. A partir dessas informações, seria possível conhecer melhor os cidadãos e saber quais mudanças seriam necessárias para os deixar felizes. Em seguida, foi apresentado o primeiro "Ministro de Estado para felicidade", para garantir que projetos fossem elaborados e executados, e as metas, alcançadas.

Smart living[1] é a parte das cidades inteligentes voltada ao bem-estar dos cidadãos. A correlação de novas TICs nos sistemas de segurança, saúde, educação e serviços sociais permite melhorar a qualidade de vida dos habitantes da cidade, na medida em que o acesso a esses serviços e à informação poderá, por exemplo, ser realizado confortável e comodamente por meio de um smartphone ou de um computador.

---

1 Smart living, ou viver inteligente, significa morar em um lugar com monitoramento e gerenciamento de poluição, alagamentos, assaltos, trânsito etc.

Uma comunidade inteligente é aquela em que membros locais do governo, negócio, educação, instituições de saúde e público em geral entendem o potencial da TI e formam alianças bem-sucedidas para trabalharem juntos o uso de tecnologias e transformarem sua comunidade de maneiras significativas e positivas.

O acesso à cultura é imprescindível para a conexão entre os cidadãos. As cidades inteligentes têm papel fundamental para planejar essa conexão e para atrair a comunidade, oferecendo eventos culturais que vão além de exposições e parques tradicionais.

Os gestores das cidades inteligentes possuem grande responsabilidade em tornar esses fatores acessíveis e atrair seus cidadãos a esses locais. O que se tornou comum foi a utilização da tecnologia como aliada para transformar a experiência dos cidadãos dentro da cidade. Diferentemente do que se poderia imaginar, a tecnologia expande suas experiências e contribui para a interação dos cidadãos. Contando com a tecnologia como aliada, a cultura foi reestruturada para o perfil das grandes cidades e se espalha por meio de telões, fachadas de prédios e projetores, modificando toda a experiência e atraindo cada vez mais público para essas manifestações artísticas. Uma vez que, em razão da globalização, as cidades estão cada vez mais integradas, assim como a população, a cultura passa a ser mais abrangente e a possibilidade de intercâmbio cultural torna-se maior.

Um exemplo de transformação de espaços para benefício da população é o projeto de recuperação do Cheonggyecheon, em Seul, capital da Coreia do Sul. Cheonggyecheon é um córrego que cruza a cidade de Seul de leste a oeste e tem grande valor histórico e cultural, mas começou a ser coberto a partir de 1937 por estar muito poluído e inundar os arredores durante chuvas fortes. A área tinha trânsito intenso e grande número de edificações ilegais, além de ser o maior centro comercial do país. Sobre o córrego foi feita uma estrada, e sobre a estrada, um elevado, que começou a apresentar gravíssimos problemas estruturais em 1992. Como o elevado precisou ser demolido, viu-se a oportunidade de criar um projeto que também solucionasse outros problemas da região. Retirando o elevado e a estrada, o córrego voltou a ficar exposto. Ele foi revitalizado, possibilitando a criação de peixes e outros animais. Suas margens foram revitalizadas, possibilitando que as pessoas pudessem ter mais contato com o próprio córrego. Assim, nessa grande cidade, surgiu um local onde as pessoas podem encontrar tranquilidade e passear (Figura 1.12).

Figura 1.12
Córrego Cheonggyecheon, em Seul, após processo de recuperação.

A revitalização foi uma construção que levou três anos para ficar pronta e custou US$ 380 milhões (cerca de R$ 1,4 bilhão – considerando o valor médio atual do dólar). Foram feitas várias reuniões de negociação com moradores e comerciantes dos arredores, com a intenção de minimizar os impactos da obra sobre suas atividades e de garantir que a finalização do projeto não lhes prejudicaria. Foram tomados muitos cuidados para manter e valorizar os monumentos históricos existentes, como as pontes do córrego (construídas no século XV), e reeducar a população para diminuir o tráfego de automóveis.

O projeto de revitalização foi um grande sucesso, comemorado por moradores e turistas. Cheonggyecheon é um exemplo de como transformar um espaço público degradado em um local que aproxima seus cidadãos da cidade, tornando-a mais atraente e agregando alegria à vida das pessoas. Esses são fatores que geram a felicidade dos moradores e que, desde que sejam bem planejados, podem ser aplicados em qualquer cidade.

O conceito de smart city vem passando por constante evolução. Na primeira onda das smart cities, denominada smart city 1.0, uma cidade utiliza tecnologia avançada como alavanca para proporcionar viabilidade, sustentabilidade e controle de assuntos comunitários. A crítica a esse modelo de smart city ocorre porque o impulso tecnológico realizado teve como base soluções com domínio de algumas empresas de TI, como a IBM e a CISCO.

A segunda onda (smart city 2.0) surgiu com as ferramentas tecnológicas projetadas para fazer a gestão de itens das cidades, como poluição, saneamento, saúde e tráfego, em constante consulta aos seus habitantes. Nesse caso, ainda assim, a participação dos cidadãos nas estruturas formais de tomada de decisão das cidades e nas reuniões de tomada de decisão é baixa. A maioria dos habitantes prefere se envolver com atividades como jardinagem, processamento de alimentos, melhoria das ruas, ou mesmo na produção de energia.

A terceira onda (smart city 3.0) tem como diferencial o fato de os cidadãos atuarem como participantes ativos do processo de gestão das cidades, colaborando com o projeto da próxima geração de cidades inteligentes mais sustentáveis. Essa condição acontece por meio da plataforma existente nos smartphones, como a que já ocorre na mobilidade urbana, na qual os usuários de transporte coletivo sabem o instante exato em que um determinado ônibus passará pelo ponto, realizando acompanhamento de sua trajetória em tempo real. Ao combinar os aplicativos dos smartphones com a gestão das cidades, permite-se que as soluções para os problemas urbanos se desenvolvam a partir dos usuários.

DICA

Um exemplo de empresa criadora de aplicativos para smart cities é o Colab.re – plataforma desenvolvida por cinco jovens empreendedores brasileiros, na qual mais de 500 mil usuários cadastrados são incentivados a prestarem atenção aos problemas da sua vizinhança e postarem foto e descrição de tais problemas na plataforma, como uma espécie de rede social que serve para conectar diretamente os cidadãos ao governo.

Mais de 150 prefeituras são clientes ativos do serviço, no qual as autoridades locais acompanham em tempo real o painel de monitoramento da plataforma, a fim de mapear reivindicações e mobilizar equipes para solucionar os casos reportados.

De acordo com os desenvolvedores do Colab.re, outro serviço oferecido de extrema relevância para o desenvolvimento de cidadãos inteligentes (smart citizens) é a oportunidade de participar das tomadas de decisões, em que as prefeituras promovem consultas sobre temas-chave das cidades pelo aplicativo, a fim de legitimar as prioridades dos investimentos públicos.

Para saber mais sobre o tema, acesse os links: <https://bit.ly/2ZM7yKF> e <https://colab.re>. Acesso em: 21 jul. 2019.

As smart cities podem ter subdivisões em áreas como:

- segurança;
- saúde;
- educação;
- energia;
- água;
- mobilidade;
- governança pública.

1.4 Segurança nas smart cities

A segurança é um dos principais fatores relacionados ao conforto ambiental. O cidadão será beneficiado com a instalação e o posterior uso de novas tecnologias de segurança. Dentre as tecnologias aplicadas no campo da segurança, têm-se: sensores e sistemas de videovigilância (sistemas de segurança com base no uso de câmeras) em ruas, avenidas, rodovias, praças e nos mais variados locais públicos.

As condições de segurança são ampliadas por meio dos modos de comunicação em tempo real entre os serviços de segurança, diminuindo consideravelmente o tempo de resposta e a tomada de decisões em caso de emergência.

Essa área incorpora a cibersegurança, que busca impedir ataques a serviços públicos essenciais, serviços de videovigilância, segurança de tráfego, comandos centralizados e controle para gestão de emergências, alertas públicos de desaparecidos, sistemas tecnológicos de localização mediante GPS e soluções de videovigilância aplicados à preservação das infraestruturas e do patrimônio.

Quanto maior e mais equipada for a camada digital sensorial, mais bem monitorado o sistema é e mais rico ele se torna como um todo, pois quanto mais alimentado são os bancos de dados da cidade, mais precisas tornam-se as informações compiladas por ele. Com essas informações, será possível obter diversos ganhos econômicos e de utilização, bem como fazer previsões estatísticas sob eventos fora dos padrões e otimizar rotinas de manutenção.

Os smartphones são partes importantes do sistema de vigilância, porque podem fornecer a posição de seus usuários em tempo real, bem como ser utilizados para o envio de fotografias para a central de inteligência da cidade (Figura 1.13).

Figura 1.13
Vários aplicativos de serviços na tela de smartphone.

O campo da segurança das smart cities inclui diversos avanços que se estendem às seguintes áreas:

- centros de comando e controle para a gestão de emergências;
- videovigilância inteligente (3D) e análise de imagens (gravadas e em tempo real);

- soluções específicas para a proteção de grupos vulneráveis, como é o caso das vítimas de violência doméstica;
- simulação 3D e análise das potenciais incidências de segurança;
- criptografia e segurança das telecomunicações;
- proteção perimetral de prédios públicos contra ameaças na comunicação;
- sensores de segurança em transporte público;
- soluções específicas para a proteção do patrimônio e da infraestrutura;
- verificação e identificação automáticas de documentação;
- cibersegurança;
- sistemas tecnológicos de localização por meio de GPS.

No transporte de entrada e saída de produtos, a intervenção do sistema de segurança no processo produtivo é ativa e direta. Para este caso, as grades de luz de segurança são a aplicação ideal, pois protegem as pessoas e a mercadoria contra áreas perigosas, por meio de seu campo de proteção infravermelho invisível. Elas são instaladas nos acessos às áreas perigosas e registram quando há pessoas ou objetos no campo de proteção (Figura 1.14).

Figura 1.14
Sistema de monitoramento instalado em um banco detectando objeto perigoso.

Para o monitoramento de aplicações complexas e de grandes superfícies, são recomendados sistemas de câmera seguras 3D, com os quais as áreas de monitoramento podem ser configuradas livremente. Os sistemas de proteção e medição com base em câmera conseguem detectar até mesmo os menores corpos estranhos no campo de proteção, entre a unidade transmissora e a receptora.

1.4.1 Reconhecimento facial

A análise do aprendizado de máquina (machine learning) utiliza a tecnologia de reconhecimento facial (conceito de inteligência artificial).

A utilização do software de análise de dados e reconhecimento de pessoas na smart city, com processamento de imagem com a câmera, é uma nova aplicação para segurança na China. Bancos, aeroportos, hotéis e até mesmo banheiros públicos estão tentando verificar a identidade de pessoas por meio da análise de seus rostos (Figura 1.15).

Figura 1.15
Reconhecimento facial.

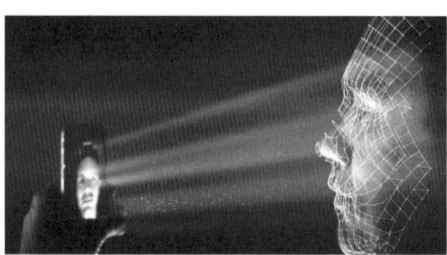

Nas smart cities, a intenção é conectar as câmeras de segurança que já vigiam ruas, shopping centers e polos de transporte público às câmeras privadas de edifícios residenciais e escritórios, e integrá-las em um uma imensa plataforma nacional de segurança com dados compartilhados. O objetivo do governo chinês é instalar outras 400 milhões de câmeras até 2020, além de desenvolver um sistema de precaução de crimes.

O sistema usará reconhecimento facial e inteligência artificial para analisar e compreender os dados em vídeo obtidos. Com isso, será possível rastrear suspeitos, identificar comportamentos atípicos e até prever crimes; coordenar operações dos serviços de emergência e monitorar a circulação de 1,4 bilhão de habitantes da China.

O algoritmo dos sistemas de segurança pode comparar vários indivíduos simultaneamente nas ruas com a base de dados de criminosos. Além disso, ele também pode detectar pessoas em qualquer parte da cidade e associá-las a imagens em mídias sociais, obtendo, assim, muitos dados pessoais.

O Detecta é um sistema de monitoramento inteligente implantado pelo Governo do Estado de São Paulo, composto pelo monitoramento por meio do uso de câmeras, combinado com o maior banco de dados de informações policiais da América Latina, integrando ao sistema os bancos de dados das polícias civil e militar, do Registro Digital de Ocorrências (RDO), Instituto de Identificação (IIRGD), Sistema Operacional da Polícia Militar (SIOPM-190), Sistema de Fotos Criminais (Fotocrim), além de dados de veículos automotores e da Carteira Nacional de Habilitação (CNH) do Departamento Estadual de Trânsito (Detran).

1.5 Serviços de saúde nas smart cities

Os serviços de saúde que são oferecidos pelas cidades, em geral, são responsáveis por campanhas publicitárias de saúde, pela assistência a idosos, pela gestão de emergências de saúde, por prevenção de doenças, por vacinação da população em geral, pelo atendimento a doentes crônicos e a outros grupos vulneráveis.

O alcance da tecnologia mostra oportunidade para uma gestão inteligente da demanda assistencial da área da saúde (informação e gestão de tempos máximos de espera, oferta de centros assistenciais, consulta de agendamento cirúrgico, gerenciamento de incidentes, sugestões, queixas e reclamações), podendo oferecer serviços de teleassistência, programas de saúde e autoatendimento para doentes crônicos, prevenção e alertas de saúde e acesso on-line a registros, histórico e informes clínicos, com disponibilidade em todo o sistema de saúde.

Na Alemanha, o GlucoTel é um sistema de monitoramento de glicemia e diabetes no sistema de telemedicina, usado para documentação completa e automática de todos os níveis de glicose no sangue. Os usuários desse sistema são portadores de diabetes e pessoas afetadas pela síndrome metabólica. O sensor faz parte do sistema de três níveis do BodyTel, que contém um dispositivo habilitado para Bluetooth, um aplicativo para celulares ou tablets compatíveis e o diário on-line BodyTel Center para pacientes (Figura 1.16).

Figura 1.16
Nível de glicose monitorado com um glicosímetro digital no exame do sensor sem sangue.

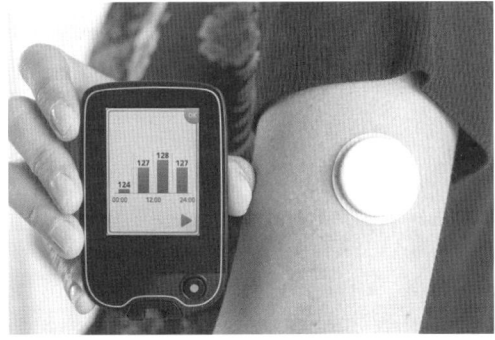

🏠 DICA

Uma facilidade presente nos smartphones é a combinação de ferramentas de informática com dados de localização de empresas de alimentação, com a intenção de alertar os usuários para possíveis riscos à saúde. Por exemplo, o aplicativo NYC Health Ratings for Android, implementado em Nova York, avisa o usuário quando ele entra em um restaurante que não cumpre as normas públicas sanitárias.

Os inspetores fazem visitas surpresa aos cerca de 24 mil restaurantes de Nova York pelo menos uma vez por ano. Eles registram a temperatura das comidas, inspecionam como são preparadas e procuram possíveis elementos de falta de higiene, como vermes ou utensílios de cozinha sujos. Os restaurantes recebem pontos com base no tipo e na gravidade da infração do código sanitário e atribuem uma nota com base nisso. Quanto menor for a pontuação, melhor será a condição de higiene do estabelecimento. Atualmente, quase 90% dos 24 mil restaurantes nova-iorquinos têm notas "A", muitas das quais foram aumentadas das notas "B" e "C" depois de terem solicitado reavaliação para obterem notas mais altas.

Neste sistema, a classificação "grau pendente" significa que o restaurante recebeu notas B ou C. O restaurante pode contestar a nota e, enquanto aguarda uma audiência, pode publicar a nota recebida ou o sinal "Classificação pendente". Os interessados podem procurar a pontuação pendente do restaurante on-line.

Os resultados da pesquisa padrão são inicialmente direcionados para smartphones que possuem o aplicativo. A pesquisa dos locais é realizada por endereço, código postal ou nome de bairro, que é geocodificado para encontrar sua latitude e longitude. Ao pesquisar, é apresentada uma lista de resultados classificados por distância e nome (Figura 1.17).

Figura 1.17
Geolocalização dos restaurantes em mapa.

1.6 Educação nas smart cities

Existem muitas soluções tecnológicas disponíveis para a educação nas smart cities: a formação digital nas prefeituras, a educação digital nos centros de educação infantil e nas escolas, e a educação aberta e a distância.

Em geral, na própria plataforma de aprendizagem (Ambiente Virtual de Aprendizagem – AVA), o estudante pode desenvolver suas tarefas pedagógicas, realizar as avaliações propostas e compartilhar materiais com outros usuários. A comunicação com os professores também é possível por meio da plataforma, o que possibilita flexibilidade e autonomia na gestão do processo de aprendizagem. No entanto, para ter acesso a todo esse conteúdo, é imprescindível ter acesso regular à internet, visto que todo o conteúdo é compartilhado de modo on-line e integrado.

No âmbito da educação infantil, as iniciativas passam por:

- Incorporar tecnologia nos centros educacionais como conectividade, linguagem da programação, dispositivos, soluções multitáteis (lousas digitais), programas interativos e outros produtos que permitam aos alunos aprender com a mesma naturalidade que brincam.

- Integrar conteúdos digitais e ferramentas/plataformas. Criação de aplicativos, animações, sites e jogos, desenvolvendo o raciocínio lógico, a criatividade, a autoria e a capacidade de trabalhar em grupo, de forma conectada ao mundo digital. O objetivo é facilitar o acesso à nova informação e possibilitar seu compartilhamento tanto entre alunos quanto com professores e pais.

- Gerenciar as escolas e possibilitar que tanto a matrícula do aluno quanto o acompanhamento dos pais sejam realizados por meio de plataformas digitais.

As escolas inteligentes do futuro não contam apenas com tecnologias eletrônicas para mostrar que fazem parte de uma smart city. O design arquitetônico interior e exterior das edificações também envolve e auxilia na educação dos alunos.

1.7 Energia nas smart cities

O crescimento da população e da utilização de dispositivos elétricos fez com que o consumo de energia elétrica aumentasse bastante, sendo uma tendência à demanda crescente para os próximos anos. Nessa condição, também surgiram novos consumidores, como os veículos elétricos urbanos. Com isso, foi necessário não apenas o aumento da geração de energia elétrica, como também métodos para otimizar seu consumo e sua distribuição.

A alta demanda de energia elétrica conduziu à necessidade de incorporar diferentes fontes de energia na rede, em especial fontes geradoras descentralizadas, renováveis e intermitentes. Com isso, surgiu a importância de melhorar a eficiência e o próprio dimensionamento da rede de geração, transmissão e distribuição de energia elétrica, a partir da aplicação de inteligência nos sistemas elétricos.

As redes elétricas inteligentes visam otimizar a produção, a distribuição e o consumo de energia, viabilizando a entrada de novos fornecedores e consumidores na rede, com melhorias significativas em monitoramento, gestão, automação e qualidade da energia ofertada, por meio de uma rede elétrica caracterizada pelo uso intensivo das Tecnologias de Informação e Comunicação.

No contexto de smart city, há tecnologias integradas que contribuem para a gestão inteligente de energia graças à automação em tempo real de monitorização da transmissão, da distribuição e do consumo de energia, por permitirem:

- reduzir a perda de energia na rede de distribuição elétrica;
- saber, em tempo real, o consumo de energia elétrica de forma concisa;
- reduzir custos operacionais e de manutenção da rede de energia elétrica;
- minimizar o tempo de ação em caso de incidentes;
- reduzir o consumo de energia elétrica a partir do desenvolvimento de aplicativos para a gestão de bens e consumo de tempo por usuários finais (governo, empresas e famílias).

Smart grids (redes inteligentes) são os sistemas de distribuição e transmissão de energia elétrica que foram dotados de recursos de TI e de elevado grau de automação, de modo a ampliar substancialmente sua eficiência operacional. Por conta do alto nível de tecnologia agregado, as smart grids conseguem responder a várias demandas da sociedade contemporânea, tanto no que se refere às necessidades energéticas, quanto em relação ao desenvolvimento sustentável.

A maior eficiência e o controle do fluxo de energia oferecidos pelas smart grids proporcionam um conjunto variado e abrangente de benefícios para consumidores, concessionárias de energia e o próprio sistema elétrico. O controle deste sistema é realizado pelos medidores eletrônicos inteligentes, versões mais modernas dos medidores convencionais, que disponibilizam uma série de funcionalidades inovadoras, como o envio de eventos e alarmes, além da possibilidade de medição remota (Figura 1.18).

Figura 1.18
Smart grid – energia.

No futuro, as smart grids permitirão aos clientes das empresas que distribuem energia elétrica o acompanhamento mais rigoroso do consumo, muitas vezes obtendo as informações de maneira instantânea. Não será preciso esperar a conta de energia chegar no final do mês para tomar providências sobre isso. Esse sistema também permitirá a programação remota de acionamentos e desligamentos de aparelhos eletrodomésticos, de modo a permitir o aproveitamento eficiente do consumo de energia elétrica nas residências.

1.8 Água nas smart cities

A escassez de água é uma realidade mundial. A smart city procura realizar a adoção de infraestruturas inteligentes, que possam diminuir o desperdício desse recurso e, assim, otimizar sua utilização.

A partir da tecnologia, é possível administrar as infraestruturas de reserva, tratamento e distribuição de água por meio de uma gestão inteligente de fontes e distribuição de água, assim como a realização do tratamento de águas servidas, permitindo a diminuição de desperdícios.

A gestão inteligente está associada ao processamento de informações geográficas e ao uso de medidores de consumo inteligentes, bem como à utilização de maquinário com alta tecnologia, que permite o processamento e o reaproveitamento de águas residuais industriais e domésticas, bem como, nas cidades costeiras, a dessalinização da água do mar.

As administrações públicas e privadas (concessionárias) devem gerenciar o ciclo de água, integrando soluções tecnológicas próprias para smart city, como:

- Colocar um sistema de sensores e automatizar a infraestrutura que compõe o ciclo da água nas cidades. Esse sistema é utilizado nos processos de tratamento e purificação de água, nas redes de abastecimento de água, nas redes de coleta de esgotos etc.
- Centralizar e monitorar informações do ciclo urbano da água em uma única plataforma de gerenciamento integrado.
- Implantar sistemas de leitura a distância a partir de medidores inteligentes de água.
- Ajustar as necessidades de água de áreas verdes com sistemas inteligentes de irrigação.

1.8.1 Sistema inteligente de monitoramento de redes de água

Por meio das TICs, é possível realizar a medição das perdas na distribuição em tempo real e, também, de todas as outras etapas do fluxo da água. Esse sistema consiste em uma rede inteligente, que faz medições com maior precisão e rapidez a partir da coleta e do gerenciamento de dados, identificando vazamentos e irregularidades (Figura 1.19).

Figura 1.19
Sistema inteligente de gerenciamento de água.

As informações coletadas nos medidores – do sistema de distribuição da concessionária e das unidades consumidoras – são monitoradas em tempo real, de maneira integrada e analítica. O sistema da informação pode emitir alertas, caso esteja configurado, sobre o comportamento de cada região ou até mesmo de cada unidade consumidora.

A análise de consumo de água aprimora a previsão de demanda para os próximos períodos, o que é fundamental no planejamento a longo prazo. Como exemplo, tem-se a cidade de Barrie, no Canadá, que passou a economizar cerca de US$ 1 milhão por ano após a implantação do sistema de gerenciamento de água. Apesar de ainda não existir um resultado histórico no Brasil, estima-se que entre as perdas poderá haver uma recuperação de mais de 50%.

1.9 Mobilidade nas smart cities

A mobilidade nos grandes centros urbanos é uma das principais preocupações de seus habitantes. São consumidas muitas horas nos deslocamentos diários.

A gestão do tráfego nas cidades é muito importante para melhorar a eficiência da mobilidade urbana. Os primeiros passos para alcançar o modelo ideal de mobilidade urbana são:

- instalar dispositivos e elementos de tráfego, para integração em um ambiente sistêmico de controle único;
- gerenciar as operações de controle remoto, totalmente automatizadas e com confiabilidade absoluta do processo de gerenciamento;
- fornecer visibilidade total e em tempo real do que acontece na cidade;
- analisar o fluxo de tráfego, para priorizar o transporte de emergência e transportes públicos;
- detectar automaticamente infrações ou riscos em ruas, avenidas e estradas;
- simular diferentes cenários de mobilidade e prever possíveis efeitos;
- implantar sensores de ocupação em espaços de estacionamento e realizar a gestão da procura desses locais quando vazios;
- aumentar os processos automatizados na rede de transportes públicos;
- favorecer a construção e a operação de sistemas de comunicação em tempo real entre veículos, usuários e infraestrutura;
- implantar sistema de diagnóstico e manutenção preventiva da frota de veículos públicos.

1.9.1 Veículos elétricos

A maneira mais simples de incentivar a disseminação da mobilidade elétrica é facilitar o processo de recarga (Figura 1.20).

Figura 1.20
Carro sendo eletricamente abastecido em um terminal de bateria high-tech.

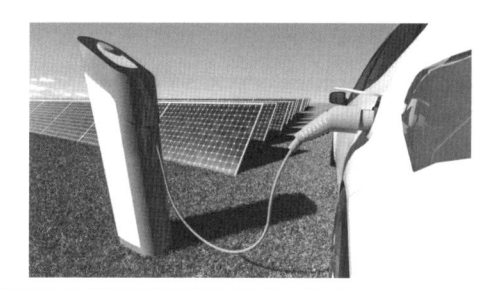

O conselho da cidade de Estocolmo, na Suécia, por exemplo, permite que empresas instalem postos de recarga em propriedades públicas sem custo, enquanto o Conselho Municipal de Oslo, capital da Noruega, gerencia uma rede de pontos de recarga que engloba outros projetos públicos e privados. No entanto, esse tipo de comprometimento não se limita apenas ao Norte da Europa, que está há muito tempo na vanguarda da sustentabilidade. Métodos de pagamento inteligente para recarregar veículos elétricos foram integrados à rede de transporte público de Hong Kong, na China, por exemplo (ENEL apud ARROYO, s/d).

Outras cidades estão concentrando esforços na recarga inteligente, geralmente com distritos ou hubs dedicados. Em Oslo, o projeto Vulkan abrange mais de 100 estações de recarga, algumas das quais oferecem carregamento rápido e todas utilizam a tecnologia Vehicle-to-Grid (V2G) para permitir que, se necessário, carros e motos devolvam a energia excedente para a rede. Graças à sua dimensão e à opção de reservar serviços on-line, o sistema também pode ser adotado por empresas de compartilhamento de carros e transporte.

1.9.2 Veículos autônomos

Os carros autônomos ainda são alvo de muita curiosidade – e também de desconfianças. Suas vantagens nos âmbitos individual e social são significativas; esses veículos podem enxergar em 360 graus, reconhecer obstáculos com agilidade e analisar situações perigosas de maneira bem mais rápida quando comparados a um motorista. Isso porque um veículo controlado automaticamente não precisa lidar com características humanas que podem estar presentes quando se dirige, como cansaço, distração, irritabilidade, imprudência ou consumo de bebidas alcoólicas.

Assim, retirando-se o controle do veículo do ser humano, é possível reduzir significativamente os erros ao volante. Além disso, a inteligência artificial aplicada a esses modelos consegue promover outras vantagens, que têm impactos direto e global. Segundo a Organização Mundial de Saúde (OMS), anualmente, cerca de 1,25 milhão de pessoas morrem em acidentes em todo o mundo. Os veículos autônomos podem ajudar a mudar essa realidade a partir de ações automatizadas, como:

- análise da pressão dos pneus por meio de sensores em cada pneu;
- inexistência de pontos cegos no veículo, porque existiriam sensores em todo perímetro do veículo;
- rápida resposta de frenagem em momentos de perigo, por meio do acionamento automático do sistema de frenagem;
- mais economia de combustível, porque a aceleração, a frenagem e a troca de marcha ocorreriam de modo eficiente;
- atenção ao limite de velocidade da via, pois o veículo não ultrapassaria a velocidade permitida em cada via;
- detecção de mudança de faixa não intencional, pois o veículo seria guiado dentro das faixas da via;
- alteração da suspensão do carro quando necessário; a suspensão do veículo seria progressiva à carga transportada;
- contato com o resgate após colisão – o veículo faz contato automaticamente com o serviço de resgate e policiamento em caso de acidente;
- manobras sem colisões, pois o sistema de sensoriamento possibilita a realização de manobras seguras.

Os benefícios dos veículos autônomos são grandes se comparados aos dos veículos operados por motoristas. Muitas pesquisas e muitos testes estão sendo realizados para aprimorar o uso dessa tecnologia e evitar que falhas nos computadores e nas máquinas possam gerar acidentes.

A novidade dos carros autônomos se deve à utilização de diversos sensores espalhados pelo carro, o que permite que o automóvel seja guiado sem interferência humana, apenas por meio da inteligência de computadores associados aos diversos sensores desses veículos (FRAS-LE, 2018). Os sensores são capazes de identificar pedestres, veículos, obstáculos e pontos de referência presentes em ruas e estradas, funcionando como a visão da inteligência artificial do automóvel. A rápida interação entre os sensores e o computador central do carro permite que as decisões sejam tomadas de maneira acelerada e eficiente.

Os carros autônomos costumam ser equipados com sensores internos e externos. A tecnologia LiDAR (Light Detection and Ranging) – laser que escaneia o ambiente em 360 graus, por meio da detecção de luz – é utilizada para que o carro reconheça o ambiente. Ela cria um mapa do que está em volta, em visão tridimensional, o que permite a identificação dos obstáculos e a tomada de decisões sobre a direção do veículo (Figura 1.21).

Os carros autônomos apresentam seis níveis de autonomia reconhecidos pela National Highway Traffic Safety Administration (NHTSA) dos Estados Unidos:

- nenhuma automação;
- assistência limitada do motorista;
- automação parcial;
- automação condicional;
- alta automação;
- automação completa.

Figura 1.21
Veículos autônomos sendo guiados por sensores de radar via internet.

No interior de um carro autônomo existe a troca contínua de informações entre veículo, passageiros e mundo exterior. São instalados monitores para essa finalidade em todos os lados do veículo, tornando o interior um espaço digital, que possibilita a união entre os mundos virtual e real. Os passageiros podem interagir intuitivamente com o veículo conectado por meio de gestos ou tocando as telas de alta resolução (Figura 1.22).

Figura 1.22
Interior de um veículo autônomo com painéis que permitem a interação com o usuário.

> **DICA**
>
> Os deslocamentos das pessoas na cidade de Nova York são mais rápidos quando se utiliza o metrô. O aplicativo para smartphones iTrans NYC Subway indica os horários de trens em tempo real, permitindo que os usuários possam saber exatamente quando um trem de determinada linha chegará. Ele apresenta um modo off-line, para serviço de navegação subterrânea, e alertas de atraso personalizados. Além dessa aplicação, o iTrans NYC Subway ajuda as pessoas que desejam se deslocar pela cidade, apresentando instruções de caminhadas e dados de entrada e saída das estações do metrô (Figura 1.23).

Figura 1.23
Aplicativo iTrans NYC Subway.

1.10 Governança nas smart cities

A combinação entre democracia e tecnologia é fundamental para uma comunidade inteligente. O e-Governo consiste no uso das TICs com a intenção de transformar a atuação dos governos em atendimento às necessidades da população. Essa condição torna-os mais acessíveis, eficazes e mais confiáveis. Portanto, o e-Governo é visto como uma ferramenta de grande valor para uma comunidade inteligente, pois possibilita a eliminação de distâncias e outros divisores entre a população e os governantes, dando efetivo poder ao povo para participar das decisões políticas de suas cidades.

Da mesma forma que a comunidade inteligente não é apenas a existência de uma boa infraestrutura, o e-Governo também não se limita apenas a fornecer uma rede de computadores aos funcionários públicos. Existem três fases independentes de um e-Governo:

- **Publicar:** usar tecnologia de comunicação para levar as informações geradas pelo governo para os cidadãos.
- **Interagir:** realizar a efetiva comunicação entre os cidadãos e o governo e vice-versa. Essa interação tem início com os contatos por e-mail para os gestores

do governo ou nos formulários de feedback, que permitam a população comentar propostas políticas ou legislativas.

- **Transacionar:** agilizar os processos que são burocráticos e trabalhosos, como registros de propriedade e renovação de carteira de identidade ou de motorista.

1.10.1 Internet das Coisas

A comunidade inteligente tem que ser eficiente, ou seja, utilizar da melhor maneira os recursos disponíveis. Para ser eficiente, as comunidades devem saber quais são seus objetivos prioritários e envolver a todos – população local e interessados externos –, usando ferramentas comuns e conversas. A tecnologia oferece a oportunidade de atingir a eficiência por meio do engajamento coletivo.

Para isso, plataformas como Smart Citizen e ARCGIS Hub foram concebidas para oferecer às comunidades a habilidade de reunir dados com mapas de pesquisa, realizar análises espaciais e estatísticas e criar story maps (relatório consolidado com fotografias sobre determinada situação) e ideias para compartilhar com a comunidade e o governo.

O conceito de sociedade inteligente também inclui a coleta de dados em plataformas dedicadas. A proposta da Internet das Coisas (Internet of Things – IoT) vai além da conexão de dispositivos pessoais (computadores, tablets e smartphones) à internet. Veículos, utensílios de cozinha e até mesmo monitores cardíacos podem ser conectados por meio da IoT, e à medida que a IoT cresce, mais dispositivos se juntarão a essa lista, como detecção de sujeira em bueiros, sinais de trânsito queimados etc.

A comunidade inteligente é a aplicação da IoT em um ambiente urbano organizado para que todas as comunidades possam participar de forma democrática. É um conjunto de sistemas interligados, em que a IoT indica a medição e a implementação da infraestrutura cibernética, para avaliar as condições dos sistemas físicos, humanos e colaborativos. Essas informações são a base para a tomada de decisões sociais e políticas dos governantes.

1.10.2 Realidade Aumentada

A Realidade Aumentada (RA – em inglês, Augmented Reality – AR) é um modo de visualizar ao vivo o mundo real, no qual alguns elementos são suplementados (ou aumentados) por programas de computador, com o auxílio de algum equipamento de hardware. As aplicações da RA são inúmeras, e essa tecnologia tem criado muitas oportunidades. A RA tem a capacidade de transformar a maneira como as pessoas interagem com os mundos físico e digital (Figura 1.24).

Figura 1.24
Realidade aumentada apresentando detalhes do shopping na tela do celular.

A tecnologia da RA para visualizar, instruir, orientar e melhorar as interações com as coisas físicas por meio de informações digitais está ajudando a reestruturar as atividades comerciais tradicionais, desde o design e a fabricação dos produtos até o serviço pós-venda.

1.10.3 Estônia, país digital

A Estônia (República da Estônia) está localizada na parte Nordeste da Europa, faz fronteira com a Rússia e a Letônia e tem limites com o Mar Báltico e o Golfo de Riga. Possui 44.701 km^2 de extensão e cerca de 2 milhões de habitantes. Sua capital é Talín. O país faz parte da União Europeia (UE) e tem o Euro como sua principal moeda. Sua independência é considerada recente, datando de 1991.

A Estônia é considerada um exemplo no tocante a governo inteligente e governo digital (Mapa 1.1). A construção da sociedade de informação nesse país começou na década de 1990, e os estonianos não contavam com a internet para coletar dados sobre seus cidadãos. Em 1997, a Estônia começou a investir em solução de tecnologia de informação, criando o e-government. A adoção desse programa aumentou a competitividade do Estado e o bem-estar da população, criando um governo no qual houvesse o mínimo de erros em suas ações. O e-government diminuiu a burocracia e o tempo de manuseio de documentos, melhorando a eficiência e diminuindo o trabalho necessário. Após a instalação do e-government, a Estônia tentou expandir a prestação de serviços também para o setor digital, procurando sempre agilizar os serviços disponíveis e eliminar qualquer tipo de etapa que pudesse.

Mapa 1.1
Mapa político da Estônia.

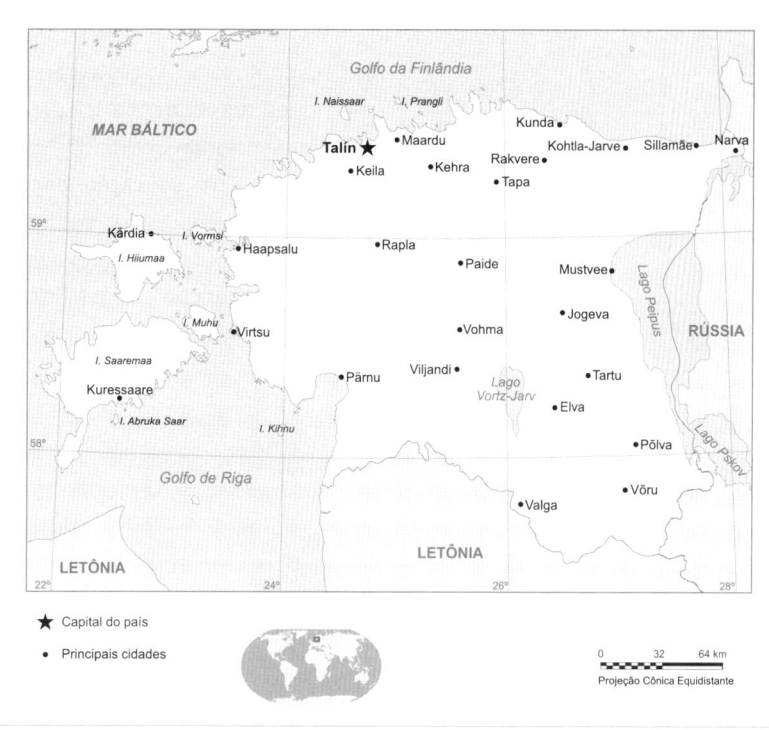

Em 2018, a Estônia disponibilizou 99% de seus serviços digitalmente, e praticamente todos os cidadãos estonianos passaram a ter uma identificação digital. Por utilizar extensivamente a internet como prestadora de serviços e cadastrar informações de seus cidadãos, o governo também investiu na segurança digital. Seu sistema de segurança digital, chamado Blockchain, é utilizado pelo Departamento de Segurança dos Estados Unidos e pela Organização do Tratado do Atlântico Norte (OTAN). A Estônia foi o primeiro país a disponibilizar uma eleição de dimensões nacionais digitalmente.

O governo inteligente é, de fato, muito efetivo, eficiente e seu foco está na cidade e em seus cidadãos. O bem-estar dos cidadãos é possível com a gestão de dados digitais atualizados e precisos, junto com a discussão de estratégias de tomadas de decisão em conjunto com os cidadãos e as instituições sociais e a interação de todos os setores do governo.

Para a instalação do governo inteligente, não basta somente incentivar a digitalização dos dados obtidos. É preciso uma infraestrutura que permita a contínua comunicação dos órgãos governamentais e cidadãos. Se esta não for adequada, a efetividade da digitalização não terá grandes impactos na qualidade de vida das comunidades.

CONSIDERAÇÕES FINAIS

▶ Neste capítulo foram vistas as características das smart cities, suas origens e seu processo de criação. Também foram abordados os aspectos de segurança, saúde, educação, energias, água e mobilidade em smart cities. Por fim, foi apresentada a governança nas cidades inteligentes, cuja premissa é trazer conforto e felicidade às populações das cidades.

Fundamentos do Conforto Ambiental nas Edificações

2.

CONSIDERAÇÕES INICIAIS

▸ Este capítulo tem o objetivo de definir os conceitos básicos do conforto ambiental e suas variáveis intervenientes. Detalha os princípios das condições climáticas de temperatura, ventilação e umidade. Define e caracteriza os confortos visual, acústico, tátil, e antropométrico e olfativo. Apresenta as variáveis na eficiência energética. Por fim, trata da importância da orientação solar nas edificações e do paisagismo no projeto de arquitetura aplicado ao conforto ambiental, usando linguagem bastante simples e didática, procurando mostrar ao leitor como essas variáveis afetam o conforto ambiental do ser humano e como esse estudo pode melhorar a qualidade de vida da sociedade.

2.1 Conforto ambiental

Conforto ambiental é um conjunto de características ambientais que são relacionadas ao estado de satisfação de indivíduos em determinado espaço no qual se encontram (bem-estar físico e mental).

Figura 2.1
Condicionantes do estado de satisfação de indivíduos com o conforto ambiental.

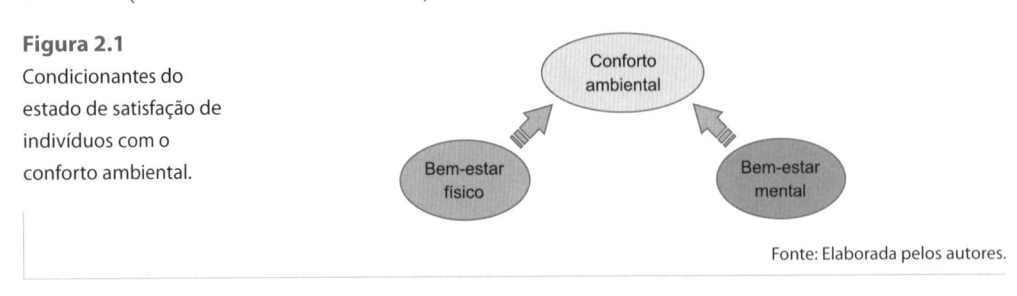

[Diagrama: Bem-estar físico → Conforto ambiental ← Bem-estar mental]

Fonte: Elaborada pelos autores.

A avaliação do conforto ambiental existente em um determinado ambiente pode variar de indivíduo para indivíduo, sendo relacionada a fatores fisiológicos, isto é, relacionados ao funcionamento do corpo humano, como temperatura corporal, sensações associadas ao sistema sensorial (sentidos: visão, audição, olfato e tato), que podem variar com a idade, saúde e vestimenta dos indivíduos.

Figura 2.2
Variáveis dos fatores fisiológicos na avaliação do conforto ambiental.

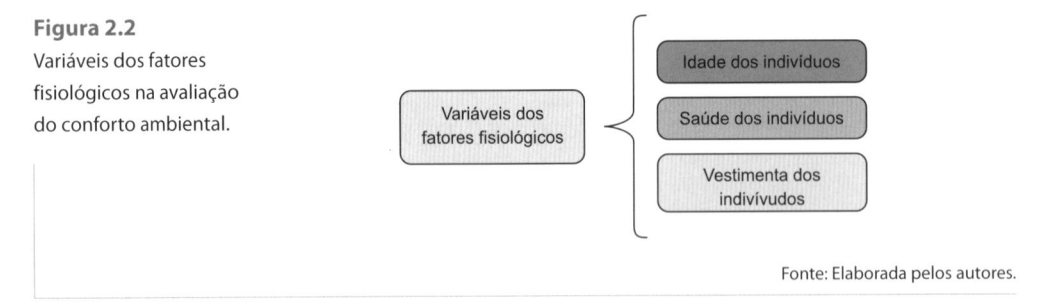

[Diagrama: Variáveis dos fatores fisiológicos → Idade dos indivíduos; Saúde dos indivíduos; Vestimenta dos indivívudos]

Fonte: Elaborada pelos autores.

A sensação de conforto dos indivíduos também varia conforme o estado das condições climáticas existentes em cada compartimento da edificação, como temperatura, ventilação e umidade.

Figura 2.3
Variáveis nas condições climáticas nos compartimentos das edificações.

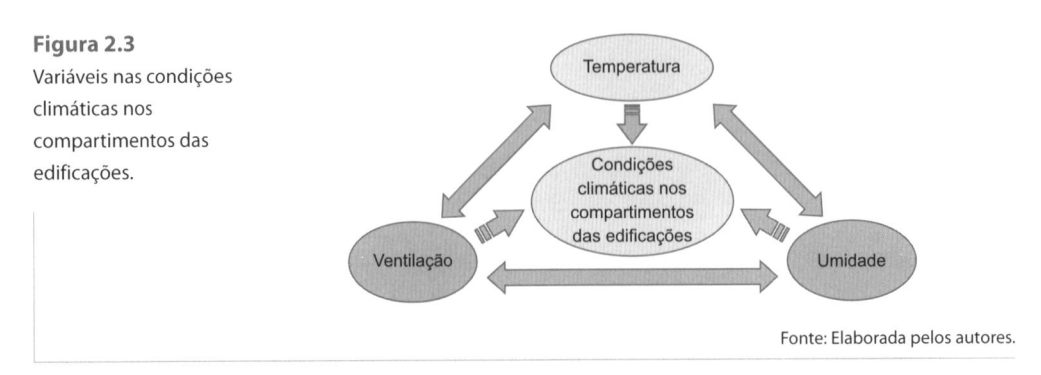

[Diagrama: Condições climáticas nos compartimentos das edificações ↔ Temperatura, Ventilação, Umidade]

Fonte: Elaborada pelos autores.

As variáveis das condições climáticas dependem da localização geográfica da edificação (latitude), que conduz à insolação da edificação, proximidade de corpos hídricos, relevo, vegetação e construções do entorno. As variáveis das condições climáticas existentes nos ambientes das edificações também dependem de fatores de arquitetura, como dimensões dos ambientes, aberturas, materiais de construção e tecnologias utilizadas.

Além dos fatores fisiológicos e do estado das condições climáticas existentes em cada compartimento da edificação, são fatores intervenientes na avaliação do conforto ambiental os fatores sociais, como aqueles relacionados à percepção ambiental, e o tipo de atividade realizada em um ambiente específico, como as atividades que exigem concentração. Também são fatores intervenientes as condições existentes visuais, acústicas, táteis e olfativas.

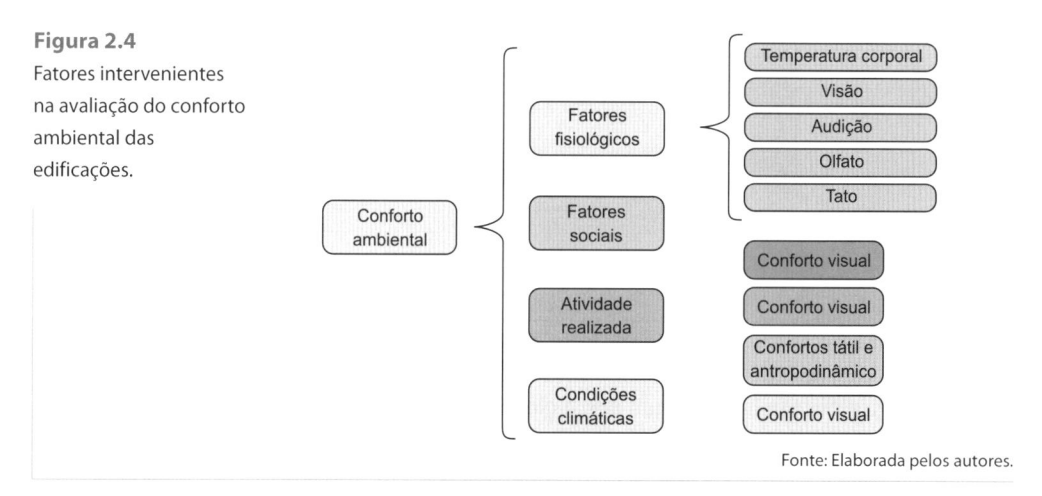

Figura 2.4
Fatores intervenientes na avaliação do conforto ambiental das edificações.

Conforto ambiental:
- Fatores fisiológicos
  - Temperatura corporal
  - Visão
  - Audição
  - Olfato
  - Tato
- Fatores sociais
  - Conforto visual
- Atividade realizada
  - Conforto visual
  - Confortos tátil e antropodinâmico
- Condições climáticas
  - Conforto visual

Fonte: Elaborada pelos autores.

O projeto de edificação deve visar satisfazer às necessidades de conforto térmico dos usuários. Essa condição, além de proporcionar sensação de bem-estar aos usuários da edificação, busca minimizar gastos com as fontes de energia de concessionárias e gerar mais satisfação com a edificação.

EXEMPLO

A utilização da iluminação zenital (oriunda do teto) tem possibilitado economia significativa no consumo de energia elétrica para a utilização de iluminação artificial.

O conforto ambiental nas edificações é uma preocupação cada vez mais presente em estudos do ambiente construído. A intenção desses estudos é melhorar a qualidade de vida dos indivíduos nas edificações e em seus adensamentos, como no caso dos condomínios de apartamentos, prédios ou casas e das cidades (Figura 2.5).

Figura 2.5
Condomínio de apartamentos.

💡 DICA

Para atendimento às exigências de conforto ambiental, são utilizadas simultaneamente várias técnicas de construção. Com a TIC, foi possível melhorar os sistemas de automação predial, criando edificações inteligentes, que possibilitaram a melhoria do conforto ambiental.

A tecnologia existente neste início de século XXI possibilita que os ambientes ofereçam altos níveis de conforto ambiental, mesmo em ambientes naturais que estejam sob condições ambientais extremas, como é o caso de desertos e regiões polares.

No caso das edificações, o conforto ambiental tem como objetivo adequar o ambiente construído para o uso do homem em suas necessidades.

2.2 Condições climáticas – temperatura nas edificações

O conforto térmico de um compartimento de uma edificação está diretamente associado às atividades que os indivíduos realizarão. A localização geográfica desses ambientes é outro fator relevante para o conforto térmico.

Para a manutenção do conforto térmico, é necessária a utilização de equipamentos que possibilitem a manutenção da temperatura a níveis adequados. Nesse aspecto, tem-se grande preocupação com o consumo de energia para calefação ou refrigeração dos ambientes (Figura 2.6).

Figura 2.6
Sistema artificial de controle de temperatura ambiental interna.

O aumento populacional tem conduzido a humanidade à preocupação quanto ao consumo de energia e sua capacidade de geração sustentável.

O conforto térmico está relacionado a condições ambientais de temperatura, umidade relativa e movimento do ar, radiação solar e radiação infravermelha emitida pelo entorno.

A possibilidade de escassez de energia, devido ao excesso de consumo ou à falta dos insumos para sua geração, tem conduzido a humanidade à reflexão quanto a problemas de caracteres ambientais, econômicos e sociais.

Na tentativa de reduzir o consumo de energia, são conduzidas ações em três campos: na área ambiental, são continuamente estabelecidas leis mais rigorosas de exploração dos recursos naturais, na intenção de reduzir os impactos ambientais nos meios físico, biológico e antrópico; no setor econômico, são realizadas políticas tarifárias para reduzir ou inibir o excesso de consumo; e, no campo social, são feitas campanhas de conscientização para incentivar a redução do consumo. Também é incentivada a construção de equipamentos, que sejam mais eficientes em concepção, execução e operação (Figura 2.7).

Figura 2.7
Equipamento de ar-condicionado.

Assim, no caso das edificações, são realizadas muitas ações de planejamento e controle do processo construtivo, para que sejam minimizados os gastos com energia durante o processo de construção, bem como os que ocorrem na fabricação e no transporte de seus materiais componentes.

A preocupação do consumo energético durante a operação da edificação, chamado de período pós-ocupação, deve ser observada durante a fase de projeto da edificação. O projeto deve observar as condições climáticas existentes no local de sua implantação, bem como as necessidades dos futuros usuários da nova edificação.

Figura 2.8
Sistema de climatização de ambientes internos.

Atualmente, para atender às necessidades dos futuros usuários das edificações e proporcionar altos níveis de satisfação, elas devem ser projetadas, construídas e operadas de maneira que atentem a itens relacionados às suas formas, suas funções, sua eficiência energética e ao meio ambiente.

Para que haja eficiência energética em uma edificação, devem-se observar as condições climáticas do local de sua implantação. Esse procedimento fornece bases para as tomadas de decisão de itens como a forma arquitetônica da edificação, os materiais que serão utilizados na construção e a distribuição funcional dos espaços internos da edificação, levando em conta a orientação solar mais favorável para cada ambiente. Esses cuidados na fase de projeto são importantes para reduzir o uso de recursos artificiais que consomem energia, como aparelhos aquecedores ou ar-condicionado.

Figura 2.9
Edificação com dispositivos de arquitetura para redução do consumo de energia, como orientação solar e materiais de construção adequados.

Os cuidados na fase de projeto podem proporcionar a diminuição dos gastos com energia, em quaisquer tipos de edificações (residenciais, comerciais e industriais).

2.3 Condições climáticas – ventilação nas edificações

A ventilação nas edificações deve ser em quantidade adequada às necessidades de utilização ambiental de seus usuários. A ventilação no ambiente construído pode ser classificada como higiênica e térmica. A ventilação higiênica deve ser permanente, pois é continuamente necessária; já a ventilação térmica é necessária apenas quando a temperatura do ar no interior da edificação está mais quente do que o ar exterior (Figura 2.10).

Existem algumas estratégias utilizadas na fase de projeto para promover a ventilação dos ambientes das edificações:

Figura 2.10
Edificação com aberturas para ventilação de cômodos.

- **Aberturas em posição de barlavento:** as aberturas de entrada de ar devem ser localizadas nas zonas dos ventos predominantes.

- **Nível da ventilação higiênica:** a ventilação higiênica deve ocorrer acima do nível da cabeça dos indivíduos (junto ao forro), para retirar o ar quente contaminado pelo gás carbônico da respiração dos indivíduos. Este cuidado deve ocorrer inclusive no inverno, quando as aberturas dos cômodos ficam mais tempo fechadas.

- **Posição de entrada e saída de ar:** como o ar quente é menos denso do que o ar frio, ele tende a subir. Por isso, a abertura de entrada de ar deve estar situada em posição mais baixa do que a posição de sua saída.

- **Sentido do fluxo de ar:** o sentido do fluxo do ar que promove a ventilação mais adequada é aquele em que entra pelos dormitórios e sai pelo setor de serviços (Figura 2.11).

- **Ventilação cruzada:** é preciso realizar a ventilação cruzada para a manutenção da higiene do ambiente. O ar que entra em um ambiente da edificação deve sair por uma abertura oposta à de sua entrada.

Figura 2.11
Elementos vazados para circulação do fluxo de ar.

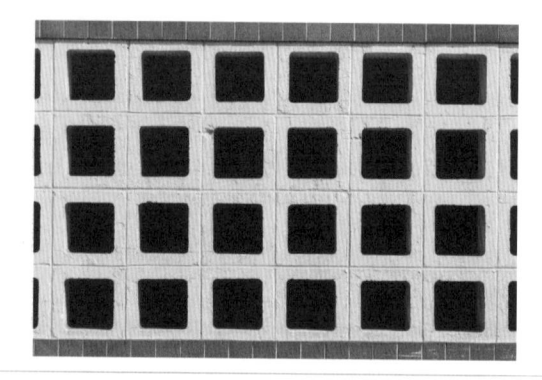

2.4 Condições climáticas – umidade nas edificações

A umidade ideal de um ambiente de uma edificação faz parte das estratégias bioclimáticas de um projeto. Essas estratégias são técnicas para a elaboração de projetos de edificações que tenham como variáveis as condições climáticas. A intenção dessas estratégias é proporcionar conforto aos usuários, reduzindo o uso de aparelhos de ar-condicionado e umidificadores de ar.

Como exemplos de estratégias bioclimáticas tem-se:

- **Regiões com frio intenso e úmido no inverno e calor intenso e úmido no verão:** deve-se utilizar sistema de esquadrias que proporcionem ventilação adequada no verão e boa vedação no inverno para evitar perdas de calor. Nesse caso, a técnica da ventilação cruzada é a solução mais adequada para retirar o calor interno nos dias de verão.

- **Regiões com intenso frio incidente:** deve-se utilizar o maior aproveitamento solar possível. Evitar o sombreamento da edificação, permitindo que o sol realize o aquecimento natural da edificação. Em dias mais quentes, recomenda-se utilizar a técnica da ventilação cruzada.

- **Regiões com ilhas de calor:** nesse caso, tem-se menos necessidade de aproveitamento do calor solar. As ilhas de calor podem surgir em regiões com alta densidade de construções, pequena quantidade de vegetação e poluição do ar. Devem-se utilizar alternativas que promovam a ventilação das edificações.

- **Regiões quentes e úmidas:** deve-se utilizar muita ventilação para reduzir o calor e a umidade do ar. Para reduzir o calor no interior da edificação, utilizam-se sistemas de sombreamento solar nas esquadrias, com a intenção de evitar a incidência direta do sol no interior da edificação. Os sistemas artificiais de sombreamento podem ser beirais nas coberturas ou os brises de proteção das janelas. O sistema natural de sombreamento pode ser feito a partir da utilização de trepadeiras caducifólias. Essas espécies de plantas trepadeiras perdem as folhas no inverno, permitindo a incidência da luz solar em dias frios.

- **Regiões quentes com boa taxa de umidade:** nesse caso, o principal problema é o calor. Devem-se utilizar estratégias das regiões quentes e úmidas, ou seja, a ventilação cruzada e o uso de proteção solar nas esquadrias.
- **Regiões quentes e secas:** essas regiões são muito quentes durante o dia e frias à noite. Deve-se utilizar a ventilação cruzada para redução do calor durante o dia e evitar o sombreamento de suas paredes para ocorrer o aquecimento solar e o sistema de esquadrias com boa vedação para evitar a perda de calor durante a noite. Nessas regiões é importante a manutenção de áreas verdes, com a intenção de aumentar a umidade do ar.

2.5 Conforto visual

O conforto visual de um compartimento de uma edificação tem aspectos subjetivos. O bem-estar relacionado a ver bem está associado a uma quantidade de luz que seja satisfatória para realizar uma tarefa visual de maneira confortável.

Geralmente, os indivíduos preferem espaços que possibilitem uma visão ampla do horizonte, para ver paisagens que possam ser dinâmicas e naturais.

Os indivíduos em geral preferem ambientes construídos com formas e elementos arquitetônicos diferenciados. O conforto visual do ambiente construído está relacionado às personalidades de seus usuários. Por isso, há a grande dificuldade na manutenção de altos níveis de satisfação quanto ao conforto visual em condomínios, em que todas as unidades têm a mesma forma externa (Figura 2.12).

Figura 2.12
Condomínio de casas com a mesma forma externa.

O conforto visual tem como fatores intervenientes a luminosidade presente nos ambientes, a harmonia de cores e os acabamentos de cada compartimento.

Para obter altos índices de conforto visual, é importante haver harmonia e integração entre os espaços artificialmente construídos e os ambientes naturais. Essa relação deve levar em conta a integração entre os ambientes públicos e privados das cidades (Figura 2.13).

Figura 2.13
Conforto visual com a harmonia ambiental.

Para o conforto visual, é importante que não haja grande intensidade de luz, para não ocorrer ofuscamento, nem grandes contrastes, e não causar desconforto ou cansaço visual.

A luz nos ambientes deve ter distribuição uniforme. No caso da luz natural, deve-se ter cuidado no projeto das edificações em itens como:

- **Aberturas:** localização, orientação, tipo, tamanho e forma geométrica.
- **Vidros:** tipos e cores.
- **Esquadrias:** tipos e cores.
- **Superfícies internas:** acabamentos de tetos, pisos e paredes.
- **Superfícies externas:** acabamentos de muros, pisos e construções do entorno.
- **Dimensões dos ambientes internos:** largura, comprimento e pé-direito dos ambientes.

Quanto às condições de luminosidade natural, isso dependerá das condições climáticas do local de implantação da edificação, da disponibilidade de luz proveniente da abóboda celeste e do entorno do local. Além disso, as aberturas existentes nas edificações proporcionam aos usuários uma vista do exterior, o que interfere em seus estados de espírito.

A luz natural proporciona modificações dinâmicas nos ambientes das edificações, porque existem alterações em sua cor, seu contraste e sua intensidade ao longo do dia.

2.6 Conforto acústico

O conforto acústico de um compartimento de uma edificação é um item importante para a qualidade de vida dos indivíduos. O conforto acústico ambiental deve atender a níveis mínimos, que possibilitem a redução do estresse nas pessoas. Esses possibilitam o desenvolvimento adequado de atividades diárias como descanso, lazer ou trabalho, pois a concentração dos indivíduos aumenta em ambientes mais silenciosos.

O conforto acústico ocorre quando não existe nada no ambiente que interfere na capacidade de ouvir satisfatoriamente o som desejado.

A localização da edificação no contexto urbano é um fator importante para a avaliação de seu desempenho acústico. Sua proximidade a locais potenciais de geração de ruído (fábricas, avenidas, aeroportos, rodoviárias, casas de espetáculos etc.) fará com que ela possa ser bem ou mal avaliada quanto às suas qualidades acústicas.

Figura 2.14
Desconforto acústico em decorrência de ruído externo.

A poluição sonora é um dos critérios utilizados para o planejamento de uso e ocupação do solo das cidades, para compor o Plano Diretor urbano. Assim, este propõe o zoneamento da cidade, procurando compatibilizar as diversas atividades existentes na localidade de acordo com o índice de ruído emitido. Por isso, ambientes que necessitam de níveis mais elevados de concentração, como escolas, ou de silêncio, como hospitais e casas de repouso, devem ter restrições urbanas de serem instalados próximos a locais com intensa fonte de geração de ruídos, como é o caso de aeroportos.

2.7 Conforto tátil e antropodinâmico

Conforto tátil é a sensação de bem-estar em relação ao toque nos revestimentos existentes nos ambientes das edificações. Está relacionado às condições ambientais nas quais as superfícies de contato direto não sejam desagradáveis ao toque dos usuários dos ambientes construídos (Figura 2.15).

Figura 2.15
Conforto tátil.

Para altos níveis de conforto tátil, as superfícies de contato direto, como os acabamentos de paredes, esquadrias, pisos, metais etc., não devem ter rugosidade ou aspereza excessiva, não devem possuir arestas vivas e/ou cortantes, não podem ser viscosas, nem demasiadamente aquecidas, úmidas ou molhadas.

Conforto antropodinâmico está relacionado aos requisitos referentes às necessidades dos usuários dos ambientes para a realização de movimentos em suas atividades. No caso das edificações, ele está relacionado à forma e às dimensões do ambiente construído. O conforto antropodinâmico está relacionado a posições confortáveis, esforços normais e balanceados durante a realização dos movimentos.

Figura 2.16
Conforto antropodinâmico.

Os ambientes devem ser adequados às necessidades de movimentação de seus usuários. Por exemplo, no caso de pessoas com restrição de locomoção, os ambientes das edificações devem estar preparados para as necessidades de usuários que utilizem cadeira de rodas, bengala, muletas e andadores. No caso da utilização de cadeira de rodas, deve-se ter atenção a condições ambientais, como a largura mínima dos corredores, as inclinações máximas de rampas e os espaços mínimos para a sua manobra (Figura 2.17).

Figura 2.17
Rampa de acesso para usuários de cadeira de rodas ou limitações de mobilidade.

Em alguns locais das edificações, é necessária a instalação de barras de apoio e alças, como no caso de banheiros e rampas.

Figura 2.18
Barra de apoio instalada no interior de um banheiro.

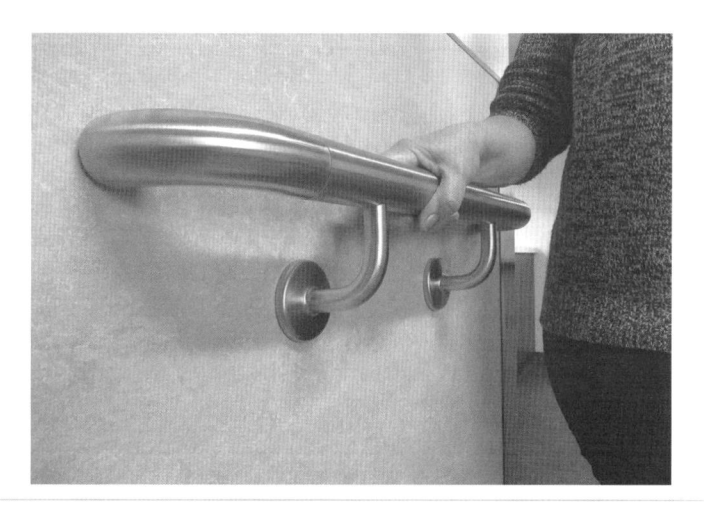

No caso dos banheiros, as manobras em válvulas de descarga ou de chuveiros devem ser realizadas de maneira confortável, e os equipamentos devem ter formatos anatômicos, que sejam ergonomicamente agradáveis aos usuários.

A altura dos equipamentos das edificações, como bancadas em cozinhas, tanques e espelhos, por exemplo, deve ser conveniente à altura dos usuários, particularmente se houver usuários cadeirantes ou de baixa estatura.

No caso de áreas externas às edificações, estas devem ter drenagem adequada para evitar o contato excessivo do usuário com umidade por meio das superfícies de passagem (Figura 2.19).

Figura 2.19
Área externa com gramado, que facilita a drenagem.

2.8 Conforto olfativo

Conforto olfativo é a sensação de bem-estar em relação aos cheiros e odores existentes nos ambientes das edificações.

As variáveis intervenientes externas às edificações que afetam o conforto olfativo estão relacionadas à tipologia do terreno, ao tipo do solo, à proximidade de fontes de água ou corpos hídricos, à qualidade e à quantidade da vegetação, à direção dos ventos dominantes e aos índices de poluição do ar existentes na região da edificação.

As variáveis intervenientes internas que afetam o conforto olfativo estão relacionadas aos odores provenientes dos materiais empregados na construção e suas capacidades de isolamento dos odores externos, revestimentos empregados e mobiliário adotado. Também são condicionantes do conforto olfativo a quantidade e o tipo das aberturas (portas, janelas e claraboias), sistemas de ventilação, exaustão e renovação do ar naturais e mecânicos. No caso de sistemas mecânicos, uma das variáveis para o conforto olfativo é a periodicidade em sua manutenção (Figura 2.20).

Figura 2.20
Conforto olfativo.

Os sistemas naturais ou artificiais de ventilação, exaustão e renovação do ar, além de dispersarem eventuais odores externos, devem ser capazes de dispersar aqueles internos provenientes das atividades dos indivíduos (alimentação, esforços físicos e tempo de permanência nos ambientes).

Para a manutenção da qualidade do conforto olfativo no meio ambiente, deve ser prevista a integração das ações relacionadas à garantia da qualidade do ar, associada à qualidade de oferta de água, do sistema de coleta de esgoto e do conforto térmico.

Para um bom nível de qualidade do conforto olfativo, os projetos das edificações devem prever algumas condições ambientais, tais como:

- Posicionar as tomadas de ar para cada ambiente das edificações, em que possa garantir o nível da qualidade olfativa desejada.

- Garantir ventilação natural, taxas de renovação, insuflamento e exaustão de ar que sejam satisfatórias, em função das atividades realizadas em cada ambiente da edificação, por meio do posicionamento e do dimensionamento de aberturas internas e externas das edificações.

- Controlar as possíveis fontes de odores desagradáveis ou limitar seus efeitos a partir de soluções arquitetônicas que sejam adequadas para cada edificação. Como exemplo de ações de arquitetura, têm-se: promoção de restrições à entrada de odores externos; organização dos espaços internos das edificações para limitar incômodos olfativos internos que tenham como origem emissões que ocorrem a partir de cozinhas, garagens ou laboratórios; controle da entrada de dióxido de carbono, monóxido de carbono e dióxido de enxofre.

- Considerar o critério olfativo quando for feita a seleção de materiais que serão utilizados na construção das edificações. Nesse caso, deve-se ter cuidados principalmente com revestimentos internos, isolantes térmicos, materiais acústicos, fibras sintéticas e outros materiais com odores específicos, como produtos com emissão limitada de Compostos Orgânicos Voláteis (COV).

- Considerar as facilidades para a realização das rotinas de manutenção dos sistemas de ventilação, exaustão e de ar-condicionado.

- Projetar alternativas possíveis para as atividades de tabagismo, de modo a evitá-las em ambientes internos, especialmente naqueles dependentes de climatização artificial.

- Incluir no manual de uso, operação e manutenção das edificações, que será entregue por ocasião da entrega da obra aos seus usuários, os aspectos relacionados ao conforto olfativo.

2.9 Eficiência energética

A eficiência energética de um ambiente é avaliada pela relação entre a energia utilizada e a disponível. Esta última é composta pela energia natural existente no meio ambiente, como a energia solar, e a energia recebida de concessionárias, com energia elétrica ou a contida em combustíveis derivados de petróleo, gás e carvões vegetal ou mineral.

Uma edificação é considerada mais eficiente quanto menor for sua dependência da energia recebida das concessionárias e maior for sua capacidade de utilização da energia natural. Dessa maneira, é possível fazer a comparação entre diferentes edificações com base em seus consumos de energia.

Figura 2.21
Placas de captação de energia solar.

Para aumentar a eficiência de uma edificação, deve-se especificar equipamentos que tenham mais eficiência energética, bem como incentivar o uso racional de energia.

O uso racional de energia tem início na fase de projeto da edificação. Deve-se realizar a adequação climática da forma, da função e dos materiais que serão utilizados na construção dos ambientes da edificação.

O clima e o tipo de uso e ocupação do solo urbano são fatores básicos para a realização de projetos de edificações energeticamente eficientes. O clima varia conforme a região em que a cidade se localiza (mesoclima). Em cada cidade, existe um conjunto de microclimas diferentes, que são causados por condições locais como corpos hídricos, adensamento de edificações, poluição atmosférica e comportamento de ventos. Por isso, se um mesmo projeto arquitetônico for implantado em locais diferentes na mesma cidade, poderá ter eficiência energética diferente em cada local.

O projeto de um edifício sob o ponto de vista de sua eficiência energética deve ter em conta os fatores climáticos locais preponderantes como orientação solar, intensidade e direção dos ventos predominantes e umidade do ar. A eficiência energética das edificações varia diariamente, porque as condições climáticas locais variam durante o dia e durante as estações do ano. Essas variações são chamadas fatores dinâmicos do clima.

O custo de manutenção do conforto ambiental deve ser comparado aos benefícios que foram obtidos com a utilização das estratégias de projeto, que melhoram o conforto ambiental da edificação.

No caso do conforto térmico, os ganhos e as perdas de calor nos ambientes da edificação são associados a variáveis arquitetônicas, como:

- **Características do entorno da edificação:** edificações isoladas ou inseridas entre outras edificações, localização próxima a corpos hídricos ou regiões de mata, topo ou base de colinas.
- **Cores utilizadas nas fachadas externas:** clara, escura ou intermediária.
- **Desempenho das aberturas (janelas, portas claraboias):** iluminação natural, proteção contra insolação inadequada (brise-soleil fixo ou móvel, vidros escuros).
- **Forma e altura da edificação:** prédio baixo ou alto, forma da edificação com faces sem contato com a luz solar.
- **Orientação solar:** ambientes com face em qualquer direção cardial.
- **Orientação e tamanho das vedações transparentes:** orientação solar e dimensões das vedações transparentes (vidros, elementos de plástico).
- **Orientação em relação à ventilação:** posição das aberturas da edificação em relação aos ventos predominantes.
- **Localização dos condicionadores de ar artificiais:** posição dos condicionadores em relação aos ventos predominantes para seu resfriamento.

O projeto da edificação deve ser único para cada local em que será construído. As soluções de arquitetura devem utilizar estratégias específicas para cada característica climática ambiental.

2.10 Orientação solar nas edificações

A orientação solar é uma das variáveis importantes no projeto de edificações. A forma da edificação deve estar relacionada à orientação solar mais favorável ao local de sua implantação. O posicionamento dos ambientes da edificação deve levar em conta a orientação solar mais favorável a cada ambiente. As condições de habitabilidade de uma edificação dependem de iluminação e ventilação naturais disponíveis em cada ambiente (Figura 2.22).

Figura 2.22
Orientação solar das edificações.

Como o sol nasce no Leste e tem uma trajetória para se pôr no Oeste, as fachadas situadas no Oeste tendem a ser mais quentes do que as orientadas para o Leste. No hemisfério Sul da Terra, a trajetória do sol se desloca para o Norte, deixando as fachadas na direção Sul como as mais frias de uma edificação (Figura 2.23).

Figura 2.23
Posicionamento dos cômodos conforme a trajetória do sol.

No aspecto da orientação das fachadas em relação à trajetória do sol, deve-se realizar uma análise sistêmica da edificação e distribuição de seus cômodos em relação às dimensões do lote, posturas municipais e características dos futuros usuários.

2.11 Paisagismo em projetos de edificações

A utilização de vegetação nas áreas externas à edificação faz parte da estratégia de ocupação e uso do solo. A vegetação contribui para a qualidade térmica existente em ambientes urbanos.

A vegetação nos espaços abertos é uma maneira de garantir microclima que seja agradável ao convívio humano. Ela pode ser constituída a partir de espécies arbóreas isoladas ou estar presente em grupamentos arbóreos.

Figura 2.24
Vegetação para a qualidade térmica ambiental.

Em dias de calor, a vegetação pode contribuir com sombras, provocando sensações de bem-estar nos indivíduos. A vegetação tem menor capacidade de condutividade térmica do que os materiais de construção utilizados nas edificações. A radiação solar é absorvida pelas folhas, o reflexo dessa radiação recebida é muito pequeno e a transferência de calor para o solo é lenta.

A vegetação também provoca a redução da velocidade dos ventos perto do solo e o aumento da umidade relativa do ar. As temperaturas ambientais são mais amenas à sombra de árvores. Locais pavimentados próximos às edificações, além de absorverem muita radiação térmica, transmitem parte do calor para o interior das edificações. Para criar climas mais amenos, árvores devem ser plantadas perto das janelas (Figura 2.25).

Figura 2.25
Árvores ajudam a criar climas amenos.

Os projetos de edificações procuram criar espaços que sejam agradáveis aos seus usuários e que tragam benefícios econômicos, com a redução do consumo de energia durante o uso e a operação da edificação.

CONSIDERAÇÕES FINAIS

> A partir do conhecimento das características e das necessidades dos indivíduos, das variáveis climáticas regionais, das características térmicas dos materiais, apresentados neste capítulo, é possível conceber projetos arquitetônicos que proporcionem altos níveis de conforto ambiental, com baixos índices de consumo de energia.

Conforto Térmico em Smart Buildings

3

CONSIDERAÇÕES INICIAIS

▸ Este capítulo tem o objetivo de apresentar as variáveis do conforto térmico. Detalha os fatores ambientais e os fatores individuais influentes no conforto térmico, bem como apresenta o conforto térmico em smart buildings. Por fim, trata das novas tecnologias em tais locais.

3.1 Variáveis do conforto térmico

O conforto térmico é o indicador mais comum para avaliar a temperatura do ar atmosférico. Sugiro retirar esta parte, já que deixou o texto confuso e repetitivo. No entanto, sozinha, a temperatura do ar não é um indicador válido ou preciso de avaliação do conforto ou estresse térmicos.

Na avaliação do conforto térmico de determinado ambiente, devem ser considerados outros fatores ambientais e pessoais. São seis os fatores que afetam o conforto térmico dos indivíduos. Eles podem ser independentes uns dos outros, mas, juntos, contribuem para o conforto térmico das pessoas.

São quatro os fatores ambientais:

- temperatura do ar;
- temperatura radiante;
- velocidade do ar;
- umidade do ar.

Os fatores individuais são dois:

- natureza sociológica;
- natureza fisiológica.

Figura 3.1
Variáveis relacionadas ao conforto térmico ambiental.

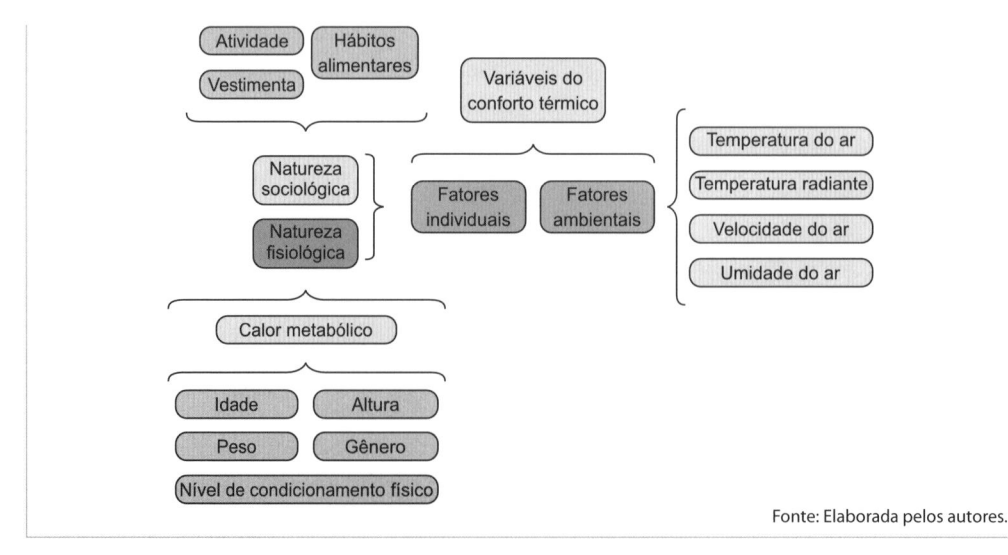

Fonte: Elaborada pelos autores.

3.2 Fatores ambientais influentes no conforto térmico

Os fatores ambientais que influenciam o conforto térmico dos indivíduos são relacionados às características de cada ambiente.

- **Temperatura do ar:** envolve o corpo dos indivíduos em cada ambiente. Geralmente, a temperatura é medida na unidade de graus Celsius (°C). A Figura 3.2 apresenta um aparelho elétrico de ar-condicionado, no qual a temperatura pode ser ajustada por meio de controle remoto.

Figura 3.2
Temperatura do ar-condicionado ajustada remotamente.

- **Temperatura radiante:** radiação térmica é o calor que irradia de um objeto quente. O calor radiante pode estar presente no ambiente se nele houver fontes de calor. A temperatura radiante é mais influente na maneira pela qual os indivíduos perdem ou ganham calor para o meio ambiente do que a temperatura do ar. Como exemplos de fontes de calor radiante temos sol, fogo, fornos, fogões, secadoras, lareiras, ferros de passar roupa, chuveiros, aquecedores, pisos aquecidos, lâmpadas, superfícies quentes de máquinas e motores, metais derretidos etc.

A Figura 3.3 apresenta uma das situações que pode estar presente nas edificações, nas quais o calor irradia para o meio ambiente.

Figura 3.3
Lareira à gás.

- **Velocidade do ar:** é o movimento do ar que ocorre nos ambientes, que possibilita o resfriamento ambiental se o ar estiver mais frio que o do ambiente, ou o seu aquecimento, caso o ar esteja mais quente que o do ambiente.

A velocidade do ar é um fator importante no conforto térmico ambiental. Por exemplo: o ar parado em ambientes internos, que são aquecidos artificialmente, pode fazer com que as pessoas se sintam abafadas. Essa condição também pode levar a um acúmulo no odor ambiental.

Mover o ar em condições quentes ou úmidas pode aumentar a perda de calor por convecção, sem que ocorra qualquer alteração na temperatura do ar. A realização de atividade física também pode aumentar o movimento relativo do ar, de modo que a sua velocidade pode ser corrigida, para levar em conta o nível de atividade física. O sistema deve insuflar ar em ambientes frios ou quentes, mas respeitando a velocidade e direção, porque as pessoas são sensíveis a esses pequenos movimentos de ar.

A Figura 3.4 apresenta uma situação em que ocorre o movimento do ar em um ambiente, causado pela utilização de um secador de cabelos.

Figura 3.4
Velocidade do vento do secador no cabelo.

- **Umidade do ar:** a umidade relativa do ar é a relação entre a quantidade real de vapor de água no ar e aquela máxima que o ar pode reter a essa temperatura do ar. Quando situada entre 40 e 70%, a umidade relativa não tem grande impacto no conforto térmico.

Em locais de trabalho não climatizados, ou onde as condições climáticas externas podem influenciar o ambiente térmico interno, a umidade relativa pode ser superior a 70%. A umidade em ambientes internos pode variar muito e depender da existência de processos de secagem (fábricas de papel, lavanderia etc.), nos quais o vapor é liberado.

A Figura 3.5 apresenta uma panela com água fervendo, que é uma fonte de aumento da umidade relativa do ar, cujo resultado também pode ser obtido com os umidificadores elétricos de ar.

Figura 3.5
Vapor quente de uma panela de água.

Os ambientes com alta umidade têm muito vapor no ar, o que evita a evaporação do suor da pele. Em ambientes quentes, a umidade é importante, pois menos suor evapora quando a umidade é alta (umidade relativa superior a 80%). A evaporação do suor é o principal método de redução de calor.

SAIBA MAIS

Para segurança no trabalho, é necessário que todos os operários utilizem os equipamentos de proteção individual (EPI) adequados. Quando o EPI é considerado não respirável, isto é, impermeável ao vapor, a umidade dentro desse equipamento aumenta à medida que o usuário transpira, porque o suor não pode evaporar. Assim, se um operário estiver usando esse tipo de EPI (como roupas de proteção química etc.), a umidade interna do equipamento será alta, e isso poderá causar grande desconforto térmico ao operário.

3.3 Fatores pessoais influentes no conforto térmico

Os fatores individuais que interferem no conforto térmico das pessoas são relacionados às características de cada indivíduo:

- **Natureza sociológica:** o conforto térmico dos indivíduos depende muito do efeito isolante das roupas que a pessoa está utilizando. Vestir muitas peças de roupas ou utilizar equipamentos de proteção individual inadequados podem ser causas primárias de estresse das pessoas por calor, mesmo se o ambiente não for considerado quente ou frio. Se a roupa utilizada não fornecer isolamento suficiente, no caso de ambientes frios, o usuário poderá estar em risco de ferimentos causados pelo frio, como congelamento ou hipotermia.

  A roupa pode ser uma causa potencial de desconforto térmico nos indivíduos, ou mesmo um elemento de controle térmico, na medida em que os indivíduos se adaptam ao clima em que trabalham. É possível adicionar mais camadas de roupa ao sentir frio ou removê-las em caso de calor.

A Figura 3.6 apresenta uma família utilizando roupas apropriadas para ambientes muito frios.

Figura 3.6
Roupas que protegem do frio.

- **Natureza fisiológica:** quanto mais intenso for o trabalho físico realizado, mais calor será produzido. Quanto mais calor for produzido pelos indivíduos, mais calor precisará ser perdido, para que não haja superaquecimento e consequente desconforto térmico. O impacto da taxa metabólica no conforto térmico é crítico.

As características fisiológicas e físicas de uma pessoa devem ser sempre observadas quando se estuda o conforto térmico. Fatores individuais como altura, peso, idade, nível de condicionamento físico e gênero podem ter impacto sobre como se sentem em relação ao conforto térmico, ainda que outros fatores intervenientes, como temperatura, umidade e velocidade do ar, sejam constantes e considerados adequados para outros indivíduos.

A Figura 3.7 apresenta um indivíduo com a roupa molhada de suor, que foi emitido pelo corpo para equilibrar a temperatura corporal.

Figura 3.7
Roupa com suor.

💡 DICA

Condições Ambientais Térmicas para Ocupação Humana (Standard 55: Thermal Environmental Conditions for Human Occupancy) é uma norma nacional estadunidense publicada pela American Society of Heating, Refrigerating and Air-Conditioning Engineers (ASHRAE – em português, Sociedade Americana de Engenheiros de Aquecimento, Refrigeração e Ar-Condicionado), que estabelece as faixas de condições ambientais internas para obter conforto térmico aceitável para os ocupantes de edifícios. Foi publicada pela primeira vez em 1966, e desde 2004 é atualizada a cada três a seis anos. A versão mais recente da norma foi publicada em 2017.

A norma aborda os quatro principais fatores ambientais (temperatura, radiação térmica, umidade e velocidade do ar) e dois fatores pessoais (atividade e vestuário) que afetam o conforto térmico. Ela é aplicável a adultos saudáveis a pressões atmosféricas em altitudes até (ou equivalente a) 3.000 m (9.800 pés) e para espaços interiores projetados para ocupação humana de, pelo menos, 15 minutos. A norma também fornece indicadores para abordagens de menor consumo de energia ao conforto térmico interno, que incorporam sistemas passivos de ventilação natural.

A norma ASHRAE 55 visa especificar as características de ambientes internos que, associadas a fatores pessoais, geram condições térmicas aceitáveis para, no mínimo, 80% dos ocupantes do local. Os fatores físicos do ambiente analisado, que são considerados por essa norma técnica, são: temperatura, radiação térmica, umidade e velocidade do vento. Fatores pessoais também são levados em conta, como: nível de atividade a ser realizada nos ambientes e tipo de roupa utilizada pelos ocupantes dos ambientes.

De acordo com a norma, as variáveis não devem ser analisadas isoladamente, visto que o conforto térmico é complexo e uma consequência da interação entre todos os fatores intervenientes.

3.4 Conforto térmico em smart buildings

A função fundamental dos edifícios é fornecer um abrigo seguro e saudável para seus ocupantes. Nos smart buildings, eles também proporcionam conforto e prazer (Figura 3.8).

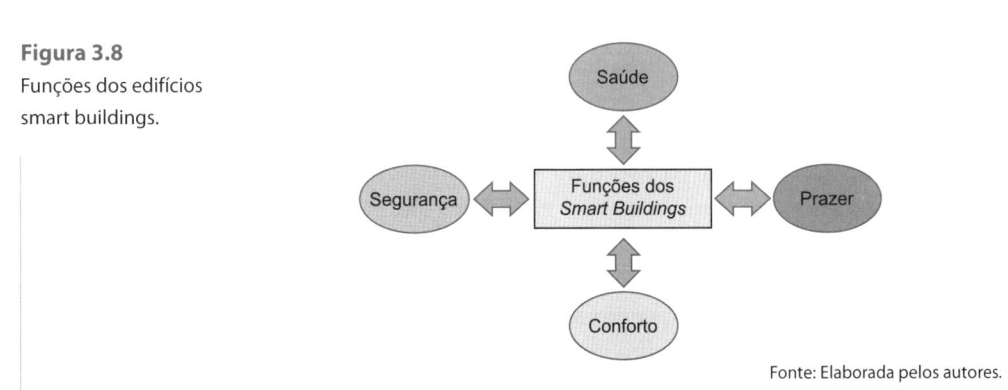

Figura 3.8
Funções dos edifícios smart buildings.

Fonte: Elaborada pelos autores.

No século XX, o conforto térmico nos edifícios tornou-se um bem desejado, sendo então realizado por máquinas movidas à energia, que era abundante e barata. Desde a década de 1970, tem-se percebido que os combustíveis fósseis estão se tornando cada vez mais escassos e mais caros, e o clima mundial tem se tornado mais extremo. O desafio de projetar edifícios confortáveis, neste início de século XXI, requer uma abordagem diferente daquela existente no século anterior (Figura 3.9).

O conforto térmico que é proporcionado pelos edifícios aos seus ocupantes constitui uma medida de seu desempenho e, consequentemente, da qualidade do seu ambiente interior. A manutenção do conforto térmico não é a manutenção de uma temperatura exata e constante ao longo do tempo, em um determinado ambiente interior. Esse conforto depende de fatores quantificáveis (fatores ambientais e ocupacionais) e não quantificáveis (fatores individuais de naturezas fisiológica e sociológica).

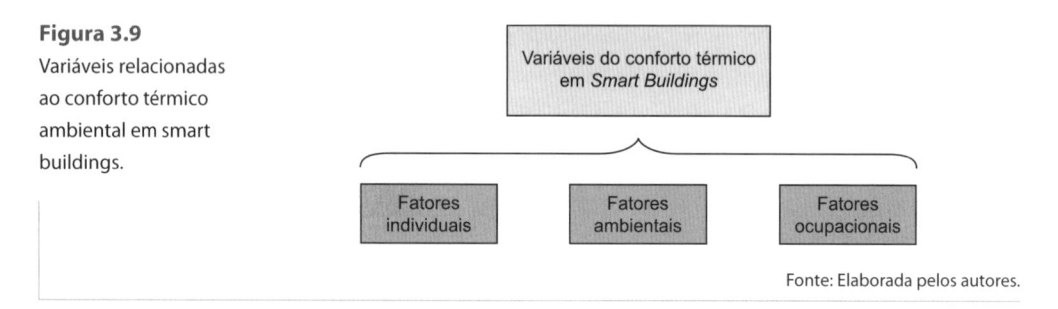

Figura 3.9
Variáveis relacionadas ao conforto térmico ambiental em smart buildings.

```
            Variáveis do conforto térmico
                 em Smart Buildings
           ┌────────────┼────────────┐
       Fatores       Fatores       Fatores
     individuais    ambientais   ocupacionais
```

Fonte: Elaborada pelos autores.

É muito difícil afirmar qual seria a temperatura ideal de conforto térmico em determinado ambiente. Geralmente, os indivíduos relacionam o conforto térmico apenas à temperatura do ar; contudo, existem outras variáveis que influenciam o conforto térmico além da temperatura. Dentre as variáveis ambientais, têm-se a temperatura, a umidade relativa do ar, a temperatura radiante e a velocidade do ar. Também influenciam o conforto térmico as variáveis humanas, em que se destacam a vestimenta e o metabolismo. Fatores como idade, gênero, hábitos alimentares, entre outros, também interferem na sensação de conforto.

Quando o dimensionamento do conforto térmico ambiental é feito utilizando-se modelos de conforto simplistas, o resultado pode conduzir a edifícios que consomem grandes quantidades de energia. Existe um consenso internacional que incentiva a concepção de edifícios que consumam baixas quantidades de energia; isso significa que os projetistas precisam conceber edifícios com estruturas robustas e passivas, com características técnicas que ofereçam aos ocupantes condições que permitam fazer mudanças para atender às suas necessidades ambientais. Por exemplo: condições que permitam realizar preferencialmente a ventilação ambiental por meio da energia livre e natural e utilizar o condicionamento mecânico de ventilação ambiental apenas em situações extremas do clima.

A temperatura interior, que é definida para um edifício na estação de aquecimento ou arrefecimento, é fundamental para a determinação da energia que será utilizada no edifício. A perda ou o ganho de calor no edifício depende da diferença de temperatura ao ar livre.

A necessidade da utilização de aparelhos de ar-condicionado nos edifícios pode ser significativamente reduzida, ou removida por completo, melhorando seus desempenhos térmicos a partir de estratégias como redução das áreas envidraçadas, aumento do sombreamento e elevação dos níveis de massa térmica das paredes, utilizando técnicas de ventilação natural, para que possa ser usada sem o auxílio de aparelhos elétricos o maior número de dias no ano.

Por meio da análise dos diagnósticos climáticos das cidades brasileiras, é possível perceber que a ventilação natural é uma boa estratégia para a maioria das cidades. Este recurso tem a capacidade de retirar grande parte da carga térmica absorvida e/ou gerada dentro de um ambiente. Para sua aplicação, é necessário que o projeto permita que os ventos circulem por diferenças de pressão atmosférica ou por efeito chaminé (por diferença de densidade do ar), podendo reduzir a necessidade da utilização de aparelhos ventiladores.

Figura 3.10
O ventilador elétrico portátil é utilizado para retirar artificialmente a carga térmica ambiental.

Para haver a redução do consumo de energia elétrica, é importante que se tenha prioridade nos projetos que utilizem as estratégias passivas de condicionamento térmico. Por exemplo: o resfriamento evaporativo que ocorre por meio de espelhos d'água é uma solução indicada para locais quentes e secos. O aquecimento solar passivo, que é realizado por meio de aberturas translúcidas voltadas para o sol, é uma solução térmica indicada para locais frios. Com a adoção adequada de soluções passivas, pode ser possível atingir o patamar de conforto térmico necessário em determinado ambiente da edificação, não necessitando de outros mecanismos para condicionamento térmico ambiental.

Para maximizar a eficiência, é recomendado realizar simultaneamente o uso dessas soluções passivas (ventilação cruzada, pé-direito duplo, beirais e brises, por exemplo) a outras tecnologias mecânicas (Figura 3.11).

Figura 3.11
Pé-direito duplo contribui para a circulação do ar em ambientes.

Em muitas cidades brasileiras, em função de suas características climáticas regionais, também é indicada a técnica do sombreamento das aberturas, principalmente no verão, quando a radiação solar é mais intensa no hemisfério Sul.

Figura 3.12
Brise-soleil.

Dependendo das condições climáticas, o uso de paredes e telhados verdes é considerado uma solução eficaz na obtenção de conforto térmico ambiental. Nos locais em que a radiação solar é intensa no período de verão, esse tipo de estratégia aumenta a resistência térmica da cobertura. As paredes ou os telhados verdes criam uma massa térmica, a qual impede que o calor entre nos ambientes. Assim, a amplitude das temperaturas internas é menor do que a amplitude das temperaturas externas.

Figura 3.13
Telhado verde.

Um ambiente deve receber sistema de ar-condicionado somente quando houver demanda climática, ou seja, deve ser utilizado para o resfriamento de altas temperaturas ou quando ocorrer temperaturas medianamente altas com altas taxas de umidade. Também pode ser utilizado para o aquecimento ambiental, quando as temperaturas forem muito baixas.

Os empreendimentos imobiliários necessitam de energia para seu funcionamento. Além disso, geralmente gastam muita energia para sua produção. Para minimizar os gastos energéticos em um imóvel, é importante planejar estratégias que possibilitem maior eficiência energética à produção e operação da edificação. Para obter desempenho energético adequado, o projeto de arquitetura deve levar em conta as condições climáticas existentes em cada local, assim como as demais necessidades dos seus usuários.

Atualmente, a forma e a função não são mais consideradas os únicos objetivos das edificações. A eficiência energética e os requisitos ambientais devem ser considerados nos empreendimentos que pretendem atingir elevados níveis de satisfação dos seus clientes e usuários.

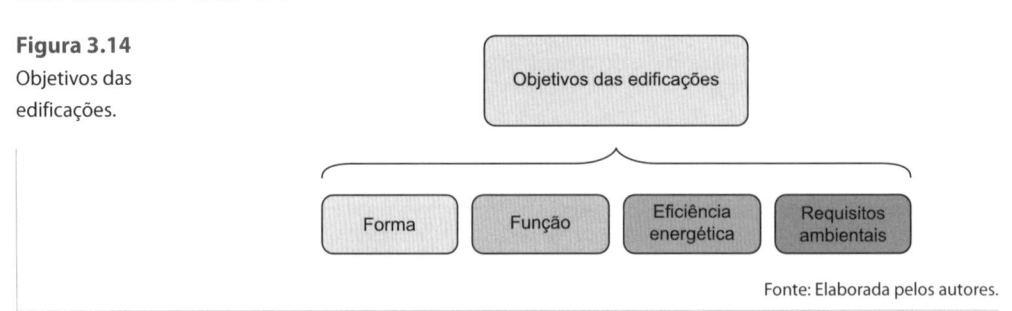

Figura 3.14
Objetivos das edificações.

```
                    Objetivos das edificações
          ┌────────┬──────────┬─────────────┬─────────────┐
        Forma    Função    Eficiência    Requisitos
                           energética    ambientais
```

Fonte: Elaborada pelos autores.

O projeto de uma edificação é considerado eficiente, do ponto de vista energético, quando garante uma perfeita interação entre o homem e o meio em todas as escalas da cidade: global, regional e local. As condições climáticas de cada região fornecem as bases para as decisões sobre a forma arquitetônica a ser projetada, os materiais utilizados e a distribuição funcional dos espaços internos da edificação em relação à orientação solar mais favorável para cada ambiente.

O conceito de eficiência energética na arquitetura não representa que o edifício não deva ter iluminação artificial. As estratégias utilizadas no projeto de arquitetura das edificações devem ter como intenção minimizar o uso de recursos artificiais e, com isso, diminuir os gastos com energia elétrica, em qualquer tipo de edificação (residencial, comercial ou industrial).

SAIBA MAIS

A norma de conforto europeia EN 15251 (Indoor Environmental Criteria – Critérios Ambientais dos Ambientes Fechados) especifica os parâmetros ambientais em ambientes fechados para a construção de sistemas de climatização e cálculos de desempenho energético. Esta norma não prescreve métodos de concepção, mas determina os parâmetros para o projeto de edificações (aquecimento, arrefecimento, ventilação e sistemas de iluminação). Ela é aplicável a construções como: habitações unifamiliares, apartamentos, escritórios, edifícios educacionais, hospitais, hotéis, restaurantes, instalações desportivas, comércio atacadista e varejista e edifícios de serviço. A EN 15251 baseia-se em normas já existentes (ASHRAE 55 e ISO 7730), visando, no entanto, critérios de conforto mais exigentes.

A norma ASHRAE 55 (Thermal Environmental Conditions for Human Occupancy – Condições Térmicas Ambientais para Ocupação Humana) é da Sociedade Americana dos Engenheiros de Aquecimento, Refrigeração e Ar-Condicionado (American Society of Heating, Refrigerating, and Air-Conditioning Engineers – ASHRAE), que tem como objetivo indicar os critérios para o conforto térmico de ambientes internos das edificações.

A norma ISO 7726 (Ergonomics of the Thermal Environment – Instruments for Measuring Physical Quantities / Ergonomia do Ambiente Térmico – Instrumentos de Medida de Grandezas Físicas) é uma norma da Organização Internacional de Padronização (International Standardization Organization – ISO), que tem como objetivo definir os requisitos mínimos que os instrumentos usados para a medição de grandezas físicas caracterizando um ambiente devem ter. Ela também define os métodos de medição. As especificações e os métodos nela presentes são divididos em duas classes: C – define especificações e métodos relacionados a medições em ambientes moderados (norma de conforto) e S – define especificações e métodos relacionados a medições em ambientes submetidos a um grande estresse térmico (norma de estresse térmico).

A norma ISO 7730 (Ergonomics of the Thermal Environment – Analytical Determination and Interpretation of Thermal Comfort Using Calculation of the PMV and PPD Indices and Local Thermal Comfort Criteria / Ergonomia de Ambientes Térmicos – Determinação Analítica e Interpretação do Conforto Térmico Utilizando o Cálculo dos Índices PMV e PPD e Critérios de Conforto Térmico Local) é uma norma ISO, que apresenta um método para a previsão da sensação térmica e do grau de desconforto de pessoas expostas a ambientes de temperatura moderada. Além disso, ela especifica as condições térmicas aceitáveis para o conforto. A sensação térmica humana está relacionada ao equilíbrio térmico corporal, que é influenciado pelo nível de atividade física da pessoa e pelo tipo de roupa que é utilizada, bem como por parâmetros físicos como temperatura do ar, temperatura média radiante, velocidade do vento e umidade do ar. Caso todos esses fatores possam ser medidos ou estimados, a sensação térmica corporal pode ser prevista a partir do cálculo do índice PMV (Predicted Mean Vote), que representa a porcentagem esperada de pessoas satisfeitas para diferentes condições térmicas do ambiente. O PMV permite estimar a quantidade de pessoas não satisfeitas, sendo este valor dado pelo índice PPD (Predicted Percentage of Dissatisfied). Esta norma é bastante difundida mundialmente e tem grande aceitação acadêmica.

A norma ISO 7993 (Ergonomics of the Thermal Environment – Analytical Determination and Interpretation of Heat Stress Using Calculation of the Predicted Heat Strain/Ergonomia dos Ambientes Térmicos – Determinação Analítica e Interpretação da Tensão Térmica Utilizando Cálculo da Taxa de Deformação Térmica Prevista) é uma norma ISO, que demonstra um método para avaliação e interpretação do estresse térmico experimentado por um ser humano em um ambiente quente. Descreve um cálculo do equilíbrio térmico corporal com base na taxa de suor que o corpo humano deve produzir para manter tal equilíbrio. Esta norma possibilita determinar os parâmetros ambientais que devem ser modificados e de quanto deve ser essa modificação, para que haja redução dos riscos à saúde de um ocupante do local.

3.5 Novas tecnologias nos smart buildings

As tecnologias são atualizadas constantemente para obtenção de níveis de conforto mais elevados. Além disso, com os avanços em pesquisas tecnológicas, a cada dia, é possível identificar novos produtos que modificam significativamente o modo de viver neste século.

Dentre as novas tecnologias, é possível destacar:

- **Sensores térmicos:** o uso de sensores térmicos ajuda a medir a temperatura superficial junto à janela das edificações e avaliar o nível de conforto térmico dos ocupantes.

Figura 3.15
Sensor térmico em smart buildings.

- **Lâmpadas de baixo consumo energético:** as lâmpadas LEDs de intensidade controlável com novos sensores substituíram as luzes florescentes T5. As lâmpadas LED podem ser ajustadas ao longo do dia em função da ocupação e dos níveis de luz natural no espaço.
- **Persianas automáticas:** as persianas podem ser acionadas automaticamente, para permitir a entrada total ou parcial da luz natural nos ambientes, conforme as necessidades dos ocupantes (Figura 3.16).

Figura 3.16
Persianas automáticas em smart buildings.

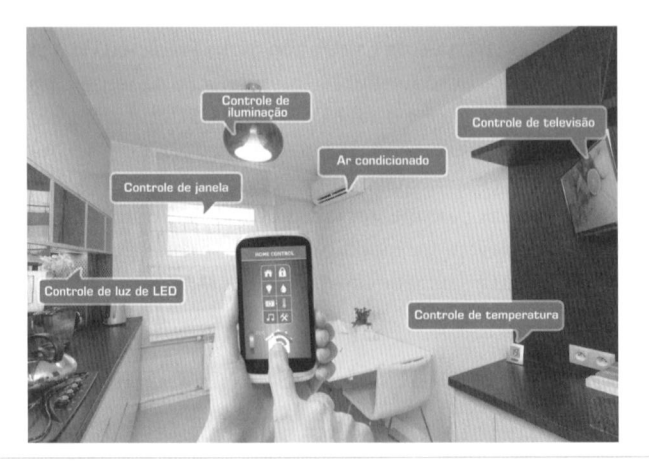

- **Fachadas inteligentes:** são acionadas por um sistema complexo que, por meio de seus componentes (passivos ou ativos), ajustam-se continuamente para se adaptarem a diferentes condições ambientais. Esse sistema responde diretamente às mudanças que ocorrem tanto no interior quanto no exterior dos ambientes das edificações.

A fachada é a parte mais expressiva e visível da edificação, sendo responsável pela separação e filtragem entre os ambientes externo e interno, protegendo os habitantes da intensidade dos agentes externos e criando um ambiente estável e confortável.

O conjunto envoltório da edificação (fachada e cobertura) é o componente do edifício mais diretamente exposto ao sol e vento. Essas fachadas podem integrar diferentes tipos de tecnologias em sistemas construtivos de fachadas, como: fachada dupla, fachada dupla ventilada, fachada de vidro duplo e fachada solar.

As fachadas inteligentes também podem otimizar diferentes funções que influenciam na passagem de energia do ambiente externo para o interno, como: maximizar a luz natural, proteger da radiação solar, controlar a ventilação, recolher calor, rejeitar calor, atenuar o som, gerar eletricidade e explorar diferenciais de pressão.

A Figura 3.17 apresenta um tipo de fachada inteligente com a utilização de vegetação simultaneamente à utilização de outros sistemas componentes.

Figura 3.17
Fachada verde de um edifício.

Em geral, os painéis solares são instalados sobre o telhado de uma casa, na cobertura de um edifício ou galpão, ou até mesmo montados em estruturas metálicas na altura do chão. Porém, com o desenvolvimento de diferentes tecnologias de produção desses painéis, estes estão sendo incorporados em brises, na substituição das placas convencionais e até mesmo no lugar das janelas dos prédios. A prática de incorporar o painel solar na construção é conhecida como BIPV (Building Integrated Photovoltaics – Sistemas Fotovoltaicos Integrados).

A Figura 3.18 apresenta o detalhe da fachada fotovoltaica de uma edificação alemã. Essa edificação é equipada com instalações ecológicas, gerando sua própria energia a partir das janelas.

Figura 3.18
Edificação com fachada fotovoltaica.

- **Gerenciamento predial:** o alto custo dos sistemas de gerenciamento predial (Building Management Systems – BMS) tem sido difícil de justificar nos casos de edifícios pequenos e médios. Mas isso está mudando agora, à medida que tecnologias de ponta para a IoT estão sendo utilizadas para reduzir os custos dos BMS, transformando a dinâmica do mercado para fornecedores de software, integradores de sistemas e provedores de soluções. Essas conexões podem ser feitas em unidades de tratamento de ar, termostatos, medidores, controle de iluminação, sensores, interruptores e câmeras de vídeo.

A maioria dos edifícios dispõe de algum nível de inteligência integrada, quer seja no que diz respeito a ventilação, ar-condicionado, iluminação ou proteção contra incêndio. Com os avanços dos smartphones, é possível obter mais informações dos dados dos edifícios e, em última análise, tomar decisões melhores. A Figura 3.19 apresenta uma usuária do sistema de gerenciamento conectando seu smartphone ao sistema de gerenciamento de sua residência.

Figura 3.19
Conectividade do smartphone ao sistema de gerenciamento residencial.

Para a interface de aplicação do sistema de casa inteligente com IoT, é possível utilizar um raio X da planta da casa 3D e ajustar funções a partir do uso de um tablet ou smartphone. Essa solução permite, além do controle e da manutenção do conforto ambiental, realizar a segurança da edificação por meio do bloqueio de portas e janelas com a utilização da IoT. Nesse sistema, se alguém se aproximar da residência, as luzes serão ligadas em determinada ordem, juntamente com a televisão e as câmeras de vigilância. Se a distância continuar a diminuir, o alarme será acionado, e um e-mail será enviado ao smartphone do usuário, além do envio de aviso para uma central de monitoramento. Também é possível controlar quem pode entrar em cada horário, ou apenas monitorar quem entrou e por quanto tempo permaneceu na casa.

Figura 3.20
Sistema de segurança doméstico.

A Internet das Coisas permite acender as luzes da casa, fechar as cortinas, trancar as portas, controlar a temperatura do ar-condicionado e o volume do rádio, entre outras ações.

No caso das torneiras e dos chuveiros inteligentes, eles podem medir a vazão e aquecer a água na temperatura desejada.

As câmeras com reconhecimento facial podem identificar e permitir o acesso a pessoas sem a necessidade de digitar códigos ou senhas. Também é possível abrir o portão da garagem pelo celular, as luzes do caminho acenderem, o ar-condicionado ser ligado e o aparelho de som tocar as músicas escolhidas.

A tecnologia permite criar cenários apropriados para cada momento determinado. É possível programar o horário de acordar para que a televisão ligue com volume baixo e as cortinas se abram devagar, o sistema de som pode ser conectado via cloud (nuvem) ou Bluetooth, bem como é possível realizar o monitoramento do sistema de combate a incêndio.

Figura 3.21
Funcionalidades de uma smart house.

CONSIDERAÇÕES FINAIS

Foram vistas as variáveis do conforto térmico, bem como os fatores ambientais e individuais que influenciam esse conforto. Também foi apresentado o conforto térmico nos smart buildings. Por fim, foram abordadas as novas tecnologias em tais locais.

Conforto Visual e Cores nos Ambientes Internos em Smart Buildings

4

CONSIDERAÇÕES INICIAIS

▶ Este capítulo tem por objetivo apresentar a influência da cor no conforto visual. Detalha as funções das cores e apresenta sua importância nos ambientes de trabalho. Apresenta, ainda, a cromoterapia e as bases da iluminação e do conforto visual.

4.1 Influência da cor no conforto visual

Para compreender a influência da cor no conforto visual, é necessário entender o significado deste termo e as variáveis intervenientes.

O conforto visual pode existir quando as faculdades de percepção existentes no cérebro humano podem agir sem interferências externas. Isso ocorre quando não há inibição de percepção, havendo a otimização das funções básicas dos olhos, como visão, velocidade e sensibilidade ao contraste.

Figura 4.1
Funções básicas dos olhos.

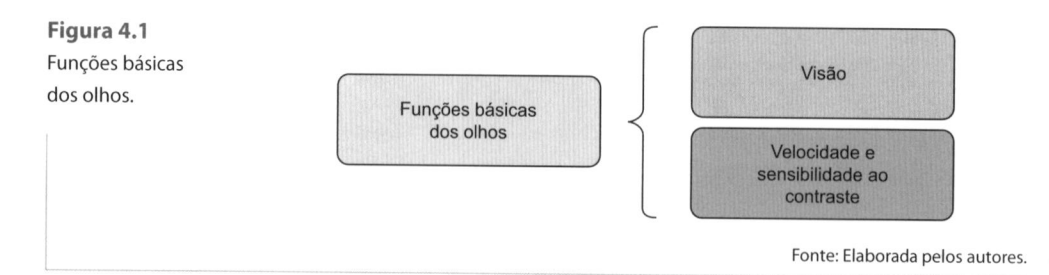

Funções básicas dos olhos
- Visão
- Velocidade e sensibilidade ao contraste

Fonte: Elaborada pelos autores.

A otimização das funções de percepção básicas é muito importante enquanto se buscam condições de trabalho ideais. Alguns fatores podem inibir a percepção em uma configuração interior, conduzindo a uma distribuição incorreta de densidade de luz, ofuscamento, má seleção de cor e design de interiores inadequado.

Figura 4.2
Fatores de inibição da percepção visual.

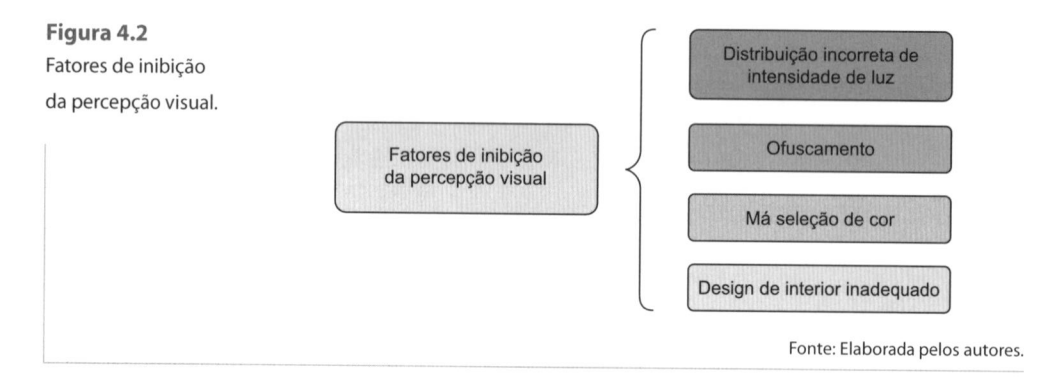

Fatores de inibição da percepção visual
- Distribuição incorreta de intensidade de luz
- Ofuscamento
- Má seleção de cor
- Design de interior inadequado

Fonte: Elaborada pelos autores.

A cor é uma qualidade fundamental na percepção visual dos indivíduos. Com base em uma total impressão, os olhos recebem informações em relação à estética, características do material e às utilidade de um objeto em particular.

A seleção de cores tem grande impacto sobre a maneira como os indivíduos percebem os ambientes interiores. Ela contribui com o bem-estar e com os estados psicológico e físico dos ocupantes de determinado ambiente. Assim, é muito importante a harmonia entre as cores utilizadas e a função pretendida de um objeto em espaço de uma edificação.

O estímulo físico que gera a percepção de cor e intensidade de luz pode ser explicado com precisão. A luz é um tipo específico de energia eletromagnética, que se propaga através da radiação ondulatória. Uma radiação eletromagnética pode ser de um único comprimento de onda (denominada monocromática), mas geralmente é uma mistura de várias radiações com diferentes comprimentos de onda e energia. Essa realidade foi provada pelo físico inglês Sir Isaac Newton (1642-1727), em 1666, quando ele fez um experimento que entrou para a história da ciência: o experimento do prisma, com o qual ele provou que a luz não é uma entidade homogênea, mas é composta de entidades mais simples (radiações monocromáticas únicas).

O estudo da iluminação dos espaços interiores e exteriores requer habilidades interdisciplinares relacionadas com a natureza do olho humano, engenharia elétrica, instalações e princípios de design de arquitetura. O objetivo de um projeto de iluminação é oferecer condição de conforto para que se possa executar as atividades previstas em cada ambiente específico, no qual deve haver equilíbrio entre as luzes natural e artificial.

Figura 4.3
Objetivo de um projeto de iluminação.

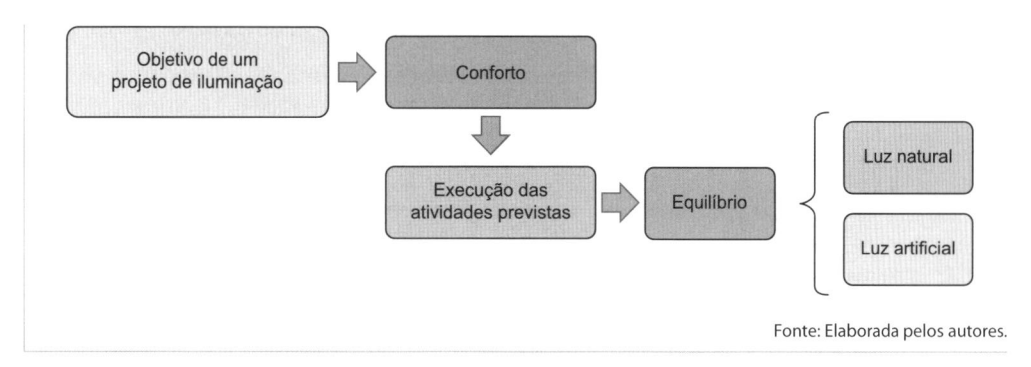

Fonte: Elaborada pelos autores.

4.2 Funções das cores

As cores podem ter três funções: indicativa, simbólica e estética (Figuras 4.4, 4.5 e 4.6).

- **Função indicativa:** indica o caráter, a utilidade e o convite de um objeto. Ela indica aos observadores a validade, a condição, o material, a finalidade ou a funcionalidade. A intenção é que a cor sugira as qualidades e as funções de um objeto. Como exemplo, são utilizadas as cores vermelha e azul na identificação das torneiras e válvulas com a intenção de apontar a fonte de água quente (cor vermelha) e fria (cor azul).

Figura 4.4
Função indicativa das cores.

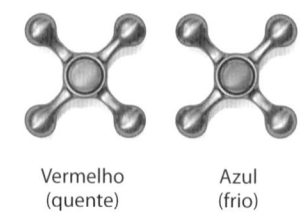

Vermelho (quente)   Azul (frio)

- **Função simbólica:** nesta função, a cor comunica qualidades imaginárias dos objetos. Enquanto cor se relaciona aos valores de projetos, estas também podem assumir aleatoriamente significado simbólico. Por exemplo, tem-se a utilização do uso de vermelho para carros esportivos, com a intenção de transmitir uma sensação de velocidade e poder; e da cor preta em carros corporativos utilizados pelas diretorias, com a intenção de transmitir a sensação de seriedade.

Figura 4.5
Função simbólica das cores.

- **Função estética:** nessa função, a cor pode servir como elemento decorativo ou parte de uma composição formal. A cor é avaliada conforme sua afetividade e expressão. O aspecto decisivo é a formal relação estética entre diferentes cores, como julgadas pelo contraste, pela harmonia, pelo tamanho do campo e pela distribuição de cores.

Figura 4.6
A função estética das cores é percebida pela variação de tons das árvores e do gramado.

Essas três funções das cores estabelecem a relação entre o efeito das cores presentes nos ambientes e a sensação de conforto visual dos indivíduos.

As cores são consideradas elementos ambientais que também contribuem para transmitir uma mensagem nos espaços de arquitetura. Assim, a partir da utilização das cores, é possível comunicar aos indivíduos atmosferas sofisticadas, modernas, clássicas, rústicas, descontraídas, entre outras.

O uso adequado do projeto cromático ambiental é muito importante nos ambientes construídos. A composição de diversos elementos, materiais e texturas associados à cor pode passar uma mensagem agradável ou desagradável. Por isso, diante da variedade de cores e texturas nos materiais e objetos que ajudarão a compor o ambiente, é importante considerar a cor muito mais do que um elemento isolado do processo construtivo, mas como um componente de grande importância na arquitetura e no design de interiores.

As cores são associadas à iluminação, uma vez que podem ser alteradas conforme a incidência da luz. A cor e a luz são elementos ambientais que estão intimamente ligados, uma vez que a intensidade da luz afeta fortemente o resultado da cor. Há cores que absorvem a luz e outras que a refletem. Assim, com o uso adequado do planejamento cromático ambiental, é possível aplicar esse recurso para contrabalançar a falta ou o excesso de luz nos ambientes.

As cores podem ser classificadas em quentes e frias. As cores quentes (cores relacionadas ao fogo e ao sol – amarela, vermelha e laranja) causam a sensação de aproximar e aumentar os objetos. As cores frias (associadas ao céu e à água – azul, verde e violeta) causam a sensação de distanciar e reduzir os objetos.

As cores também podem ser classificadas em escuras e claras. As cores escuras causam a sensação de aproximar objetos e reduzir ambientes, enquanto as claras, de ampliar objetos e aumentar os ambientes.

Em relação à percepção de tempo, experiências mostram que em ambientes com cores quentes, em geral, os indivíduos subestimam a passagem do tempo, enquanto nos ambientes com cores frias, os indivíduos superestimam o tempo. Com relação à percepção tátil, objetos com cores quentes parecem ser mais fofos e macios, enquanto que os objetos com cores frias parecem ser mais duros.

Figura 4.7
Cores quentes e frias.

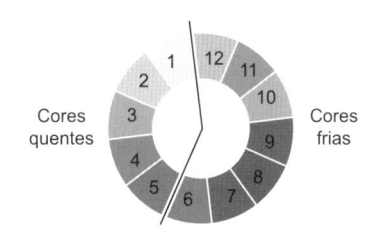

1 - Amarelo
2 - Amarelo-alaranjado
3 - Laranja
4 - Vermelho-alaranjado
5 - Vermelho
6 - Vermelho-arroxeado
7 - Violeta
8 - Azul-arroxeado
9 - Azul
10 - Azul-esverdeado
11 - Verde
12 - Amarelo-esverdeado

Fonte: Elaborada pelos autores.

> **SAIBA MAIS**
> **Influência psicológica das cores**
> - **Branco:** cor que apresenta maior sensibilidade na presença de luz. Essa cor transmite uma atmosfera sofisticada, moderna e minimalista. Proporciona mais conforto aos ambientes, pois absorve pouca luz e transmite pouco calor aos ambientes internos. O branco tem como característica realçar todas as cores e aumentar a iluminação nos ambientes, de modo a permitir que pequenos ambientes pareçam visualmente maiores.
> - **Preto:** pode criar ambientes sofisticados, modernos e proporcionar profundidade em projetos de interiores. Seu uso excessivo pode gerar ambientes negativos e causar alterações de humor e depressão.
> - **Cinza:** sua utilização única pode transmitir tristeza e angústia, gerando aspecto negativo aos ambientes. Porém, quando utilizado em composição com cores fortes, quentes e vibrantes, transmite requinte e sabedoria. Cinza é uma cor neutra em qualquer uma de suas tonalidades e realça as demais cores.
> - **Verde:** cor que aparenta transmitir equilíbrio. O verde-claro transmite paz e tranquilidade, enquanto o verde-escuro proporciona estabilidade e força. A cor verde cítrico aparenta transmitir alegria, energia, frescor e limpeza. A cor verde deixa o ambiente repousante, neutralizante, estimula o silêncio e ajuda na concentração. É a cor ideal para ambientes de permanência prolongada.
> - **Azul:** cor considerada terapêutica e repousante. Ela relaxa e pode evitar a insônia. É a cor mais lembrada quando os ocidentais querem referir-se aos sentimentos de simpatia, harmonia, amizade e confiança. É uma cor fria, portanto, dá a sensação de distanciar e ampliar os espaços.
> - **Violeta e roxo:** essas cores estão associadas à nobreza, à religiosidade, ao mistério, à grandeza, à sofisticação e à criatividade. Dependendo da tonalidade, podem criar ambientes calmos e serenos. Ajudam a desenvolver a percepção, mas podem deprimir se estiverem em tons fortes. Devem ser evitadas em ambientes nos quais as atividades exijam dinamismo.
> - **Vermelho:** é a mais quente de todas as cores. É uma cor que pode estimular os sentidos e proporcionar sedução. O vermelho não é considerado uma cor adequada para ambientes nos quais as pessoas permanecerão por longas horas, pois o ambiente pode se tornar opressivo, estressante e irritante, bem como pode causar a sensação de diminuição dos espaços. É estimulante, mas também está associado à agressividade.
> - **Amarelo:** está relacionado à luz solar. É uma cor considerada de calor, claridade e energia. Pode ser usado em ambientes com pouca iluminação. O amarelo e o branco, juntos, devem ser usados com moderação, pois podem causar nos indivíduos a sensação de insegurança. Quando for utilizado em detalhes, compondo ambientes com cores escuras e neutras, o amarelo pode deixar os ambientes alegres e descontraídos, bem como iluminados.

4.3 Cores nos ambientes de trabalho

A cores podem ter funções distintas nos ambientes de trabalho, como na organização dos espaços, na sinalização de segurança e nas atividades de marketing.

4.3.1 Cores na organização dos espaços

As cores podem ser utilizadas para diferenciar os ambientes, característica utilizada principalmente nos locais de trabalho. O emprego de cores distintas nas paredes de diferentes áreas de um escritório ou de uma loja, por exemplo, pode ajudar na localização dos variados setores das empresas.

4.3.2 Cores na sinalização de segurança

O significado que as cores causam nas reações dos seres humanos é aproveitado na sinalização de segurança.

4.3.2.1 NBR 7195:2018

As cores são utilizadas na sinalização de segurança com a intenção de ajudar na segurança daqueles que se locomovem pelo ambiente e na prevenção de acidentes de trabalho.

A Associação Brasileira de Normas Técnicas (ABNT) emitiu normas para a padronização das cores, suas aplicações e finalidades dentro dos locais de trabalho. A norma brasileira NBR 7195:2018 – Cores para segurança apresenta a normalização de segurança do trabalho para os ambientes de trabalho (ABNT, 2018). Também devem ser observadas as prescrições contidas na norma regulamentadora NR-26 – Sinalização de segurança.

As cores indicadas na norma NBR 7195:2018 são: amarela, azul, branca, laranja, púrpura (roxa, violeta ou lilás), verde e vermelha.

Cor amarela

É a cor que é utilizada para indicar advertência. Recomenda-se a utilização desta cor, por exemplo, em:

- **Bloqueios de passagem:** cavaletes, cancelas e outros dispositivos.
- **Elevadores e plataformas de carga:** em faixas no piso de entrada.
- **Equipamentos:** transporte e movimentação de materiais, pontes rolantes, pórticos e caçambas.
- **Escadas:** corrimãos, parapeitos e rodapés.
- **Estruturas:** pilares, vigas, postes, colunas e partes salientes de estruturas e equipamentos que apresentem risco de colisão.
- **Faixas:** no entorno das áreas de sinalização dos equipamentos de combate a incêndio.

- **Faixas de circulação:** em locais de circulação simultânea de pessoas e empilhadeiras.
- **Faixas de delimitação:** de áreas destinadas à armazenagem.
- **Fundos de letreiros:** em avisos de advertência.
- **Meios-fios ou diferenças de nível:** locais em que haja necessidade de chamar atenção.
- **Máquinas de transporte de cargas:** nessas máquinas e em veículos similares.
- **Passagens:** nas partes superior e laterais que apresentem risco.

Cor azul

É a cor utilizada, por exemplo, em:

- **Sinais de ação obrigatória:** uso de EPI ou outras ações similares.

Cor branca

É a cor que é utilizada, por exemplo, em:

- **Delimitação de áreas:** em torno dos equipamentos de primeiros socorros e outros de emergência.
- **Faixas:** para demarcar passadiços, passarelas e corredores pelos quais circulam exclusivamente pessoas.

Cor laranja

É a cor utilizada para indicar perigo, podendo ser utilizada na pintura completa ou em contraste com outras cores (faixa). Essa cor deve ser utilizada em:

- **Equipamentos:** de salvamento aquático, como boias circulares, coletes salva-vidas, flutuadores salva-vidas, baleeiras, botes de resgate e similares.

Recomenda-se, ainda, sua utilização quando a avaliação de riscos indicar e for tecnicamente viável. Por exemplo:

- **Máquinas e equipamentos:** em partes móveis.

Cor púrpura

É a cor utilizada para indicar os perigos provenientes de radiações penetrantes e partículas nucleares. É utilizada, por exemplo, em:

- **Locais:** em que tenham sido enterrados materiais radioativos e equipamentos contaminados por materiais radioativos.
- **Portas e aberturas:** que dão acesso a locais em que se manipulam ou armazenam materiais radioativos ou contaminados por materiais radioativos.

- **Recipientes:** de materiais radioativos ou refugos de materiais radioativos e equipamentos contaminados por materiais radioativos.
- **Sinais luminosos:** para indicar equipamentos produtores de radiações eletromagnéticas penetrantes e partículas nucleares.

Cor verde

É a cor utilizada para caracterizar condição segura. Deve ser utilizada para identificar, por exemplo:

- **Caixas:** contendo equipamentos de proteção individual.
- **Chuveiros:** de emergência e lava-olhos.
- **Faixas de delimitação:** de áreas seguras quanto a riscos mecânicos.
- **Localização:** de caixas de equipamentos de primeiros socorros, emergência e macas.
- **Sinalização:** de portas de entrada das salas de atendimento de urgência e de rota de fuga.

Cor vermelha

É a cor utilizada para identificar e distinguir equipamentos de proteção e combate a incêndio. Ela indica a localização desses equipamentos, bem como seus acessórios, como válvulas, registros, filtros, entre outros.

Ela também é empregada em sinais de parada obrigatória e de proibição; em luzes de sinalização de tapumes, barricadas etc.; e em botões para paradas de emergência. Esta cor não pode ser utilizada para indicar perigo.

A mangueira de acetileno nos equipamentos de soldagem oxiacetilênica deve ser vermelha (a mangueira de oxigênio deve ser verde).

Para melhorar a visibilidade da sinalização de segurança, é recomendado que se utilizem cores de contraste. Essas cores também são utilizadas na forma de listras ou de quadrados para destaque da visibilidade. Contudo, sua área não pode ultrapassar 50% da área total (Tabela 4.1).

Tabela 4.1 – Cores de contraste

Cor de segurança	Cor de contraste
Vermelha	Branca
Laranja	Preta
Amarela	Preta
Verde	Branca

Cor de segurança	Cor de contraste
Azul	Branca
Violeta	Branca
Branca	Preta

Fonte: adaptado da NBR 7195:2018.

4.3.2.2 NR-26:2011

As cores adotadas na NR-26 são: alumínio, amarela, azul, branca, cinza, laranja, lilás, marrom, preta, púrpura, verde e vermelha.

Cor alumínio

O alumínio é a cor que deve ser utilizada em canalizações que contenham gases liquefeitos, inflamáveis e combustíveis de baixa viscosidade, como óleo diesel, gasolina, querosene, óleo lubrificante, entre outros.

Cor amarela

O amarelo é uma cor utilizada para identificar gases não liquefeitos em tubulações, bem como para indicar "Cuidado!". Pode ser usado em:

- bandeiras, como sinal de advertência (combinado com preto);
- bordas desguarnecidas de aberturas no solo (poços, entradas subterrâneas etc.) e em plataformas que não possam ter corrimões;
- bordas horizontais de portas de elevadores que se fecham verticalmente;
- cabines, caçambas e gatos-de-pontes-rolantes, guindastes, escavadeiras etc.;
- cavaletes, porteiras e lanças de cancelas;
- comandos e equipamentos suspensos que ofereçam risco;
- corrimões, parapeitos, pisos e partes inferiores de escadas que apresentem risco;
- equipamentos de transporte e manipulação de material, como empilhadeiras, tratores industriais, pontes rolantes, vagonetes, reboques etc.;
- espelhos de degraus de escadas;
- faixas no piso da entrada de elevadores e plataformas de carregamento;
- fundos de letreiros e avisos de advertência;
- meios-fios, em que haja necessidade de chamar atenção;
- para-choques para veículos de transporte pesados, com listras pretas;

- paredes de fundo de corredores sem saída;
- partes baixas de escadas portáteis;
- pilastras, vigas, postes, colunas e partes salientes de estruturas e equipamentos em que se possa esbarrar;
- vigas colocadas à baixa altura.

Devem ser utilizadas listras (verticais ou na diagonal) e quadrados pretos sobre o amarelo quando houver necessidade de melhorar a visibilidade da sinalização.

Cor azul

O azul é utilizado para indicar "Cuidado!", sendo limitado a avisos contra uso e movimentação de equipamentos, que deverão permanecer fora de serviço.

Esta cor é utilizada em:

- avisos colocados no ponto de arranque ou fontes de potência;
- barreiras e bandeirolas de advertência a serem localizadas nos pontos de comando, de partida ou em fontes de energia dos equipamentos;
- canalizações de ar comprimido;
- prevenção contra movimento acidental de qualquer equipamento em manutenção.

Cor branca

O branco é uma cor utilizada em:

- áreas destinadas à armazenagem;
- áreas em torno dos equipamentos de socorro de urgência, de combate a incêndio ou outros equipamentos de emergência;
- direção e circulação, por meio de sinais;
- localização de bebedouros;
- localização e coletores de resíduos;
- passarelas e corredores de circulação, por meio de faixas (localização e largura);
- zonas de segurança.

Cor cinza

O cinza pode ser utilizado em duas tonalidades:

- **Cinza-claro:** deverá ser usado para identificar canalizações em vácuo.
- **Cinza-escuro:** deverá ser usado para identificar eletrodutos.

Cor laranja

O laranja é a cor que deve ser utilizada para identificar:

- botões de arranque de segurança;
- canalizações contendo ácidos;
- dispositivos de corte, borda de serras e prensas;
- faces externas de polias e engrenagens;
- faces internas de caixas protetoras de dispositivos elétricos;
- partes internas das guardas de máquinas que possam ser removidas ou abertas;
- partes móveis de máquinas e equipamentos.

Cor lilás

O lilás é a cor que deve ser utilizada para indicar canalizações que contenham álcalis. As refinarias de petróleo poderão utilizar o lilás para a identificação de lubrificantes.

Cor marrom

O marrom pode ser adotado, a critério de cada empresa, na identificação de qualquer fluido que não for identificável pelas demais cores.

Cor preta

O preto é a cor utilizada em canalizações para indicar fluidos inflamáveis e combustíveis de alta viscosidade, como óleo lubrificante, asfalto, óleo combustível, alcatrão e piche.

Em condições especiais, o preto também poderá ser usado em substituição ao branco, ou combinado a essa cor.

Cor púrpura

A púrpura é a cor que deve ser utilizada para indicar os perigos provenientes das radiações eletromagnéticas penetrantes de partículas nucleares.

Essa cor é utilizada para identificar:

- locais em que tenham sido enterrados materiais e equipamentos contaminados;
- portas e aberturas que dão acesso a locais em que se manipulam ou armazenam materiais radioativos ou contaminados pela radioatividade;

- recipientes de materiais radioativos ou de refugos de materiais e equipamentos contaminados;
- sinais luminosos para indicar equipamentos produtores de radiações eletromagnéticas penetrantes e partículas nucleares.

Cor verde

O verde é a cor que caracteriza segurança. Essa cor é utilizada para identificar:

- caixas contendo EPI;
- caixas contendo máscaras contra gases;
- caixas de equipamento de socorro de urgência;
- canalizações de água;
- chuveiros de segurança;
- dispositivos de segurança;
- emblemas de segurança;
- fontes lavadoras de olhos;
- localização de EPI;
- macas;
- mangueiras de oxigênio (solda oxiacetilênica);
- porta de entrada de salas de curativos de urgência;
- quadros para exposição de cartazes, boletins, avisos de segurança etc.

Cor vermelho

O vermelho é a cor utilizada para distinguir e indicar equipamentos e aparelhos de proteção e combate a incêndio. Por ser de pouca visibilidade em comparação com o amarelo (de alta visibilidade) e o alaranjado (que significa alerta), não deve ser usada na indústria para assinalar perigo.

O vermelho é empregado para identificar:

- baldes de areia ou água, para extinção de incêndio;
- bombas de incêndio;
- caixas com cobertores para abafar chamas;
- caixa de alarme de incêndio;
- extintores e sua localização;

- hidrantes;
- indicações de extintores (visível a distância, dentro da área de uso do extintor);
- localização de mangueiras de incêndio (a cor deve ser usada no carretel, suporte, moldura da caixa ou nicho);
- mangueira de acetileno (solda oxiacetilênica).
- portas de saídas de emergência;
- rede de água para incêndio (sprinklers);
- sirenes de alarme de incêndio;
- transporte com equipamentos de combate a incêndio;
- tubulações, válvulas e hastes do sistema de aspersão de água.

A cor vermelha poderá ser usada excepcionalmente com sentido de advertência de perigo em:

- luzes a serem colocadas em barricadas, tapumes de construções e quaisquer outras obstruções temporárias;
- botões interruptores de circuitos elétricos para paradas de emergência.

4.3.3 Cores no marketing

A cor representa 85% da razão pela qual um cliente compra um produto específico. Cada cor pode estimular as pessoas a fazerem escolhas certas.

Como exemplos de cores aplicadas à compra e venda de produtos, temos:

- **Amarelo:** representa alegria, conhecimento, felicidade, otimismo, relaxamento e sabedoria.
- **Azul:** indica calma, contentamento, espiritualidade, fé, lealdade, paz e tranquilidade.
- **Marrom:** representa ar livre, casa, conforto, confiabilidade, excitação, materialismo e terra.
- **Ouro/dourado:** indica calor, extravagância, opulência, preciosidade e riqueza.
- **Rosa:** representa amor, charme, inocência, felicidade, feminilidade, romantismo e saúde.
- **Verde:** indica autoconsciência, calma, cura, perseverança, orgulho e tenacidade.
- **Vermelho:** representa desejo, energia, excitação, fúria, ira, paixão, raiva e velocidade.

> **DICA**
>
> O significado das cores varia de acordo com a cultura de cada povo. Deve-se estudar cada cultura para realizar a escolha adequada das cores para os ambientes.

4.4 Cromoterapia

A cromoterapia tem origem na Antiguidade e está intimamente associada à história da medicina tradicional, que sempre deu grande importância à influência das cores na saúde e no estado de espírito do homem.

As antigas civilizações egípcias, romanas e gregas praticavam a helioterapia, destinada à exposição à luz solar direta, para tratar várias doenças.

A medicina ayurvédica indiana sempre levou em conta como as cores têm a capacidade de influenciar o equilíbrio dos chakras, ou seja, os centros de energia sutil associados às principais glândulas do corpo humano.

Os chineses acreditavam que seu bem-estar físico dependia da ação de várias cores no homem: a cor amarela servia para regular o intestino, enquanto violeta servia para controlar ataques epiléticos. As janelas do quarto de um paciente eram cobertas com panos de cores apropriadas para a doença, e o paciente tinha que usar vestuário da mesma cor.

A cromoterapia teve um desenvolvimento notável graças aos numerosos estudos científicos que destacam a influência das cores nos sistemas nervoso, imunológico e metabólico. As irradiações coloridas atuam sobre os estados emocionais do indivíduo, sobre o progresso do estado psíquico e sobre o corpo, favorecendo seu equilíbrio e seu bem-estar físico.

As cores da luz e de iluminação podem ser uma força vital e uma fonte de energia, se usadas corretamente. As irradiações com feixes de luz colorida são, de fato, capazes de estimular a formação de células do corpo e afetam terminações nervosas e órgãos.

Na cromoterapia, cada tipo de cor tem sua vibração própria e, portanto, sua capacidade terapêutica. Por meio dela, o sistema nervoso dos indivíduos é influenciado de acordo com os objetivos do tratamento.

As cores possuem grande influência na vida e na personalidade dos indivíduos. Elas podem afetar o bem-estar a partir dos campos psicológico e mental.

A cromoterapia é a ciência que estuda as cores e sua ação energética, fazendo com que ela seja utilizada no equilíbrio das saúdes física, espiritual e mental. Essa técnica é reconhecida pela Organização Mundial da Saúde (OMS) como uma maneira capaz de ajudar pessoas portadoras de determinadas doenças.

Nessa técnica, os ambientes devem ter as cores adequadas. Por exemplo, no quarto, as cores devem transmitir tranquilidade. Na sala, as cores devem ser associadas à felicidade. Na cozinha, podem ser usadas cores para aumentar ou diminuir o apetite, dependendo do seu momento. No banheiro, as cores devem ser claras, porque deixam os ambientes mais iluminados, parecendo maiores do que realmente são.

Cor amarela

A cor amarela faz parte das cores quentes, ou seja, é uma cor energética e traz atenção, concentração, excitação e força de vontade. Os efeitos psicológicos dessa cor são associados à alegria, à alerta, à concentração, à criatividade, à descontração, ao egoísmo, à expectativa, à felicidade, à fraqueza, ao idealismo, à juventude, à luz, ao otimismo, à riqueza, à velocidade e ao verão. Seus efeitos terapêuticos estão associados a doenças psicossomáticas e tratamentos digestivos. Essa cor, quando utilizada com frequência, aumenta a pressão e reduz o sentido de estabilidade.

Cor azul

A cor azul está associada à meditação, à intuição, à liberdade, à tranquilidade e à sinceridade. Os efeitos psicológicos dessa cor são associados à compreensão, à confiança, ao conservadorismo, à dependência, ao frio, à harmonia, à lealdade, à liberdade, à meditação, à monotonia, à paz, à saúde, à segurança, à tecnologia e à tranquilidade. Seus efeitos terapêuticos são a diminuição da pressão arterial e o combate ao estresse, à irritabilidade, à insônia e ao nervosismo.

Cor azul-índigo

O azul-índigo está relacionado ao funcionamento do cérebro, sendo estimulante para a imaginação e a intuição. Ele também pode ser considerado um forte elemento sedante. Essa cor está relacionada à criatividade, à dignidade, à independência, à mudança, à sabedoria, à serenidade e à transgressão.

Cor branca

Os efeitos psicológicos dessa cor são calma, esterilidade, higiene, inocência, limpeza, paz, pureza, rendição, reverência, sabedoria, simplicidade e união. Seu efeito terapêutico, quando utilizada com frequência, irrita o sistema nervoso.

Cor laranja

Essa é uma das cores mais utilizadas por conta de seu valor energético. Os efeitos psicológicos dessa cor são associados à alegria, ao bom humor, à criatividade, à energia, ao entusiasmo, ao equilíbrio, à espontaneidade, à euforia, à gentileza, ao lúdico, ao movimento e ao pôr do sol. Seu efeito terapêutico está associado ao estímulo, sendo ligada ao aparelho reprodutor. Ela também pode elevar o apetite durante as refeições. É, ainda, considerada antisséptica e rejuvenescedora.

Cor rosa

O rosa está associado aos sentimentos de amor, carinho e proteção. Essa cor tem a intenção de afastar a solidão dos indivíduos, deixando-os mais sensíveis, bem como está relacionada à ajuda ao próximo, ao amor e à inocência.

Cor verde

A cor verde está diretamente relacionada ao nascer da vida. É também símbolo de fartura e da juventude. Os efeitos psicológicos dessa cor estão relacionados ao bem-estar, à boa sorte, ao ciúme, ao descanso, ao desenvolvimento, ao dinheiro, à esperança, à fertilidade, ao frescor, à ganância, à inteligência, à juventude, à motivação, à natureza, à perseverança, à primavera e à resistência. Seu efeito terapêutico está associado à tranquilidade, auxiliando em caso de estresse. Essa cor também ajuda a melhorar a memória, desintoxicação e problemas cardíacos. Sua utilização excessiva pode causar impaciência e insatisfação.

Cor vermelha

O vermelho possui maior onda de frequência vibracional. Os efeitos psicológicos dessa cor estão associados à agressividade, à coragem, à energia, ao erotismo, à euforia, à força, à paixão, ao perigo, ao poder e à raiva. Seus efeitos terapêuticos estão associados à anemia, ao combate à impotência sexual, à depressão e à frigidez. É uma cor estimulante, e seu uso em excesso pode causar nervosismo e ansiedade.

Cor violeta

Essa cor tem o poder de transmutar energia, mudando a frequência da célula para uma maior. Os efeitos psicológicos dessa cor são calma, criatividade, dor, erotismo, esoterismo, espiritualidade, misticismo, prosperidade, respeito, resplandecência, sabedoria, sinceridade e solidão. Seu efeito terapêutico está associado a agir como calmante para os nervos e músculos. Ela é indicada para inflamações e infecções da pele, sendo contraindicada para pessoas inseguras.

4.5 Iluminação e conforto visual

A luminotécnica (tecnologia de iluminação) é a ciência que estuda a iluminação natural e artificial, com a finalidade de garantir condições visuais adequadas para os seres humanos.

A iluminação interior deve permitir a realização de tarefas visuais e criar condições visuais de conforto, proporcionando conforto mental em relação ao ambiente visual. Esses requisitos são atendidos quando todos os objetos internos podem ser claramente distinguidos, e as tarefas podem ser realizadas sem esforço. Para conseguir isso, a luz natural pode ser usada para complementá-la com luz artificial. No entanto, as duas opções não são equivalentes: na verdade, apesar de a iluminação artificial ser diferente da natural, pode ser projetada com características de qualidade precisas.

O projeto de iluminação estuda uma solução que permita as melhores condições de iluminação em determinado ambiente, seja externo ou interno, com base em suas características físicas e funcionais. Projetar a iluminação envolve a escolha de luminárias, considerando a quantidade, o tipo e a posição em que ficarão. A manutenção do sistema de iluminação e dos corpos de iluminação é fundamental já na fase de projeto, pois isso condiciona a eficácia do projeto ao longo do tempo. Para o projeto de iluminação, também é possível utilizar softwares capazes de simular as condições de iluminação em um espaço específico e o comportamento das diferentes superfícies.

Entre os principais fatores a considerar no projeto de iluminação está o nível de iluminação do ambiente, que afeta a capacidade e a velocidade de perceber o espaço.

Para uma boa visão em ambientes internos, é necessário perceber um sistema de iluminação que possa garantir:

- o nível de iluminação necessário para tarefas visuais, termos de iluminância e luminosidade, bem como sua uniformidade;
- o balanço de luminâncias no campo visual;
- a limitação de brilho.
- a percepção suficiente de contraste.

Todos esses aspectos podem ser avaliados por meio de parâmetros físico-técnicos, que contribuem para o design e dimensionamento do projeto de iluminação, de acordo com as atividades que devem ser realizadas nos ambientes.

4.5.1 Iluminação e visão

A luz é definida cientificamente como uma energia radiante eletromagnética, que o olho humano é capaz de perceber. A luz branca é resultado de uma mistura de todos os comprimentos de onda do espectro visível e, também, contém radiação pertencente à região do infravermelho e do ultravioleta.

A fotometria é o campo da engenharia de iluminação que estuda as quantidades fundamentais usadas para medir a energia radiante, emitida ou recebida, de uma superfície em relação às sensações produzidas no indivíduo através do olho. Esta quantifica a luz não em termos absolutos, mas em termos de estimulação visual.

O design do sistema de iluminação de determinado ambiente pode atender ao nível máximo de iluminação exigido para esse ambiente e, em seguida, fornecer ajustes automatizados durante o dia, e, devido aos sensores de luz natural, é possível ajustar a luz artificial de acordo com as condições da luz natural.

Todos os ambientes necessitam de análises que conduzam à escolha do tipo de iluminação mais adequada: tipo de luminária e seu posicionamento correto, da temperatura de cor certa da lâmpada até a melhoria de algumas áreas em comparação com outras. No projeto de iluminação, é importante identificar as luminárias mais adequadas, propor sistemas simplificados de gestão de iluminação e garantir a obtenção dos valores de iluminação apropriados para cada uso individual do ambiente.

O tipo de iluminação pode interferir no modo de viver e perceber um espaço. A luz, além de ser um elemento vital para o homem, é um fator indispensável para seu equilíbrio psicofísico, bem como para plantas e animais. Pesquisas foram realizadas para avaliar a influência da luz e da cor nos aspectos fisiológicos e psicológicos do homem. Uma boa qualidade de luz e iluminação ajuda a elevar o nível de conforto. Por essa razão, uma iluminação feita com lâmpadas fluorescentes, neon ou economizadoras de energia não é saudável e adequada para locais habitáveis, nos quais a presença de pessoas não é limitada a algumas horas por dia. Esse tipo de iluminação é adequado para corredores, escadas, sinais e entradas, que devem permanecer iluminados por muitas horas e a presença do homem é limitada apenas ao trânsito local. Para atividades como ler, comer e conversar, é necessário que a luz de uma lâmpada tenha uma frequência que não canse ou perturbe a visão com brilho e tremores imperceptíveis.

Para uma boa visão das "tarefas visuais", é necessário garantir um nível suficiente de iluminação. Para atividades de trabalho, é preciso adaptar a iluminação ao desempenho visual, enquanto que, para atividades recreativas, devem ser adaptadas à satisfação visual. Da mesma forma, a instalação do dimmer permite que o usuário ajuste independentemente a iluminação, de acordo com suas necessidades e suas atividades. Em qualquer caso, existe intervalo de iluminamento com um valor mínimo de 20 lux e um máximo de 4.000-5.000 lux, fora do qual o sujeito está em estado de desconforto.

Além disso, deve ser garantida a distribuição de luminância adequada. Um contraste muito baixo pode dificultar a leitura de objetos e criar ambientes desinteressantes, bem como o contraste excessivo pode causar desconforto. Um exemplo é o fenômeno do brilho, devido a uma variação repentina ou excessiva de contrastes e pode ser direcionado ou refletido dependendo da fonte de reflexão.

Deve-se ter atenção na escolha de luminárias, sua distribuição e os acabamentos de superfície em uma sala ou superfície de trabalho.

4.5.2 Iluminação natural

A utilização de iluminação natural nos ambientes apresenta vantagens e problemas. Como vantagens, têm-se: benefícios psicológicos e emocionais, fonte de energia gratuita e variação da luz durante o dia. Como problemas, têm-se: variação de intensidade, superaquecimento nos meses mais quentes do ano, insolação direta, brilho intenso, infiltração de ar e sombras causadas por obstruções externas.

4.5.3 Desempenho visual

O desempenho visual exigido por uma determinada atividade depende essencialmente dos seguintes fatores:

- luminosidade e cor da tarefa visual;
- luminosidade e contraste de cores entre detalhes e plano de fundo;
- dimensões dos elementos da atividade;
- posição de detalhe no campo visual;
- eficiência do aparelho visual do observador;
- grau de atenção exigido pela atividade;
- dificuldade da tarefa visual.

4.5.4 Uniformidade de iluminação e visão

Geralmente, na tarefa visual, é ocupada apenas uma parte do campo de visão de um observador. O olho humano se adapta a uma luminância intermediária entre aquela da tarefa visual e a dos outros elementos presentes no interior do campo visual.

É importante, então, que não sejam criados contrastes de luz excessivos no campo de visão, que podem diminuir ou debilitar a capacidade do olho de distinguir objetos de seu fundo e perceber detalhes.

Para evitar os fenômenos de fadiga, é recomendável que a relação entre a iluminância mínima e média não seja inferior a 0,7.

A tarefa deve ser iluminada da maneira mais uniformemente possível. Nas áreas imediatamente ao redor da tarefa visual, a iluminação deve estar relacionada com a da área de tarefa e deve fornecer uma distribuição de luminância bem equilibrada no campo de visão.

4.5.5 Brilho intenso

Brilho é a sensação visual produzida pelo elevado gradiente de luminância dentro do campo visual. A magnitude do fenômeno do brilho intenso pode variar de uma sensação de aborrecimento, que se for perseverante leva à fadiga do trabalhador, até a perda temporária da visão.

No local de trabalho, é importante limitar a possibilidade de brilho para evitar erros, fadiga e acidentes. O brilho desagradável pode ser produzido diretamente por luminárias ou janelas.

A incapacidade de visão é a redução da capacidade de distinguir objetos – por exemplo, gerada por fontes de luz intensas, como os faróis dos carros à noite, ou visão direta do sol.

Figura 4.8
Luz alta de faróis de veículo.

O brilho pode ser incômodo, sobreposto e refletido (Figuras 4.9, 4.10 e 4.11).

- **Brilho incômodo:** incômodo sem perda da capacidade de distinguir objetos, devido a uma fonte intensa no campo de visão. Por exemplo, a visão do céu brilhante perto do campo de visão.

Figura 4.9
Brilho incômodo: céu brilhante.

- **Brilho sobreposto:** ocorre quando se tem uma imagem refletida no campo de visão de uma fonte mais intensa do que a luminosidade da tarefa visual. Por exemplo, a imagem de uma janela refletida na tela de um computador.

Figura 4.10
Brilho sobreposto: imagem na tela de um computador.

- **Brilho refletido:** ocorre quando a luz de uma fonte refletida em uma superfície especular afeta o olho ou o plano de trabalho. Por exemplo, o sol refletido na água de uma piscina ou no mar.

Figura 4.11
Brilho refletido: sol refletido na água.

🏠 DICA

Iluminação adequada ao ambiente de trabalho, evitando o brilho refletido

Quando um trabalhador vê, por exemplo, uma luz sobre a superfície da tela do computador, este se torna o caso de um reflexo. Esse brilho também pode ser visto nas superfícies das mesas polidas.

As fontes de brilho refletido podem ser, por exemplo, janelas, paredes, luminárias ou roupas reflexivas.

É possível controlar o brilho refletido realizando ações, como:

- reduzir a intensidade da fonte de luz por meio da utilização de capas para as luminárias, cobrindo as janelas ou escolhendo a altura apropriada de painéis que refletem a luz;
- proporcionar acabamentos foscos ou planos, em equipamentos móveis ou paredes;
- inclinar o monitor de computadores para retirar o reflexo e mantê-lo afastado da linha de visão.
- cobrir a tela do monitor de computador com uma superfície capaz de filtrar os reflexos.

CONSIDERAÇÕES FINAIS

▶ Foram vistas neste capítulo a influência da cor no conforto visual e as funções das cores. Também foram apresentadas a importância das cores nos ambientes de trabalho e a função da cromoterapia. Por fim, foram estudadas as bases da iluminação e do conforto visual.

Uso do Solo e Vegetação nos Ambientes Externos em Smart Buildings

5

CONSIDERAÇÕES INICIAIS

▶ Este capítulo visa apresentar a influência das vedações no desempenho térmico das edificações. Detalha as ilhas de calor urbano e apresenta os telhados verdes, os telhados frios e os pavimentos frios. Trata do sombreamento e, por fim, aborda a smart city Hong Kong.

5.1 Influência das vedações no desempenho térmico

Conforto ambiental e desempenho térmico nas edificações, em uma escala considerada satisfatória, significam ter a sensação de bem-estar, que é resultado da relação dos materiais de vedação e dos fatores ambientais do local em que está localizada a edificação.

O conceito de desempenho térmico nas edificações tomou impulso na década de 1990 com as questões de sustentabilidade, que estão mais associadas aos aspectos práticos da aplicação do conceito de conforto na concepção e na execução das edificações.

As cidades crescem constantemente, abrigando cada vez mais pessoas em suas edificações. Os grandes centros urbanos, tidos como símbolo de progresso e de locais ideais para se ter mais qualidade de vida, estão ameaçados pelo crescimento desordenado. Invariavelmente, o emprego inadequado de materiais de vedações compromete o desempenho térmico no interior das edificações, o que acaba gerando uma qualidade de vida ruim aos usuários.

As vedações em janelas e portas permitem a manutenção do clima interno das edificações. Esse clima interno pode ser gerado artificialmente por comandos eletrônicos, gerando o conforto ambiental (temperatura, umidade e circulação de ar) nos smart buildings.

Figura 5.1
Controle de temperatura ambiental interna nos smart buildings.

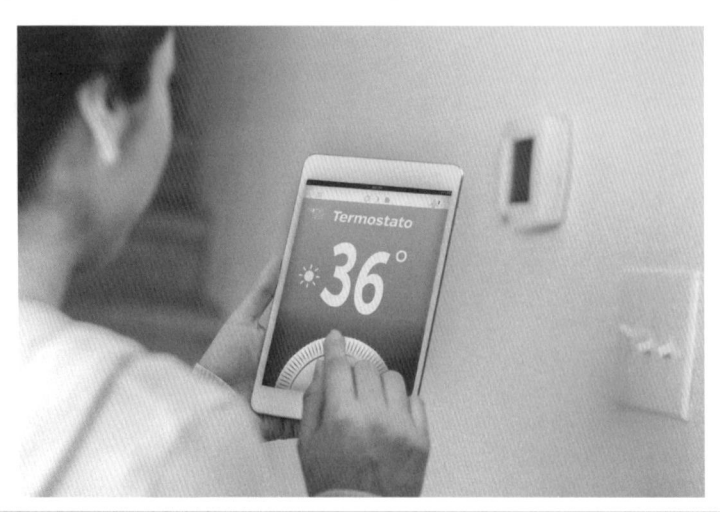

SAIBA MAIS

O Central Park é um grande parque da cidade de Nova York, nos Estados Unidos, inaugurado em 1857. Ele tem 843 acres (ou seja, 3,41 km²) e está localizado no distrito de Manhattan. Esse parque é um lugar onde as pessoas podem ter contato com a natureza e diminuir o ritmo frenético da cidade.

O Central Park recebe cerca de 25 milhões de visitantes anualmente, sendo o parque mais visitado de Nova York. Embora pareça ser composto de mata nativa, ele é, na verdade, quase que inteiramente ajardinado com árvores plantadas e contém diversos lagos artificiais, trilhas para caminhadas, duas pistas de patinagem no gelo, um santuário vivo e diversos campos. Considerado pelo Guiness Book o lado verde de Nova York, o parque foi projetado para criar um clima aconchegante para a cidade e, assim, "esquecer" os arranha-céus que estão por todos os lugares.

Figura 5.2
Vegetação do Central Park, em Nova York.

Para melhorar a qualidade de vida dos nova-iorquinos, foi criado em 2015 um programa, apelidado de Cool Neighborhoods NYC, cujo objetivo foi focado em trazer alívio aos bairros mais suscetíveis a riscos de saúde relacionados ao calor, conforme definido pelo Índice de Vulnerabilidade ao Calor da cidade. Para esse fim, cerca de 80% do investimento de US$ 106 milhões (ou seja, US$ 82 milhões) foram destinados ao plantio de árvores no Sul do Bronx, no Brooklyn central e no Norte de Manhattan. A cidade também priorizou 250 mil metros quadrados de telhados públicos e privados para se adaptar à vegetação e pintados de branco nos próximos anos, além dos US$ 82 milhões destinados às três regiões sensíveis ao calor, US$ 16 milhões apoiaram o plantio de árvores em parques e outros US$ 7 milhões ajudaram nos esforços de reflorestamento nos cinco distritos de NYC. O restante do investimento em Cool Neighborhoods foi direcionado para campanhas educacionais para auxiliares de saúde domiciliar e para o lançamento de um programa-piloto a fim de identificar moradores em risco de insolação.

5.2 Ilhas de calor urbano

O aumento da temperatura nas áreas urbanas ocorre em função da grande impermeabilização do solo com construções e/ou pavimentação, do aumento da concentração de poluentes (gases veiculares e outros) e dos materiais de vedação altamente refletores e absorventes, que contribuem para a formação de ilhas de calor ou ilhas térmicas.

Figura 5.3
Fatores intervenientes na geração das ilhas de calor.

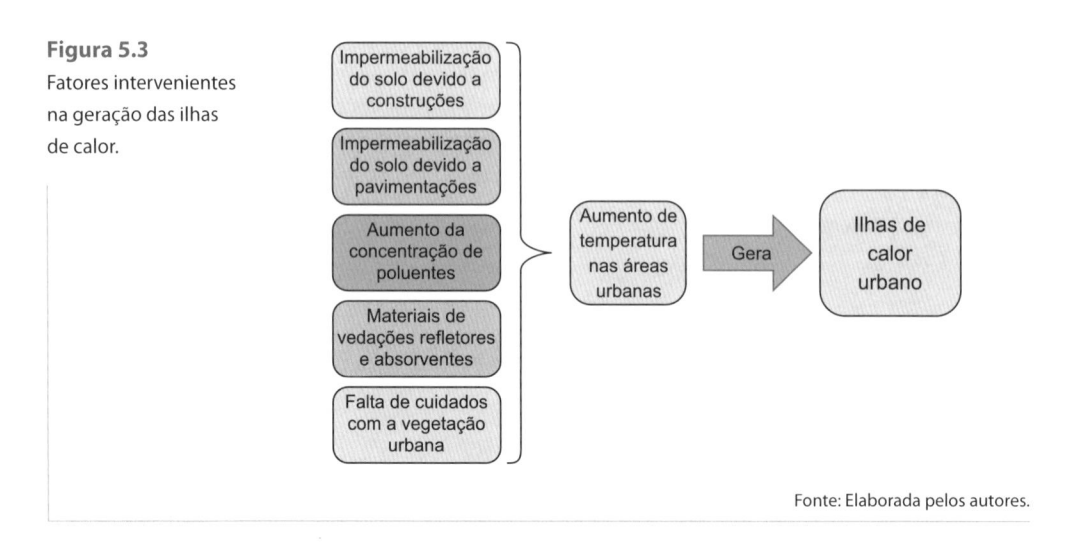

- Impermeabilização do solo devido a construções
- Impermeabilização do solo devido a pavimentações
- Aumento da concentração de poluentes
- Materiais de vedações refletores e absorventes
- Falta de cuidados com a vegetação urbana

→ Aumento de temperatura nas áreas urbanas → Gera → Ilhas de calor urbano

Fonte: Elaborada pelos autores.

A falta de cuidados com a vegetação urbana também está relacionada à existência de ilhas de calor. A retirada de grande parte da vegetação urbana nas grandes cidades tem como resultado o desequilíbrio térmico em áreas urbanas e, consequentemente, no interior das edificações dessas metrópoles.

Figura 5.4
Retirada da vegetação urbana e desequilíbrio térmico nas edificações.

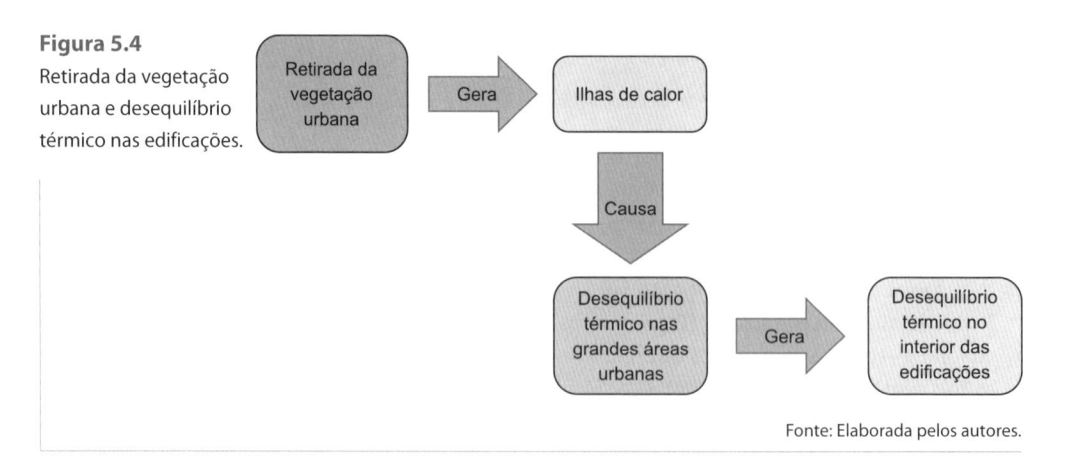

Retirada da vegetação urbana → Gera → Ilhas de calor → Causa → Desequilíbrio térmico nas grandes áreas urbanas → Gera → Desequilíbrio térmico no interior das edificações

Fonte: Elaborada pelos autores.

A falta de vegetação nas grandes cidades, associada aos materiais utilizados nas construções, tem alterado significativamente o clima dos agrupamentos urbanos, devido à incidência direta da radiação solar nas edificações. Da quantidade de radiação de onda curta absorvida, grande parte dessa retorna ao meio externo na forma de calor, ou melhor, na forma de radiação de onda longa, que, tendo sua dissipação reduzida em razão da poluição, aquece as cidades, transformando-as em estufas. Esse fenômeno faz com que haja aumento no consumo da energia utilizada para o resfriamento de interiores das edificações.

A vegetação é considerada um importante elemento regulador da temperatura. Ela absorve com facilidade a radiação solar para ser utilizada em seus processos biológicos, por meio da fotossíntese e evapotranspiração.

O vento é consequência das diferenças nas temperaturas das massas de ar atmosféricas, que geram seu deslocamento de áreas de maior pressão (ar mais frio e pesado) para as áreas de menor pressão (ar quente e leve). As condições dos ventos locais podem ser alteradas pela presença de vegetações, edificações e outros anteparos naturais ou artificiais. Isso permite aproveitá-los para concentrar e dirigir os ventos, desviando-os ou trazendo-os para as edificações.

5.2.1 Árvores e vegetação

O uso de árvores e vegetação no ambiente urbano (Figura 5.5), além de reduzir as ilhas de calor urbano, traz benefícios como:

- **Redução do uso de energia:** as árvores e a vegetação que protegem diretamente as edificações diminuem a necessidade da utilização de ar-condicionado para o conforto térmico nos ambientes internos.

- **Melhoria da qualidade do ar e menor emissão de gases de efeito estufa:** a redução da demanda de energia gera a diminuição da poluição do ar associada e as emissões de gases de efeito estufa. As árvores e a vegetação também removem os poluentes do ar, armazenando e sequestrando dióxido de carbono (CO_2).

- **Melhoria do gerenciamento de águas pluviais e qualidade da água:** a vegetação reduz o escoamento superficial e melhora a qualidade da água ao absorver e filtrar a água da chuva.

- **Redução da manutenção dos pavimentos:** as sombras das árvores podem retardar a deterioração da pavimentação das ruas, diminuindo a quantidade e a frequência de manutenção.

- **Melhoria da qualidade de vida:** as árvores e a vegetação fornecem valor estético, que é o hábitat para muitas espécies, e podem reduzir o ruído nas grandes cidades.

Figura 5.5
Função das árvores e vegetação no ambiente urbano.

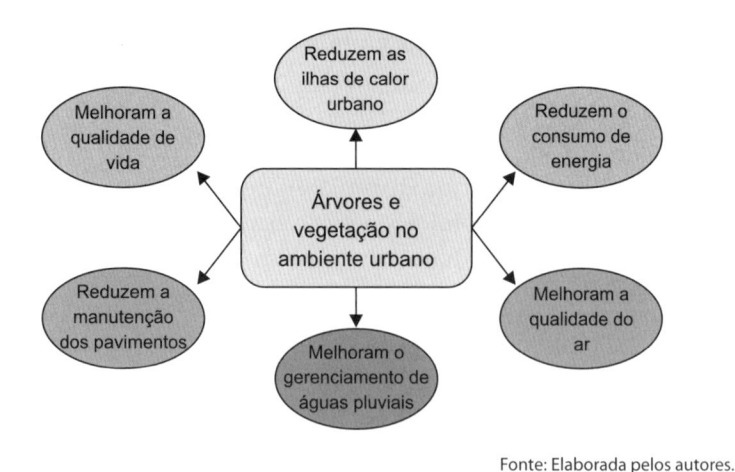

- Melhoram a qualidade de vida
- Reduzem as ilhas de calor urbano
- Reduzem o consumo de energia
- Reduzem a manutenção dos pavimentos
- Melhoram o gerenciamento de águas pluviais
- Melhoram a qualidade do ar

Árvores e vegetação no ambiente urbano

Fonte: Elaborada pelos autores.

SAIBA MAIS

As ilhas de calor urbano são uma condição observada em áreas urbanas e suburbanas, nas quais o ar e as temperaturas da superfície do solo são mais quentes do que aquelas existentes em áreas rurais em seu entorno. Tal fenômeno ocorre principalmente em dias claros, durante o sol poente, sendo menos observadas em dias nublados e com ventos. Isso porque, em dias meteorologicamente normais, a energia solar é mais bem absorvida pelos materiais dispostos na troposfera (camada da atmosfera que vai até 12 km a partir da superfície da Terra).

Em geral, a diferença máxima existente nas temperaturas urbanas e rurais está relacionada ao tamanho das populações. O impacto das ilhas de calor no meio ambiente é percebido pelo valor das temperaturas médias, que são cerca de 5 a 6 °C superiores nas áreas urbanas em comparação às áreas rurais adjacentes. Essa condição também é vulnerável à taxa de resfriamento das zonas rurais, que são influenciadas pela magnitude do gradiente adiabático ambiental regional.

Até a segunda metade do século 20, a compreensão desse efeito era limitada aos índices de temperatura na superfície da Terra. A partir da utilização de satélites e aeronaves, foi possível a identificação do fenômeno por meio do mapeamento das temperaturas de áreas urbanas em relação a outros lugares do mundo. Em 1978, o programa Explorer Mission 1 tornou-se um dos pioneiros na coleta de dados por satélite, para observação do calor urbano.

Apesar dos avanços existentes no estudo dos microclimas urbanos, os fenômenos das ilhas de calor são relativos, ou seja, não se explicam como regra geral para uma cidade ou outra, dado os diferentes fatores intervenientes nas complexidades do clima (especialmente da ação dos ventos e da insolação solar), do relevo e do uso do solo.

Por exemplo, na cidade de Osaka, no Japão, as temperaturas médias subiram 2,6 °C nos últimos 100 anos. Já nos Estados Unidos, cidades com mais de um milhão de habitantes podem ter diferenças de 12 °C entre áreas urbanas e rurais; em cidades como Boston, Dallas, Detroit e Seattle, observou-se o fenômeno inverso, ou seja, "ilhas de frio". Isso porque tais cidades estão em latitudes altas, nas quais o ângulo de elevação solar é baixo, causando o sombreamento dos locais. Em regiões de desertos também podem ser observados tais efeitos, devido não somente à elevada inércia térmica da área construída, mas também por causa das oscilações abruptas na temperatura durante o dia.

5.3 Telhados verdes

Telhado verde, cobertura vegetal, jardim suspenso ou jardim na cobertura é um sistema construtivo caracterizado por uma camada vegetativa, feita com gramas e/ou plantas, cultivada em telhado ou laje. Ele é composto por camadas de impermeabilização e drenagem, que recebem o solo e a vegetação.

Os telhados verdes, além do benefício estético, funcionam como isolantes térmicos nas coberturas das edificações, fornecendo sombra e removendo o calor do ar por meio da evapotranspiração, reduzindo as temperaturas da superfície do telhado e ar circundante. Em dias quentes, a temperatura da superfície de um telhado verde pode ser mais fria do que a do ar, enquanto a superfície de um telhado convencional pode ser até 50 °C mais quente.

Para as cidades, os telhados verdes são uma forma de área vegetal que, em escala ampla, contribui para melhorar a qualidade do ar e minimizar o efeito das ilhas de calor urbano. Eles podem ser instalados em vários tipos de edificações, desde instalações industriais até residências particulares. Podem ser simples, como uma cobertura de gramas, ou complexos, como um parque totalmente acessível, constituído com árvores.

Figura 5.6
Telhado verde em um centro de convenções em Vancouver, no Canadá.

Além de mitigar as ilhas de calor urbano, os benefícios dos telhados verdes incluem:

- **Redução do uso de energia:** os telhados verdes absorvem o calor e atuam como isolantes para edifícios, reduzindo a energia necessária para fornecer refrigeração e aquecimento.

- **Redução da poluição do ar e emissões de gases de efeito estufa:** ao reduzir a demanda de ar-condicionado, os telhados verdes podem diminuir a produção de poluição do ar associada e as emissões de gases de efeito estufa. A vegetação também pode remover os poluentes do ar e as emissões de gases do efeito estufa por meio da deposição a seco e do sequestro e armazenamento de carbono.

- **Melhoria da saúde e conforto humano:** os telhados verdes, reduzindo a transferência de calor através do telhado do edifício, podem melhorar o conforto interior e reduzir o estresse térmico associado às ondas de calor.

- **Aprimoramento do gerenciamento de águas pluviais e qualidade da água:** telhados verdes podem reduzir e diminuir o escoamento de águas pluviais no ambiente urbano; eles também filtram poluentes da chuva.

- **Melhoria da qualidade de vida:** telhados verdes podem fornecer valor estético e hábitat para muitas espécies de seres vivos.

Segundo a International Green Roof Association (IGRA), os telhados verdes podem ser de três tipos:

- **Telhado verde extensivo:** tem estrutura de um jardim, constituído com plantas rasteiras de pequeno porte. A altura da estrutura, sem a vegetação, é de 6 a 20 cm. A sobrecarga na edificação devido a esse tipo de telhado verde varia de 60 a 150 kg/m^2.

- **Telhado verde semi-intensivo:** esse tipo intermediário de telhado verde tem vegetação de porte médio, plantada em um sistema de 12 a 25 cm. A sobrecarga prevista desse tipo de telhado verde na edificação varia entre 120 e 200 kg/m^2.

- **Telhado verde intensivo:** tem estrutura com plantas de nível médio a grande porte. A altura da estrutura, sem a vegetação, é de 15 a 40 cm. A sobrecarga na edificação devido a esse tipo de telhado verde varia de 180 a 500 kg/m^2.

Os telhados verdes exigem a instalação do sistema construtivo em uma cobertura impermeabilizada, e a estrutura da edificação deve suportar o sistema do telhado verde. Geralmente, o ângulo de inclinação da cobertura é pequeno ou quase nulo – essa condição determina a forma de drenagem ou a necessidade de barreiras para conter o fluxo de água. Após o preparo da cobertura e a instalação das camadas do sistema, deve-se aplicar a terra e plantar as espécies vegetais adequadas.

Os sistemas construtivos empregados em coberturas verdes podem variar bastante. Em uma aplicação considerada típica, a montagem pode ser feita diretamente sobre uma laje, aplicando-se todas as camadas, nesta sequência:

- **Camada impermeabilizante:** geralmente é feita com mantas sintéticas, com a função de proteger a laje de cobertura contra infiltrações.
- **Camada drenante:** essa camada serve para drenar a água e, também, como elemento filtrante primário. Pode ser feita de brita, seixos, argila expandida ou com mantas drenantes de poliestireno.
- **Camada filtrante:** essa camada serve para reter partículas e pode ser feita com um geotêxtil.
- **Membrana de proteção contra raízes:** serve para controlar o crescimento de raízes da vegetação.
- **Solo e vegetação.**

Existem sistemas construtivos modulares em que os módulos já vêm previamente montados com a vegetação e, ainda, sistemas que empregam pisos elevados que armazenam a água das chuvas para posterior irrigação da vegetação.

DICA

Escolha de plantas para execução do telhado verde

A utilização de plantas locais, mais resistentes e que exijam pouca rega e poda, pode facilitar a manutenção. No geral, coberturas verdes extensivas usam grama por conta da durabilidade. Normalmente, a manutenção do telhado verde pode ser feita uma ou duas vezes por ano, dependendo do sistema aplicado. Os telhados verdes intensivos requerem mais manutenções.

5.4 Telhados frios

Uma alta refletância solar é a característica mais importante de um telhado frio, pois ajuda a refletir a luz solar e o calor de um prédio, reduzindo a temperatura do telhado. Uma alta emissão térmica também desempenha papel importante, particularmente em climas quentes e ensolarados. Juntas, essas propriedades ajudam os telhados a absorverem menos calor e a permanecerem a temperaturas entre 28 e 33 °C mais frias do que os materiais convencionais durante o clima de pico no verão.

Os proprietários de edifícios e empreiteiros de coberturas têm usado produtos de coberturas frias por mais de 20 anos em edifícios comerciais, industriais e residenciais. Eles podem ser instalados em telhados de baixa inclinação (como os telhados planos ou levemente inclinados normalmente encontrados em edifícios comerciais, industriais e de escritórios) ou nos telhados inclinados íngremes, usados em muitas residências e edifícios comerciais (Figura 5.7).

Figura 5.7
Telhado frio.

Os telhados frios oferecem vários benefícios, além da mitigação das ilhas de calor urbanas, incluindo:

- **Redução do uso de energia:** um telhado frio transfere menos calor para o prédio abaixo, para que o prédio permaneça mais frio e use menos energia para o ar-condicionado.

- **Redução da poluição do ar e emissões de gases de efeito estufa:** ao reduzir o uso de energia, os telhados frios diminuem a produção de poluição do ar associada e as emissões de gases de efeito estufa.

- **Maior conforto e saúde humana:** os telhados frios podem reduzir a temperatura do ar dentro de edifícios com e sem ar-condicionado, ajudando a prevenir doenças e mortes relacionadas ao calor.

SAIBA MAIS

O telhado branco é uma solução considerada prática e de baixo custo para diminuir a temperatura nos ambientes.

Pesquisas indicam que pintar o telhado de branco pode reduzir de 40 a 70% a temperatura nos ambientes. Essa condição possibilita a capacidade de reduzir, também, em até 96%, os raios UV e refletir mais 80% os raios solares, o que pode gerar economia de energia elétrica de cerca de 30% nas edificações.

Com a intenção de conscientizar todos sobre a importância de combater o aquecimento global, bem como incentivar as pessoas a pintarem seus telhados de branco, foi lançada, em 2009, a Campanha One Degree Less (Um Grau a Menos) pela ONG Green Building Council, uma entidade sem fins lucrativos que auxilia o desenvolvimento de construções sustentáveis. Outra medida de incentivo foi adotada no estado da Califórnia, nos Estados Unidos, onde existe uma lei que exige que os prédios comerciais tenham os telhados pintados de branco.

5.5 Pavimentos frios

Os pavimentos frios constituem uma série de tecnologias estabelecidas e emergentes que as cidades estão implantando como parte de seus esforços de redução das ilhas de calor urbano.

A designação de pavimentos frios refere-se a materiais de pavimentação que refletem mais energia solar, aumentam a evaporação da água ou foram modificados para permanecerem mais frios do que os pavimentos convencionais.

Figura 5.8
Pavimento frio.

Os materiais de pavimentação convencionais podem atingir temperaturas máximas de verão de 48 a 67 °C, transferindo o excesso de calor para o ar acima deles e aquecendo a água da chuva à medida que ela escorre do pavimento para os cursos d'água locais.

Devido à grande área coberta por pavimentos em áreas urbanas, em média cerca de 30 a 45% da cobertura do solo, elas são um elemento importante a se considerar na mitigação das ilhas de calor urbano.

Os pavimentos frios podem ser constituídos a partir das tecnologias de pavimentação existentes (como asfalto e concreto), bem como por meio de novas tecnologias, como o uso de revestimentos ou pavimentação de grama. As tecnologias normalizadas de pavimentação não são tão avançadas quanto outras estratégias de mitigação de ilhas de calor urbano, e não há nenhum padrão oficial ou programa de rotulagem para designar materiais de pavimentação frios.

Além de reduzir as ilhas de calor, os benefícios dos pavimentos frios incluem:

- **Redução do escoamento de águas pluviais e melhoria da qualidade da água:** pavimentos permeáveis podem permitir que a água da chuva entre no pavimento e no solo, reduzindo o escoamento e filtrando os poluentes. Os pavimentos frios permeáveis e não permeáveis também podem ajudar a diminuir a temperatura do escoamento, resultando em menos choque térmico para a vida aquática nos cursos d'água em que a água da chuva é drenada.

- **Menor ruído dos pneus:** os poros abertos dos pavimentos permeáveis podem reduzir o ruído dos pneus em 2 a 8 decibéis e manter os níveis de ruído abaixo dos 75 decibéis, embora a redução do ruído possa diminuir ao longo do tempo.

- **Melhoria da segurança:** os pavimentos com pista permeável podem melhorar a segurança, reduzindo o jato d'água dos veículos em movimento (aquaplanagem) e aumentando a tração por meio de uma melhor drenagem da água.

- **Melhoria da visibilidade noturna:** os pavimentos reflexivos podem melhorar a visibilidade à noite, reduzindo potencialmente os requisitos de iluminação e economizando dinheiro e energia.

- **Melhoria do conforto local:** os pavimentos mais frescos utilizados em estacionamentos, ou em outras áreas em que as pessoas se reúnem ou as crianças brincam, podem proporcionar um ambiente mais confortável (Figura 5.9).

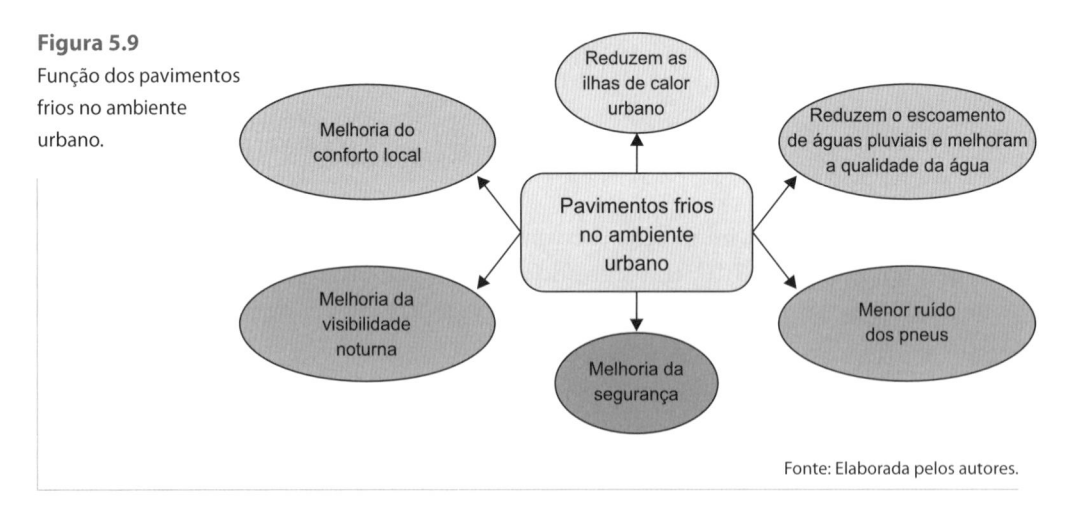

Figura 5.9
Função dos pavimentos frios no ambiente urbano.

Fonte: Elaborada pelos autores.

As estratégias de refrigeração das cidades por ilha de calor urbano podem incorporar esses princípios de crescimento inteligentes nas smart cities. Por exemplo: plantar árvores e vegetação e promover parques e espaços abertos em todas as áreas desenvolvidas da cidade podem resultar simultaneamente em usos mistos da terra, comunidades mais atraentes e beleza natural preservada. As iniciativas locais da ilha de calor urbano podem incorporar a colaboração das comunidades locais e das partes interessadas nas decisões sobre estratégias apropriadas, o que ajuda a promover uma comunidade mais forte como um todo (Figura 5.10).

Figura 5.10
Faixa de grama permeável à chuva (Rio de Janeiro – Brasil).

5.6 Sombreamento

O sombreamento se constitui em um dos elementos fundamentais para a obtenção do conforto em climas tropicais. A vegetação é composta por seres vivos da biosfera, que completa o meio ambiente e funciona como uma segunda capa que obstrui a radiação solar direta, a difusa, a refletida e a de onda longa.

A vegetação propicia resfriamento passivo em uma edificação por dois meios:

- **Sombreamento:** realizado pela vegetação que reduz a conservação da energia radiante em calor sensível, consequentemente reduzindo as temperaturas de superfície dos objetos sombreados.
- **Evapotranspiração:** realizado na superfície das folhas, resfriando-as e ao ar adjacente devido à troca de calor latente.

A influência da vegetação nos ambientes conduz ao resfriamento do ar, ao aumento da umidade relativa do ar, ao suprimento de ar fresco, à filtração do ar, à absorção de ruídos e à produção de oxigênio (Figura 5.11).

Figura 5.11
Vegetação e resfriamento passivo das edificações.

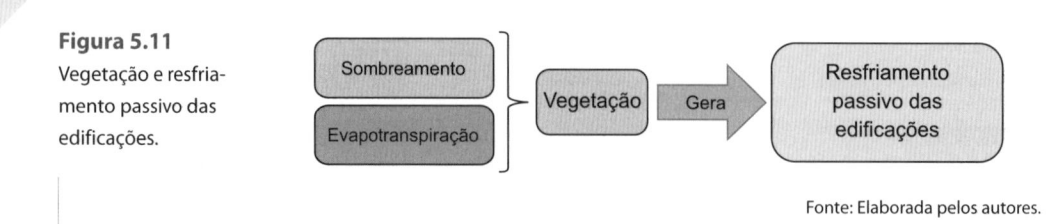

Sombreamento, Evapotranspiração → Vegetação → Gera → Resfriamento passivo das edificações

Fonte: Elaborada pelos autores.

Uma das características a ser levada em consideração são as várias formas de copas de árvores, que proporcionam diferentes geometrias de sombras. A forma da copa pode interferir na interceptação da radiação solar direta. Alguns fatores, como características ornamentais, custos, disponibilidade e adequação ao uso e localização da vegetação, devem ser considerados para se obter um eficiente controle da radiação solar.

Figura 5.12
Alguns fatores intervenientes para o controle da radiação solar por meio da vegetação.

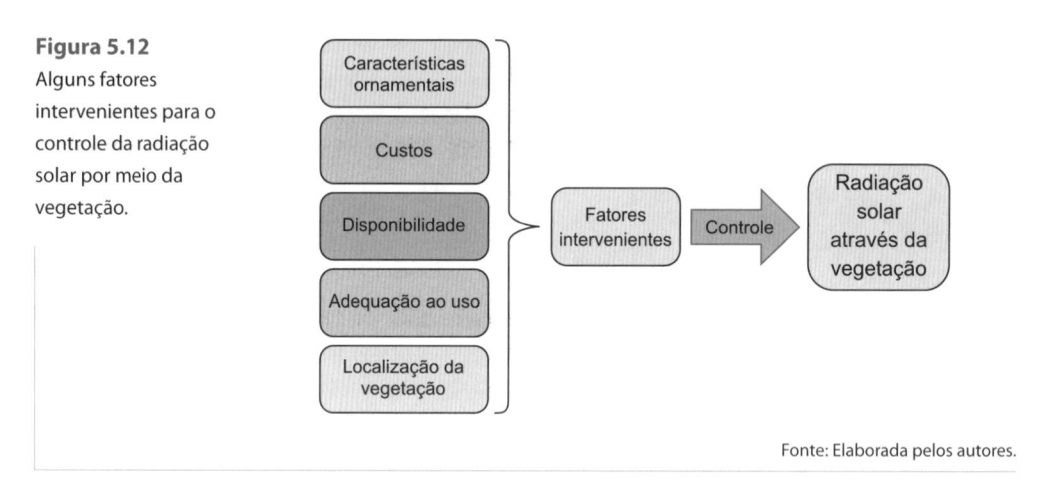

Características ornamentais, Custos, Disponibilidade, Adequação ao uso, Localização da vegetação → Fatores intervenientes → Controle → Radiação solar através da vegetação

Fonte: Elaborada pelos autores.

A vegetação pode ser um importante modificador do microclima dentro e fora dos edifícios.

DICA

Conhecer as variáveis climáticas é muito importante para que projetos de edificações sejam adequados ao conforto dos ocupantes e energeticamente mais eficientes.

- **Macroclima:** apresenta as características gerais de uma região em termos de iluminação solar, nuvens, temperatura, ventos, umidade e precipitações. Contudo, essas condições podem não ser convenientes para descrever as condições do entorno imediato de uma edificação.
- **Mesoclima:** é associado às áreas menores do que as consideradas no macroclima. Nessa representação, as condições locais de clima são modificadas por variáveis, como vegetação, topografia, tipo de solo e presença de obstáculos naturais ou artificiais.
- **Microclima:** é a escala mais próxima ao nível das edificações, podendo ser concebido e alterado pelo projetista. As particularidades climáticas do local podem representar benefícios ou dificuldades adicionais, que podem não ser consideradas nas escalas do macro e mesoclimáticas.

As plantas externas aos edifícios podem afetar a exposição do sol e ao vento e, consequentemente, as condições de conforto no interior, diminuindo o uso da energia utilizada na climatização dos edifícios.

As árvores e a vegetação são mais úteis como estratégias de mitigação quando plantadas ao redor de edifícios, ou como sombreamento de pavimento em estacionamentos e ruas.

O sombreamento é uma estratégia importante para redução dos ganhos de calor solares por meio do "envelope" (proteção) das edificações. Uma proteção solar corretamente projetada pode evitar os ganhos de calor solares nos períodos mais quentes, do dia e do ano, sem obstruí-los no inverno e sem prejudicar a iluminação natural a partir das aberturas.

O uso de árvores com folhas caducas (que caem) pode ser uma solução para o problema, pois além de sombrearem a janela sem bloquearem a luminosidade natural, permitem a incidência do sol, que é desejável no inverno, quando as folhas desse tipo de árvore tendem a cair.

A seleção da espécie arbórea ideal para sombreamento de uma edificação dependerá da orientação da fachada que se deseja sombrear, da direção dos ventos dominantes, da qualidade do solo, da topografia, do espaço disponível no terreno, do micro e macroclima da região onde se localiza a edificação e dos períodos de maior radiação solar que correspondem aos dias mais quentes do ano. Dessa forma, a vegetação pode produzir muitos efeitos no microclima, tanto no meio natural quanto nas cidades (Figura 5.13).

Figura 5.13
Sombreamento de árvores.

A sombra que é produzida por árvores e outras plantas é um dos efeitos relacionados à radiação solar, mais evidentes de serem percebidos.

As áreas permeáveis, gramadas ou arborizadas realizam a retirada do calor do ar pela evaporação de água ou pela evapotranspiração das plantas.

A escolha das espécies a serem plantadas nas ruas é feita em função da presença, ou não, da fiação (rede elétrica, telefônica ou de internet, por exemplo) no local. Na presença dessas redes, recomenda-se o plantio de espécies que não cresçam demasiadamente, a fim de que a fiação não seja danificada, ou não se aumentem demais os gastos com manutenção, tanto das árvores quanto dos fios.

5.7 Smart City – Hong Kong

A cidade de Hong Kong é uma das duas regiões administrativas especiais da República Popular da China. Ela está situada na costa Sul da China, tendo como limite o delta do Rio das Pérolas e o Mar da China Meridional. É conhecida por ser repleta de arranha-céus e por seu profundo porto natural. A cidade tem área de 1.104 km^2 e população de sete milhões de pessoas, sendo uma das áreas mais densamente povoadas do mundo.

Figura 5.14
Vista superior de arranha-céus na cidade de Hong-Kong.

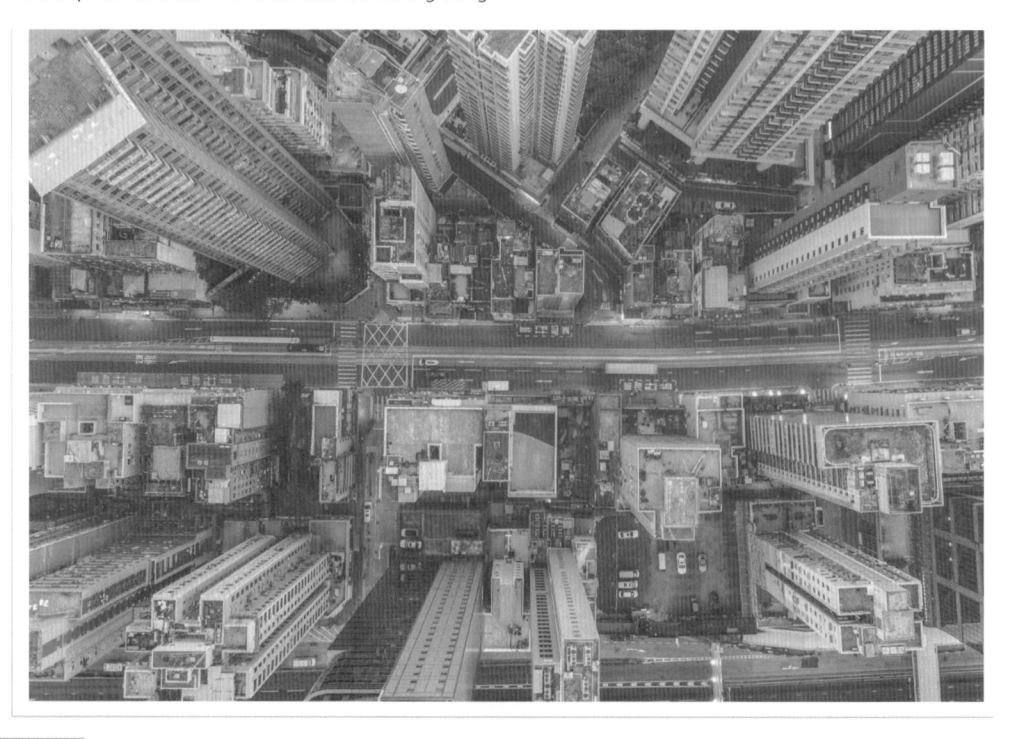

Embora Hong Kong esteja entrando na onda global de cidade inteligente, ainda é vista como tendo muito a percorrer para alcançar os principais concorrentes asiáticos.

Esta metrópole apresenta modernidade com seu horizonte de neon e sua movimentada orla marítima, mostrando sua história como um centro comercial global. No entanto, em se tratando de alavancar os avanços na tecnologia da informação digital e a coleta de dados para melhorar a conectividade, a eficiência e o meio ambiente, considerados os principais objetivos das cidades inteligentes, muitos julgam que a cidade está atrasada.

Como sinal dos desafios que Hong Kong enfrenta em suas ambições, a empresa EasyPark, sediada na Suécia, classificou-a em 68º lugar entre as 100 principais cidades pesquisadas em seu Smart Cities Index 2017. Ou seja, ela está muito atrás da cidade número 2, Cingapura (Cingapura); da cidade número 6, Tóquio (Japão); e de Seul (Coreia do Sul), que ficou em 21º lugar.

A ausência de vegetação em Hong Kong no entorno das edificações altera significativamente o clima do interior, devido à incidência direta da radiação solar pelos fechamentos opaco e transparente, e transforma-as em verdadeiras estufas, aumentando o consumo de energia para o resfriamento.

Uma solução para Hong Kong seria a utilização de jardins, já que esses podem influenciar o microclima dentro das construções e trazer a satisfação dos usuários. Árvores e vegetação reduzem a superfície e a temperatura do ar, proporcionando sombra e evapotranspiração. As superfícies sombreadas, por exemplo, podem ser de 11 a 25 °C mais frias do que as temperaturas máximas dos materiais não sombreados. A evapotranspiração, isolada ou combinada com sombreamento, pode ajudar a reduzir as temperaturas máximas de verão em 1 a 5 °C.

SAIBA MAIS

Plano de ação de Hong Kong para 2030

- Redução do uso de fontes de carbono de 70% em comparação a 2005.
- Adoção do uso de energia elétrica oriunda de termoelétricas não mais geradas por carvão, mas por gás natural.
- Promoção da eficiência energética e conservação nos edifícios.
- Incentivo aos proprietários de edifícios a instalarem painéis solares nos telhados.
- Apoio aos projetos com green building design (projeto de edifícios ecológicos), sistema inteligente de medição de água, pontos de abastecimento de veículos elétricos e informação em tempo real de vagas de estacionamento.
- Implantação de novas áreas verdes.
- Uso de sensores remotos para monitorar a poluição do ar.
- Limpeza das ruas e lugares públicos com água de reúso.

Para saber mais sobre esta cidade, acesse: <https://bit.ly/2yGpDh7>.

CONSIDERAÇÕES FINAIS

Foi vista observada a influência das vedações no desempenho térmico das edificações, bem como das ilhas de calor urbano. Também foram apresentados os telhados verdes, os telhados frios e os pavimentos frios; e o sombreamento. Por fim, foi apresentada a smart city Hong Kong.

Ventilação, Ar-Condicionado, Umidade e Aroma em Smart Buildings

6

CONSIDERAÇÕES INICIAIS

▸ Este capítulo tem o objetivo de apresentar a influência do vento e da umidade do ar atmosférico no desempenho térmico das edificações. Detalha a renovação do ar interior por meio de ventilação natural e comenta o efeito da chuva ácida na vegetação. Aborda a importância da camada de ozônio para o conforto ambiental e explica o gerenciamento da refrigeração. Por fim, apresenta o aroma e suas características principais como componente do conforto ambiental.

6.1 Vento e umidade do ar atmosférico

A umidade do ar atmosférico resulta da evaporação de água contida em mares, rios e lagos e também na terra, bem como a evapotranspiração dos vegetais. Locais com alta umidade reduzem a transmissão da radiação solar pela sua absorção e pela redistribuição na atmosfera. Porém, as altas umidades relativas do ar dificultam a perda de calor pela evaporação do suor, aumentando o desconforto térmico dos indivíduos.

Figura 6.1
Vaporizador para aumentar a umidade do ar atmosférico.

O ar em uma temperatura específica pode conter uma quantidade determinada de água, em que quanto maior for a sua temperatura, maior será a quantidade de água presente e vice-versa. Esta quantidade de água pode ser modificada em distâncias mais próximas às edificações em razão da presença de água ou vegetação.

Avaliar a umidade relativa do ar nas dependências internas das edificações a partir da temperatura e da umidade do ar externo é uma forma de determinar as condições de conforto quando não se tem dados medidos de umidade relativa para os ambientes internos. Essa estimativa pode ser feita convertendo-se a umidade relativa e a temperatura do ar externo em umidade absoluta e, então, transformando-a em umidade relativa interna, uma vez conhecidas as temperaturas do ar interno. Especialmente em construções na região tropical, em que a ventilação é uma necessidade no período da estação climática de verão e a área de infiltração é considerável, a correlação entre a estimativa de umidade relativa e os dados reais pode ser muito significativa.

As edificações estão constantemente sujeitas à ventilação natural, como a ventilação que ocorre por meio das frestas de portas ou janelas. Como a maioria das pessoas passa muitas horas em espaços fechados, como nos locais de trabalho ou nas residências, foram desenvolvidos alguns métodos que permitissem ventilação natural mais eficaz, bem como possíveis alternativas a ela, na intenção de aumentar o grau de conforto térmico. Essas alternativas consistem no desenvolvimento de dispositivos de ventilação mecânica. A junção desses dois sistemas de ventilação, sistemas mistos, permite uma renovação do ar interior mais eficaz e, consequentemente, melhoria do bem-estar do ser humano. O processo de ventilação deve ainda levar em conta o local, a exposição solar, os ventos predominantes, os materiais construtivos e a implantação do edifício.

Figura 6.2
Variáveis intervenientes no processo de ventilação do ar interior.

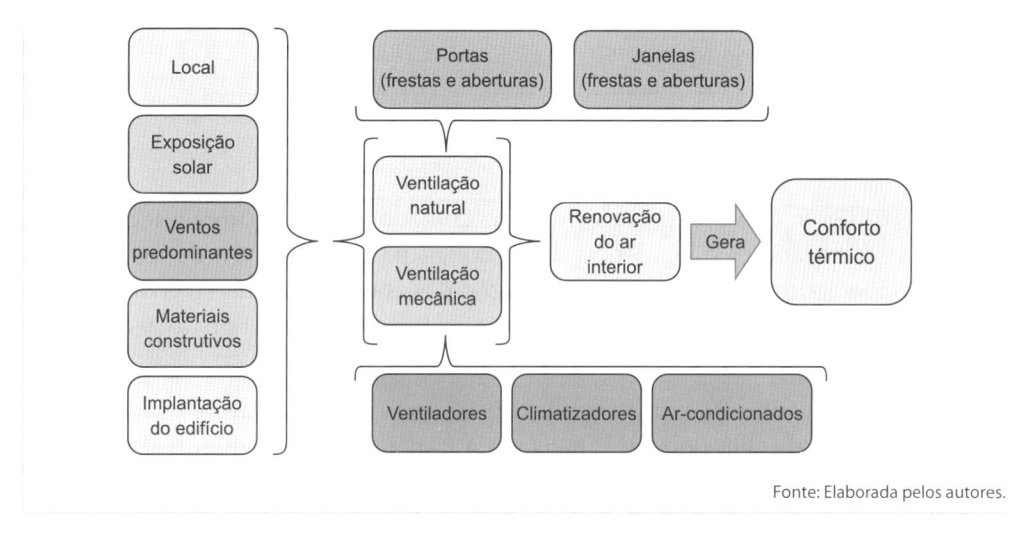

Fonte: Elaborada pelos autores.

6.2 Renovação do ar interior por ventilação natural

O aumento da eficiência da renovação do ar interior por ventilação natural pode ser realizado por meio de técnicas como a ventilação cruzada, o efeito chaminé, o peitoril ventilado e os redutores de velocidade do vento.

6.2.1 Ventilação cruzada

Esta técnica de ventilação ambiental garante que o ar externo penetre nos ambientes internos das edificações, renovando o ar de seus interiores ao supri-los com oxigênio, e promove a redução da concentração de gás carbônico. Além disso, aproxima as condições de temperatura e umidade dos ambientes internos das edificações às condições existentes no ambiente exterior, atuando diretamente no conforto térmico dos usuários.

Para que a ventilação cruzada ocorra nos ambientes internos das edificações, é necessário que o ar presente nos ambientes interiores saia para dar lugar ao ar renovado vindo do ambiente exterior. A ventilação cruzada tem como objetivo a renovação do ar por todo o volume possível dos ambientes interiores das edificações, fazendo com que ele atravesse os ambientes ao entrar e sair por aberturas opostas.

Figura 6.3
Renovação do ar interior por meio da técnica de ventilação cruzada.

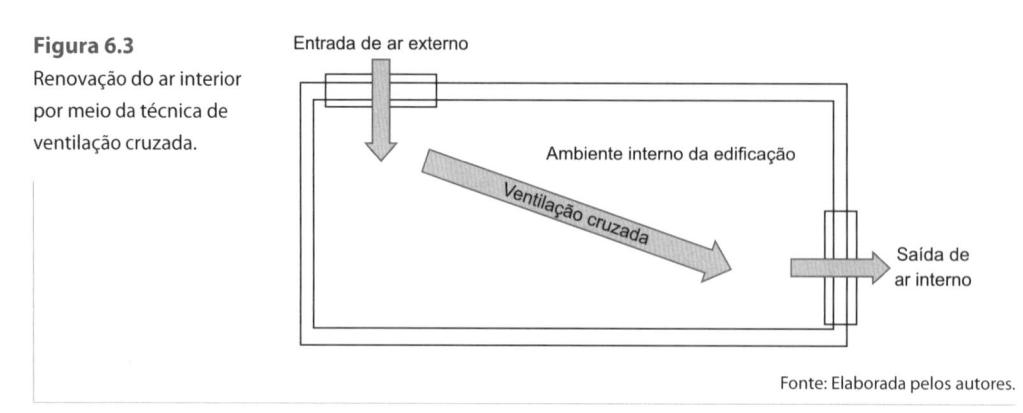

Fonte: Elaborada pelos autores.

O fluxo de ar que ocorre na ventilação cruzada nos ambientes interiores das edificações é causado pela incidência do vento nas paredes externas das edificações, sendo influenciado por fatores como a posição das aberturas, pelas suas dimensões, pelo tipo de esquadrias e pelas obstruções que podem existir ao longo do percurso do fluxo de ar.

A técnica da ventilação cruzada pode não ser somente o fluxo de ar que ocorre por um único ambiente. Ela pode ser realizada a partir de mais ambientes, passando por portas e vãos de diversos ambientes existentes no interior das edificações.

Figura 6.4
Variáveis intervenientes no fluxo de ar da ventilação cruzada.

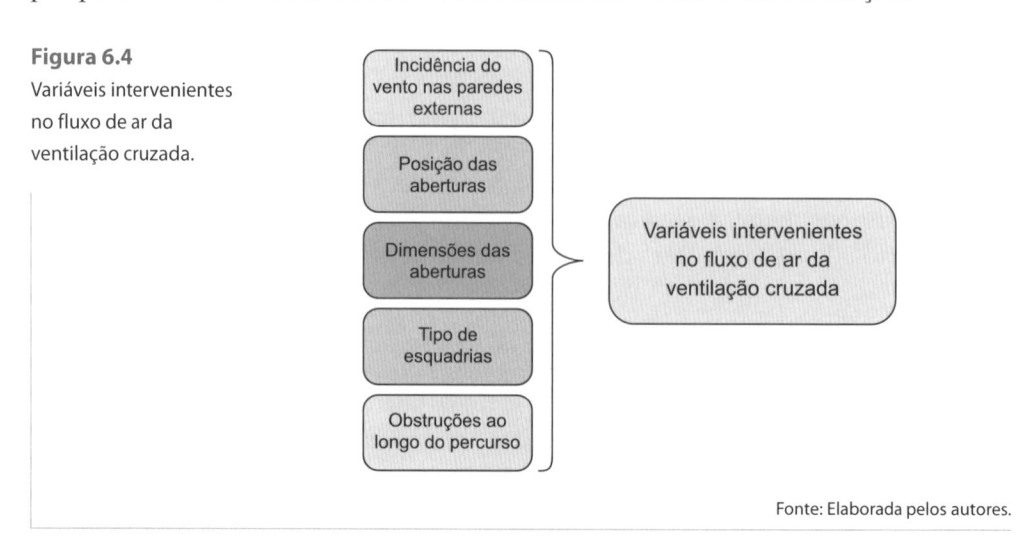

- Incidência do vento nas paredes externas
- Posição das aberturas
- Dimensões das aberturas
- Tipo de esquadrias
- Obstruções ao longo do percurso

} Variáveis intervenientes no fluxo de ar da ventilação cruzada

Fonte: Elaborada pelos autores.

6.2.2 Efeito chaminé

O efeito chaminé na circulação do ar ocorre devido à diferença de pressão entre os ambientes externo e interno das edificações. Esta condição é consequência das variação de temperatura entre esses dois meios.

Os ambientes internos podem ganhar calor em razão das atividades que são realizadas nesses ambientes, como dispositivos de aquecimento artificial, equipamentos, iluminação, ocupação etc. O ar aquecido torna-se menos denso e sobe, "puxando" ar frio do ambiente exterior, que penetra nos ambientes internos, geralmente por frestas e pequenas aberturas nas paredes.

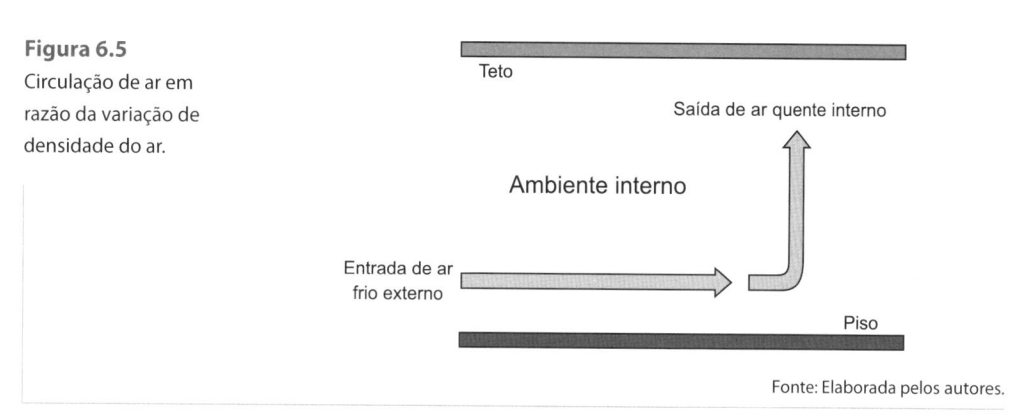

Figura 6.5
Circulação de ar em razão da variação de densidade do ar.

Fonte: Elaborada pelos autores.

6.2.3 Peitoril ventilado

O peitoril ventilado é uma solução tecnológica que tem como objetivo proporcionar a ventilação nos ambientes internos das edificações. Em geral, esta solução facilita a ventilação cruzada, quando a intenção é separar as funções de iluminação (janelas) das funções de ventilação (peitoril ventilado). Essa separação permite que as janelas possam receber proteções contra os raios solares (por exemplo, brises), que podem obstruir o vento, reduzindo sua velocidade, ou que possam permanecer fechadas, em momentos de chuva, enquanto a ventilação dos ambientes internos permanece disponível devido ao peitoril ventilado.

A localização do peitoril ventilado abaixo da janela também facilita o efeito chaminé. Sua forma e a inclinação de suas aletas afetam a direção e a intensidade do fluxo de ar exterior. Assim, deve-se avaliar qual é a melhor solução para a proteção contra chuvas (inclinado ou vertical), a inclinação das aletas e se há extensão do peitoril internamente, com o objetivo de direcionar o fluxo de ar no interior das edificações. Como exemplo, é interessante que o peitoril ventilado seja de fácil utilização, para permitir a manobra de seu fechamento em condições em que a ventilação ambiental não seja desejada (Figura 6.6).

Figura 6.6
Peitoril ventilado.

Fonte: Elaborada pelos autores.

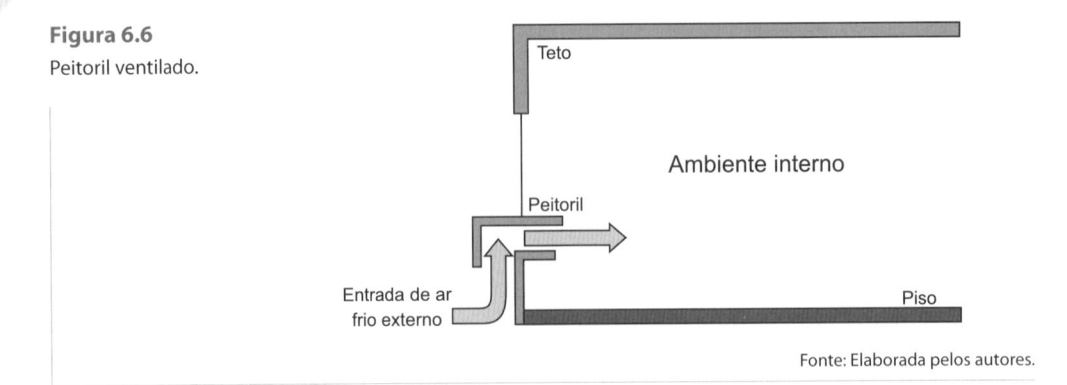

6.2.4 Redutores de velocidade do vento

Os redutores de velocidade do vento são dispositivos utilizados quando se deseja a ventilação dos ambientes internos das edificações, mas o vento no local apresenta intensidade maior do que a necessária para proporcionar conforto e renovar o ar dos ambiente internos.

Os redutores são localizados em uma orientação específica para cada ambiente interno, visando às direções em que ocorrem predominante de ventos de elevada intensidade.

Eles podem ser constituídos por elementos vazados ou podem ser barreiras dispostas ao longo do entorno das edificações, com o objetivo de proporcionar rugosidades artificiais no terreno que desacelerem, desviem e/ou reduzam o vento incidente.

As barreiras podem ser utilizadas de forma combinada, como vegetação de arbustos ou árvores em jardins e bancos para os usuários. Podem, ainda, ser barreiras em vidro, quando se deseja manter a vista interior para um ponto, ou direção, específico.

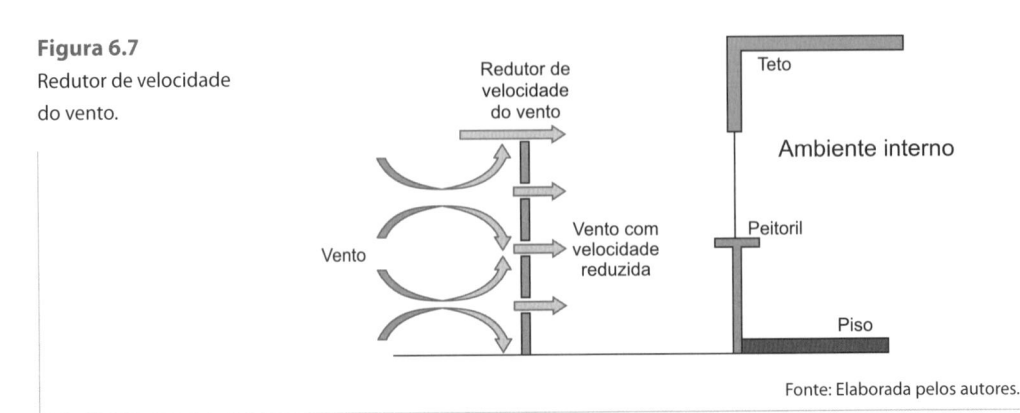

Figura 6.7
Redutor de velocidade do vento.

Fonte: Elaborada pelos autores.

SAIBA MAIS

Estudos indicam que o desempenho de pessoas é máximo em ambientes de escritórios e salas de aula quando ocorre a temperatura ambiente a 21,7 °C. A faixa de variação de temperatura para que ocorra o melhor desempenho está entre 20 e 23 °C. Fora dessa faixa, percebe-se a mudança no desempenho dos indivíduos.

6.3 Chuva ácida

A chuva ácida, ou deposição ácida, é um termo abrangente que inclui qualquer forma de precipitação com componentes ácidos, como o ácido sulfúrico (H_2SO_4) ou ácido nítrico (HNO_3), que caem no solo por precipitação proveniente da atmosfera, em formas úmidas (chuva, granizo, neblina ou neve) ou seca (poeira ácida).

A chuva ácida ocorre quando o dióxido de enxofre (SO_2) e os óxidos de nitrogênio (NO_X) são emitidos para a atmosfera e transportados pelas correntes de vento e ar. O SO_2 e NO_X reagem com a água, o oxigênio e outros produtos químicos existentes na atmosfera para formar ácidos sulfúrico e nítrico.

Figura 6.8
Ciclo da chuva ácida.

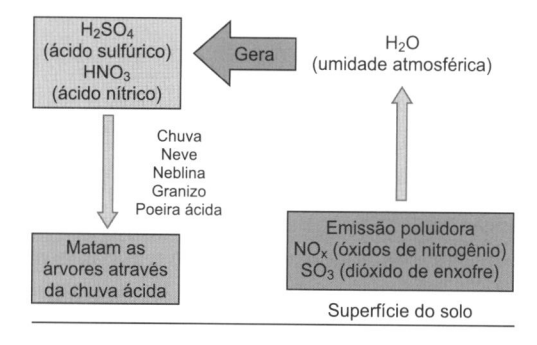

Fonte: Elaborada pelos autores.

Enquanto uma pequena porção do SO_2 e do NO_X é proveniente de fontes naturais, como os vulcões, a maior parte desses elementos químicos vem da queima de combustíveis fósseis.

As principais fontes de SO_2 e NO_X (Figura 6.9) na atmosfera terrestre são:

- queima de combustíveis fósseis para gerar energia elétrica, em que cerca de dois terços do SO_2 e um quarto do NO_X presentes na atmosfera são provenientes de geradores de energia elétrica;
- veículos e equipamentos pesados;
- empresas de manufatura, refinarias de petróleo e outras indústrias.

Figura 6.9
Principais fontes de SO_2 e NO_x na atmosfera.

Fonte: Elaborada pelos autores.

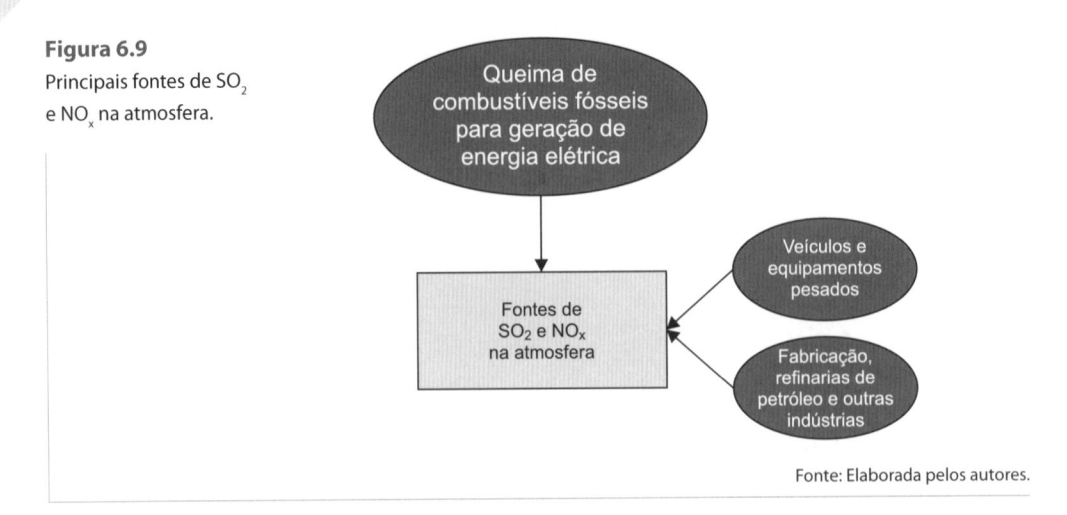

Os ventos podem soprar SO_2 e NO_x em longas distâncias e através das fronteiras das origens dessas emissões, tornando a chuva ácida um problema que atinge a todos e não somente as pessoas que vivem perto dessas fontes.

6.3.1 Formas de deposição de ácidos na superfície terrestre

A deposição dos ácidos vindos da atmosfera terrestre pode ser:

- **Deposição molhada:** deposição úmida ou, como é mais conhecida, chuva ácida. Os ácidos sulfúrico (H_2SO_4) e nítrico (HNO_3) formados na atmosfera terrestre caem no solo, misturados com água de chuva, neve, neblina ou granizo.

- **Deposição seca:** as partículas ácidas e os gases também podem ser depositados da atmosfera na ausência de umidade como deposição a seco. As partículas e os gases ácidos podem depositar-se rapidamente nas superfícies (corpos de água, vegetação, edificações) ou podem reagir durante o transporte atmosférico para formarem partículas maiores, que podem ser prejudiciais à saúde humana. Quando os ácidos que estão acumulados em uma superfície são levados pela água de chuva, essa água ácida escoa através do solo, podendo prejudicar plantas, insetos e animais presentes na biosfera.

A quantidade ácida presente na atmosfera, que é depositada na terra por meio da deposição úmida ou seca, depende da quantidade de chuva que uma área recebe. Por exemplo, em áreas desérticas, a proporção de deposição seca para úmida é maior do que em áreas que recebem maior volume de chuva por ano.

A acidez e a alcalinidade das substâncias são medidas por uma escala de pH, em que o pH 7,0 é considerado neutro. Quanto mais baixo for o pH da substância (menor de 7), mais ácido é; quanto mais alto for (maior que 7), mais alcalina ela é. A chuva normal tem pH de cerca de 5,6, ou seja, ela é levemente ácida, porque o dióxido de carbono (CO_2) se dissolve e forma o ácido carbônico fraco (H_2CO_3). A chuva ácida geralmente tem pH entre 4,2 e 4,4.

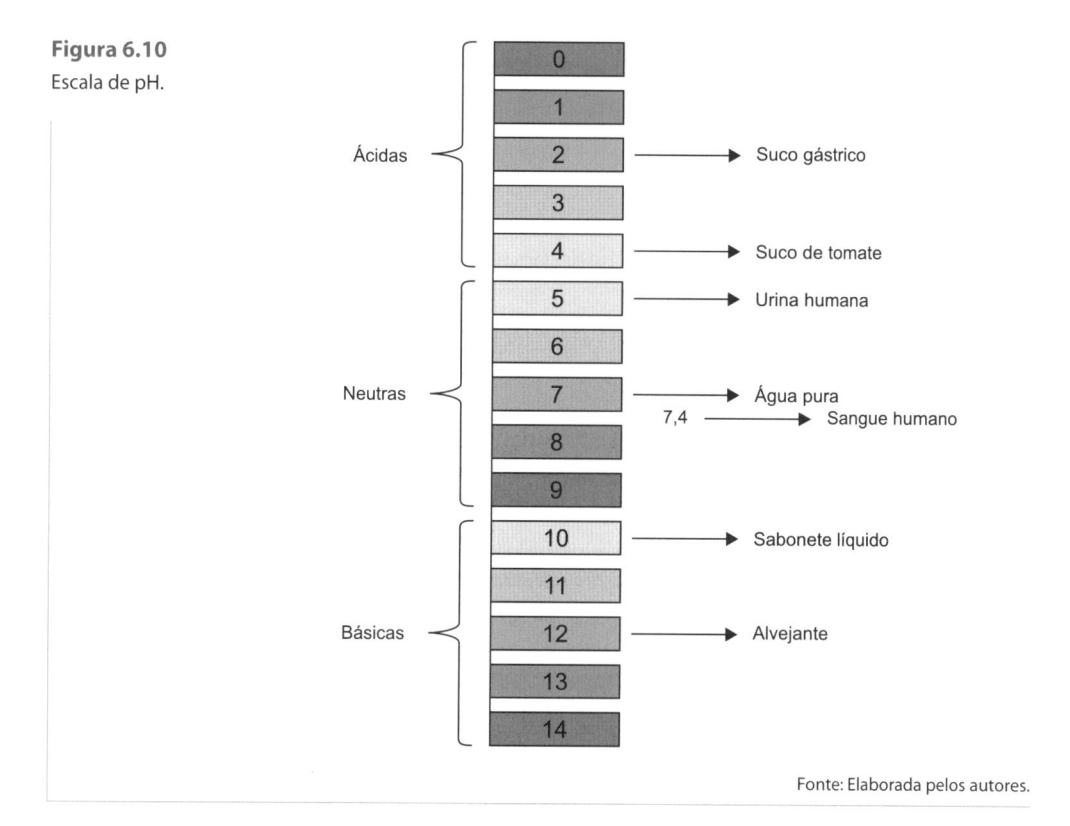

Figura 6.10
Escala de pH.

Ácidas	0–4
Neutras	5–9 (7,4: Água pura / Sangue humano)
Básicas	10–14

- 2 → Suco gástrico
- 4 → Suco de tomate
- 5 → Urina humana
- 7 → Água pura
- 7,4 → Sangue humano
- 10 → Sabonete líquido
- 12 → Alvejante

Fonte: Elaborada pelos autores.

6.3.2 Efeitos da chuva ácida em plantas e árvores

As árvores mortas ou enfraquecidas são comuns de serem encontradas em áreas afetadas pela chuva ácida. Essa chuva dissolve os nutrientes e os minerais do solo, prejudicando o crescimento de árvores e causando a liberação de substâncias prejudiciais ao solo, como o alumínio, que pode ser prejudicial para plantas e animais.

Em regiões com altitudes elevadas, o nevoeiro ácido e as nuvens podem retirar nutrientes da folhagem das árvores. As árvores sujeitas a essas condições são, então, menos capazes de absorverem a luz solar, o que as torna fracas e menos resistentes às temperaturas congelantes.

As fontes móveis de poluição do ar emitem ozônio (O_3), poluição de partículas e tóxicos do ar. Os efeitos da poluição do ar de origem móvel na saúde afetam milhões de pessoas, especialmente aquelas que vivem perto de estradas com trânsito intenso ou avenidas movimentadas.

6.3.3 Capacidade de memória

Muitas florestas, córregos e lagos que recebem chuvas ácidas não sofrem intensamente seus efeitos, porque o solo nessas áreas pode amortecer as consequências, neutralizando a acidez da água da chuva que flui através dela. Essa capacidade do solo depende de sua espessura e composição, bem como do tipo de rocha subjacente. Por exemplo, em áreas como as regiões montanhosas do Nordeste dos Estados Unidos, o solo é fino e não tem capacidade de neutralizar adequadamente o ácido na água da chuva. Como resultado, essas áreas são particularmente vulneráveis, e o ácido precipitado e o alumínio dissolvido podem se acumular no solo, nos riachos ou nos lagos.

> **SAIBA MAIS**
>
> **Consequências da elevada emissão de SO_2**
>
> Conforme os indivíduos respiram, a elevada emissão de SO_2 pode levar à formação de ácidos no corpo humano.
>
> O SO_2 é um ácido que pode provocar problemas como coriza, irritação na garganta e nos olhos, bem como pode afetar o pulmão de forma irreversível.
>
> Estudos mostram que, em 1952, em Londres, na Inglaterra, aproximadamente 4.000 pessoas morreram em poucos dias em consequência da alta emissão de SO_2 realizada na atmosfera, como consequência da queima de carvão nas casas e nas indústrias para calefação.
>
> Geralmente, esses gases eram dispersos para camadas mais elevadas na atmosfera, mas à época, houve o fenômeno metereorológico da inversão térmica, que causou resfriamento súbito da atmosfera e impediu a dispersão dos gases que eram emitidos com a calefação.
>
> Hoje, Londres tem uma atmosfera muito menos contaminada por SO_2, e, portanto, as condições observadas em 1952 são muito improváveis de ocorrerem novamente.

6.4 Camada de ozônio

A camada de ozônio estratosférico (O_3) protege os seres vivos do excesso da radiação ultravioleta recebida pela Terra.

A emissão de substâncias que destroem o ozônio tem prejudicado a integridade da camada de ozônio. A partir da conscientização desse fenômeno, foram efetivadas ações individuais e coletivas em vários países para sua recuperação. Tem-se uma perspectiva de que a camada de ozônio da estratosfera está se recuperando e que ela deverá estar restabelecida por volta do ano de 2065.

A ozonosfera – camada de ozônio – é uma região da estratosfera terrestre que concentra altas quantidades de ozônio (gás formado a partir da combinação de três átomos de oxigênio) e está localizada entre 15 e 35 quilômetros de altitude, contendo cerca de 10 quilômetros de espessura e aproximadamente 90% do ozônio atmosférico.

Os gases na camada de ozônio são tão rarefeitos que, se comprimidos à pressão atmosférica no nível do mar, sua espessura não seria maior que alguns milímetros. Esse gás é produzido nas baixas latitudes, migrando diretamente para as altas latitudes.

A radiação ultravioleta (UV) é uma radiação eletromagnética com um comprimento de onda de 10 a 400 nm, menor que o da luz visível, mas maior que o dos raios X. A radiação UV está presente na luz solar, constituindo cerca de 10% do total de luz emitida pelo sol. Ela é também produzida por arcos elétricos e luzes especiais, como lâmpadas de vapor de mercúrio, lâmpadas de bronzeamento e luzes pretas.

Embora o raio UV de comprimento de onda longo não seja considerado uma radiação ionizante, porque seus fótons não têm a energia necessária para ionizar átomos, ele pode causar reações químicas e o brilho ou a fluorescência de muitas substâncias. Consequentemente, os efeitos químicos e biológicos da radiação UV são maiores que os simples efeitos de aquecimento, e muitas aplicações práticas da radiação UV derivam de suas interações com moléculas orgânicas.

As radiações eletromagnéticas emitidas pelo sol trazem energia para a Terra, dentre as quais a radiação infravermelha, a luz visível e um misto de radiações e partículas, muitas dessas nocivas. Grande parte da energia solar é absorvida e reemitida pela atmosfera; se essa energia chegasse em sua totalidade à superfície do planeta, ela o esterilizaria.

A camada de ozônio é uma das principais barreiras que protegem os seres vivos dos raios UV. O ozônio deixa passar apenas uma pequena parte dos raios UV, que é benéfica. A radiação UV afeta os processos fisiológicos e de desenvolvimento das plantas. Apesar dos mecanismos para reduzir ou reparar esses efeitos e uma capacidade de adaptação ao aumento dos níveis de radiação UV, o crescimento das plantas pode ser diretamente afetado por essa radiação.

As mudanças indiretas causadas por radiação UV, como mudanças na forma da planta, como os nutrientes são distribuídos dentro da planta, o tempo das fases de desenvolvimento e o metabolismo secundário, podem ser igualmente ou às vezes mais importantes do que os efeitos danosos da radiação UV.

O ultravioleta também é responsável pela formação de vitamina D, que fortalece os ossos dos vertebrados terrestres, incluindo humanos, especificamente a radiação UVB. O espectro de raios UV tem efeitos benéficos e prejudiciais à saúde humana.

Os aumentos na radiação UV podem afetar os ciclos biogeoquímicos terrestres e aquáticos, alterando as fontes e os sumidouros de gases responsáveis (gases traço) pelo efeito estufa e quimicamente importantes, como dióxido de carbono (CO_2), monóxido de carbono (CO), sulfeto de carbonila (COS), ozônio (O_3), metano (CH_4), óxido nitroso (N_2O), clorofluorcarbonos (CFCs) e outros gases. Essas potenciais mudanças contribuiriam para o feedback da relação biosfera-atmosfera, que mitigaria ou amplificaria as concentrações atmosféricas desses gases.

Os polímeros sintéticos, biopolímeros que ocorrem naturalmente, bem como outros materiais de interesse comercial, são adversamente afetados pela radiação UV. Os materiais podem ser protegidos dessa radiação a partir da utilização de aditivos especiais. No entanto, os aumentos nos níveis da radiação UV acelerarão seu colapso, limitando o período de tempo ao qual eles são úteis ao ar livre.

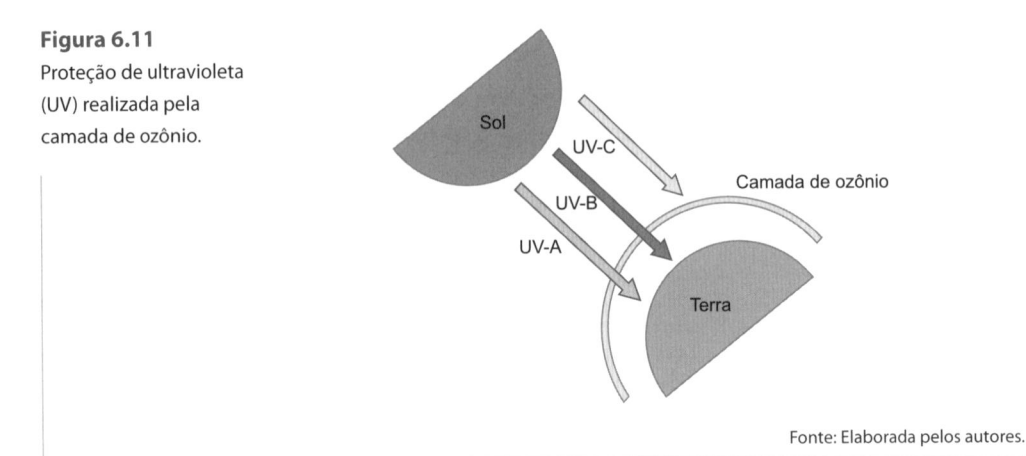

Figura 6.11
Proteção de ultravioleta (UV) realizada pela camada de ozônio.

Fonte: Elaborada pelos autores.

A radiação ultravioleta que atinge a superfície terrestre é composta por mais de 95% dos comprimentos de onda mais longos de radiação UV-A e com pequena quantidade remanescente de radiação (UV-B). Nela, basicamente, não há radiação (UV-C).

A fração da radiação UV-B que permanece na radiação UV depois de passar pela atmosfera é fortemente dependente da cobertura de nuvens e das condições atmosféricas. As nuvens espessas bloqueiam a radiação UV-B efetivamente, mas, em dias parcialmente nublados, as manchas de céu azul entre as nuvens também são fontes de radiações UV-A e UV-B (espalhadas), que são produzidas pelo espalhamento Rayleigh da mesma maneira que a luz azul visível dessas partes do céu.

A radiação UV-B também desempenha papel importante no desenvolvimento das plantas, uma vez que afeta a maioria dos hormônios vegetais.

As bandas mais curtas da radiação UV-C, bem como a radiação UV ainda mais energética produzida pelo sol, são absorvidas pelo oxigênio e geram ozônio na camada de ozônio quando átomos de oxigênio simples, produzidos pela fotólise UV do dioxigênio, reagem com mais dioxigênio. A camada de ozônio é especialmente importante no bloqueio da maioria dos raios UV-B, e a parte restante do raio UV-C não é bloqueada pelo oxigênio comum no ar.

SAIBA MAIS

Devem-se utilizar os filtros solares que oferecem proteção para os raios UV-B e UV-A, bem como escolher o Fator de Proteção Solar (FPS) de acordo com o tipo de pele de cada indivíduo. A dica é passar o protetor meia hora antes da exposição aos raios solares, devendo sempre reaplicá-lo após duas horas de cada aplicação.

Filtros solares são produtos dermatológicos que funcionam como uma barreira química. Eles têm como objetivo absorver os raios UV, impedindo que possam danificar a pele. Esses filtros são comercializados na forma de cremes, loções ou óleos e são divididos em dois tipos:

- **Químicos:** são os protetores solares. Eles absorvem os raios UV antes que penetrem na pele dos indivíduos, atuando como proteção natural da melanina. Não interferem na produção de vitamina D e são mais resistentes à água.
- **Físicos:** são os bloqueadores solares. Eles refletem e espalham os raios UV.

FPS é o grau de proteção contra os raios UV-B. O número de cada FPS representa o tempo que a pessoa poderá ficar exposta antes de começar a se queimar. Por exemplo, se uma pessoa utiliza um produto com FPS 5, significa que após 50 minutos ela começará a se queimar. O mais aconselhável é o FPS 15.

- **Recomendações:** após a exposição solar, deve-se tomar banho e passar um hidratante; se for detectado algo estranho na pele, deve-se procurar um dermatologista. Não usar filtros caseiros ou vencidos.

O Fator de Proteção Ultravioleta (FPU) indica a capacidade em porcentagem de raios UV bloqueados. O FPU é utilizado em tecidos e bloqueia 98% da radiação.

6.5 Gerenciamento da refrigeração

O conceito de smart cities parte do princípio de evolução da tecnologia, no qual as cidades passam a fornecer para as populações informações como intensidade luminosa da abóbada celeste, temperatura do ar, tráfego urbano, nível de qualidade do ar e da água, entre outras.

Nos grandes centros urbanos, especificamente nas grandes metrópoles, ocorre um fenômeno climático denominado "ilha de calor". Esse consiste no aumento da temperatura ambiental devido à grande quantidade de edificações (densidade de construções: casas e prédios); ao fluxo de passagem de veículos liberando poluentes na atmosfera (intensidade de trânsito) e às ruas asfaltadas (predominância da cor escura do asfalto), que provocam um aquecimento da temperatura acima da média normal (Figura 6.12). Outro fator importante que ocasiona o aumento da temperatura do ar atmosférico nas zonas urbanas é a falta ou a quantidade insuficiente de parques, vegetação nativa e áreas de reservas ambientais (densidade de cobertura vegetal).

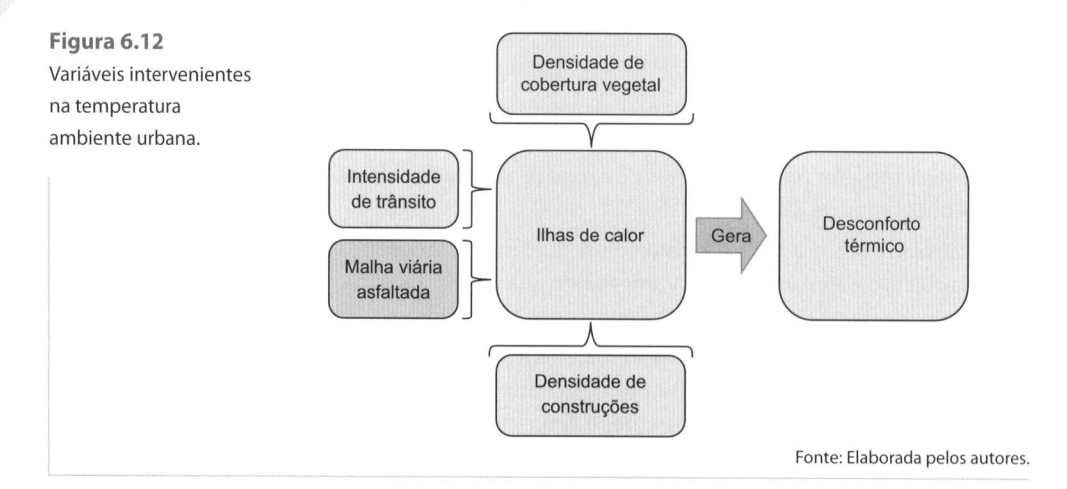

Figura 6.12
Variáveis intervenientes na temperatura ambiente urbana.

```
                    ┌─────────────────┐
                    │  Densidade de   │
                    │ cobertura vegetal│
                    └─────────────────┘
                            │
  ┌─────────────┐           │
  │ Intensidade │           │
  │  de trânsito│──┐        │
  └─────────────┘  │  ┌──────────────┐         ┌──────────────┐
                   ├──│ Ilhas de calor│── Gera →│  Desconforto │
  ┌─────────────┐  │  └──────────────┘         │    térmico   │
  │Malha viária │──┘        │                  └──────────────┘
  │  asfaltada  │           │
  └─────────────┘           │
                    ┌─────────────────┐
                    │  Densidade de   │
                    │   construções   │
                    └─────────────────┘
```

Fonte: Elaborada pelos autores.

Dentro das edificações, é necessário o uso do monitoramento da temperatura do ar. Quando o entorno da edificação está localizado dentro de uma ilha de calor, essa condição se reflete para o interior dela, principalmente no período do verão, em que as temperaturas ambientais são mais elevadas e o uso do ar-condicionado se torna mais frequente.

Outro fator considerado importante, que justifica o uso do monitoramento de temperatura do ar, é relacionado com a segurança. Nesse caso, o monitoramento pode contribuir com a atividade de bombeiros, uma vez que eles conseguiriam identificar os focos de incêndio com mais agilidade. Isso ocorre porque os dados de temperatura dos ambientes internos das edificações são monitorados e conectados a uma rede de acesso remoto via web.

O monitoramento da temperatura do ar dos ambientes internos também está associado diretamente à eficiência enérgica das edificações. Essa condição ocorre a partir da análise dos dados coletados, que permite realizar a tomada de decisão de maneira mais assertiva mediante o perfil de consumo de energia elétrica e parâmetros de conforto de cada edificação. Nesse contexto, surge a necessidade de aferição da temperatura do ar dos centros urbanos existentes. Uma solução para esse problema é a utilização de redes sem fio padrão IEEE 802.11, que possibilita aos usuários obter e transmitir grandezas em tempo real.

Na visão da IoT, objetos inteligentes interconectados têm importante papel no conforto e na segurança das populações das smart cities. Tais objetos são instrumentos de comunicação bidirecionais, que monitoram os ambientes e são capazes de tomar determinadas ações dependendo da aplicação e da informação coletada do mundo físico. O objetivo em questão deve realizar ações como: ligar e desligar aparelhos de ar-condicionado, alterar a temperatura do ambiente através de comandos para os aparelhos de ar-condicionado, detectar e analisar os comportamentos dos usuários e repetir tal padrão, de maneira autônoma, conforme o desejo de cada usuário.

Os sensores são dispositivos eletrônicos que convertem parâmetros físicos em sinais eletrônicos, que podem ser interpretados pelos indivíduos ou podem ser armazenados em sistemas autônomos. Esses sinais para sensores convencionais incluem parâmetros como luz, pressão, temperatura, umidade, entre outros.

Os sistemas de sensores integrados incluem o uso de múltiplos sensores complementares dentro de Sistemas Micro-Eletro-Mecânica (MEMS). Além da conexão interna (os sensores no contexto de cidades inteligentes), é importante que sejam conectados externamente, via rede sem fio, a uma central. Esta é uma unidade que recebe e processa dados, sendo chamados de redes de sensores sem fio. Isso é importante porque cidades são muito complexas para um único tipo de sensor, necessário para satisfazer às demandas de informações para gestão.

O estado da arte das aplicações de controle autônomo de ar-condicionado se encontra nos sistemas de termostatos inteligentes. Esses sistemas são capazes de reconhecerem a rotina e a presença de pessoas, além de permitirem o controle dos equipamentos de refrigeração a partir de um equipamento de celular, monitorarem o consumo de energia e sugerirem maneiras de reduzi-lo. São necessários para estabelecer comunicação com os aparelhos de ar-condicionado, a qual geralmente ocorre por meio de ondas infravermelhas, cujas diferentes frequências determinam variados comandos. Além de conseguirem controlar o aparelho de ar-condicionado, os dispositivos precisam obter informações sobre a temperatura do ambiente para poder analisar se ela está como deveria ou se é preciso enviar um novo comando para o ar-condicionado, a fim de se obter a temperatura necessária. Dessa forma, devem ser utilizados sensores de temperatura (nível de precisão em torno de 0,5 °C), tornando possível que, mesmo à distância, o usuário possa saber a temperatura do ambiente e programar uma refrigeração para que, ao chegar no ambiente, este esteja nas condições desejadas.

No mercado, já existem sensores RFID (Radio Frequency Identification) Active Wireless de alta gama com sensor de temperatura incorporado:

- **Alta faixa de transmissão:** 100 metros (campo aberto);
- **Vida útil:** até 10 anos;
- **Sensor interno de temperatura:** -30 a 70 °C;
- **Precisão:** +/- 0,5 °C no intervalo de -25 a 70 °C.

Outro fator que influencia a otimização do uso do aparelho de ar-condicionado é a presença de pessoas no ambiente, a qual determina a necessidade da manutenção da temperatura programada. Assim, é necessário utilizar sensores de presença, os quais permitem que a Inteligência Artificial (IA) determine se há ou não a necessidade do funcionamento do ar-condicionado, desligando-o se não houver ninguém no ambiente por um dado período.

A IA no projeto tem como objetivo conseguir tornar o sistema mais eficiente e mais autônomo, sendo capaz de saber quando ligar ou desligar o aparelho de ar-condicionado por meio da análise do comportamento do usuário e estabelecimento da rotina dele, copiando os padrões detectados. Além disso, ela terá como responsabilidade a interpretação dos dados adquiridos pelos sensores de presença, desligando o aparelho quando não houver ninguém no ambiente por algum tempo, e de temperatura, avisando ao usuário qual é a temperatura do ambiente e executando a ação que ele determinar, ligando ou desligando o aparelho e indicando a temperatura desejada.

Figura 6.13
Variáveis intervenientes na temperatura ambiental dos compartimentos das edificações.

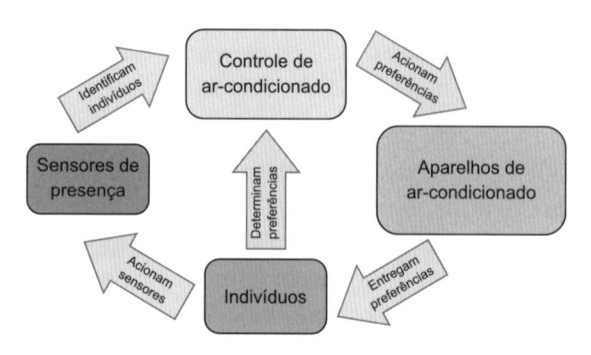

Fonte: Elaborada pelos autores.

SAIBA MAIS

O Protocolo de Montreal foi conduzido pela Organização das Nações Unidas (ONU) por meio do Programa das Nações Unidas para o Desenvolvimento (PNUD), sendo composto por cinco acordos firmados na cidade de Montreal, no Canadá, em 16 de setembro de 1987, passando por cinco revisões até 1999.

Ele é considerado o tratado ambiental mais bem-sucedido de toda a história da humanidade, pois foi assinado por um número expressivo de países (150 países) e, também, porque se mostrou eficaz em atender a demandas ambientais importantes. Por exemplo, o buraco existente na camada de ozônio, que se forma na Antártida anualmente, está diminuindo desde 2000. A projeção é que a camada de ozônio esteja totalmente recuperada até 2065.

O tratado assinado prevê a eliminação gradual do uso de aproximadamente 100 substâncias usadas em equipamentos de refrigeração e frascos de aerossol, incluindo os gases clorofluorcarbonos (CFCs). Mas, além de diminuir o buraco na camada de ozônio, o Protocolo de Montreal apresentou um efeito colateral benéfico: reduziu 20 vezes mais as emissões de gases do efeito estufa do que o previsto pelo Protocolo de Kyoto, firmado em 1997, com esse objetivo específico. Entretanto, mesmo que os gases utilizados atualmente em refrigeração, como os hidrofluorcarbonos (HFCs), substitutos dos CFCs, tenham se mostrado inofensivos para a camada de ozônio, eles ainda contribuem para o aquecimento global – e não é pouco: um desses gases, o HFC-23, é 11.700 vezes mais potente do que o gás carbônico para aquecer o planeta, só que seu tempo de vida na atmosfera é mais curto e ele é emitido em quantidades muitíssimo menores.

Embora seja encorajado o uso de tantos sensores quanto possíveis, para aprimorar a coleta de dados, deve ser dada atenção à qualidade dos dados coletados e sua usabilidade. Também não são desejáveis muitos dados redundantes. Por exemplo, a temperatura do ar não é muito variável para todo o andar de um edifício. Será necessária a instalação de sensores em todos os ambientes? Isso levaria à existência de muitos dados, o que ocuparia a memória dos processadores e retardaria o sistema, mas não contribuiria para a qualidade dos resultados. Além disso, quando selecionando os sensores, deve-se levar em consideração sua finalidade e qualidade (relação preço-precisão).

6.6 Aroma

Aroma é o odor, ou sabor, exalado por certas substâncias, ou mistura de substâncias, que é percebido pelos órgãos sensoriais por meio do olfato (odor) e paladar (sabor). Assim, o aroma são substâncias odoríferas capazes de ativar o olfato e o paladar.

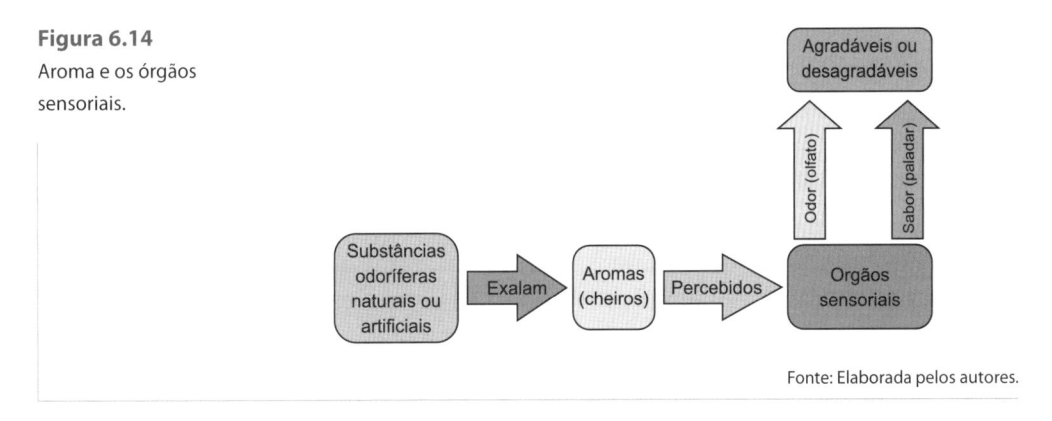

Figura 6.14
Aroma e os órgãos sensoriais.

Fonte: Elaborada pelos autores.

O aroma pode ter cheiro de vegetais ou animais, como o aroma de café, ou pode ter um cheiro natural e aprazível, como o de chuva ou de terra molhada. Ele pode ser feito artificialmente, como o aroma de alguns perfumes. Uma das principais fontes de aromas naturais são as ervas aromáticas. O aroma pode ser de elementos naturais, como laranja, ou artificiais, como no caso das fragrâncias. Portanto, são compostos químicos voláteis, facilmente perceptíveis por neurônios olfatórios dos órgãos olfativos e de paladares dos animais.

Existem aromas com cheiro bom e que causam boa sensação, como o de chocolate. Na culinária, o aroma é dado por uma substância que, adicionada a certos alimentos, lhes atribui algum sabor, como o aroma de baunilha. Nesse caso, o aroma pode criar uma sensação capaz de medir o nível de excelência em determinados líquidos, especialmente em vinhos e licores.

Geralmente, denominam-se aromas as substâncias com cheiros agradáveis e que, por isso, são utilizadas na culinária, na fabricação de perfumes e em outros usos em que se pretenda, por exemplo, esconder algum cheiro desagradável.

Os aromas despertam a memória olfativa, que são lembranças de lugares e momentos, como a infância. Está associado ao gosto (sensação reconhecida pelo paladar), odor (sensação reconhecida pelo olfato) e sabor (sensações complexas associadas ao estímulo dos gomos gustativos e à memória). São poucos os alimentos que permitem uma distinção clara entre odor e sabor. Além disso, é possível identificar as substâncias responsáveis pelos elementos particulares do aroma.

Fragrância é uma mistura de matérias-primas, que podem ser extratos de fontes naturais ou produzidas sinteticamente. As fragrâncias podem ser utilizadas em perfumes ou em outras formas, como no caso dos líquidos desinfetantes.

Essências são produtos sintéticos, que procuram reproduzir sinteticamente os compostos encontrados somente nos óleos essenciais. Geralmente, as essências possuem substâncias derivadas de petróleo e têm como efeito apenas a fragrância, isto é, o cheiro.

Óleos essenciais são produtos naturais e trazem as características e os benefícios (físico, emocional e psicológico) das substâncias extraídas de plantas especiais, ou seja, das plantas aromáticas. Nos óleos essenciais, o aroma e a ação terapêutica se fundem, de forma natural. Assim, os princípios ativos de cada planta são levados para dentro do organismo. Isso ocorre por meio das moléculas que compõem os óleos essenciais.

Perfume é uma mistura de óleos, álcool e água (fragrância), cuja função é proporcionar uma agradável e duradoura fragrância, de aroma agradável, por meio da nebulização da fragrância. Assim, têm-se os perfumes para os ambientes.

Todo perfume é composto por notas olfativas que, de acordo com sua volatilidade, evaporam e são percebidas ou sentidas (Figura 6.15). Essas notas são caracterizadas em um dos três tipos de notas de perfumes, que, juntos, remetem à identidade do produto:

- **Notas de cabeça ou notas de saída:** são as notas mais leves, frescas e voláteis, sendo as primeiras a serem sentidas logo após a aspersão. São as notas responsáveis pelo impacto inicial do perfume e podem ser compostas por notas cítricas, frutais, verdes e marinhas.

- **Notas de coração ou notas de corpo:** podem ser consideradas como o corpo do perfume, seu tema principal. São aquelas menos voláteis e mais encorpadas, como flores e especiarias. São perceptíveis entre uma e duas horas após a aplicação do perfume.

- **Notas de fundo ou notas de base:** são o último acorde a ser percebido. São notas mais densas e substanciais, como as notas amadeiradas e resinosas. Mescladas às demais notas, dão a identidade final ao perfume. São as notas de fundo que, por serem mais densas, permanecem por mais tempo sobre a pele e evaporam mais lentamente, fazendo o papel de fixador.

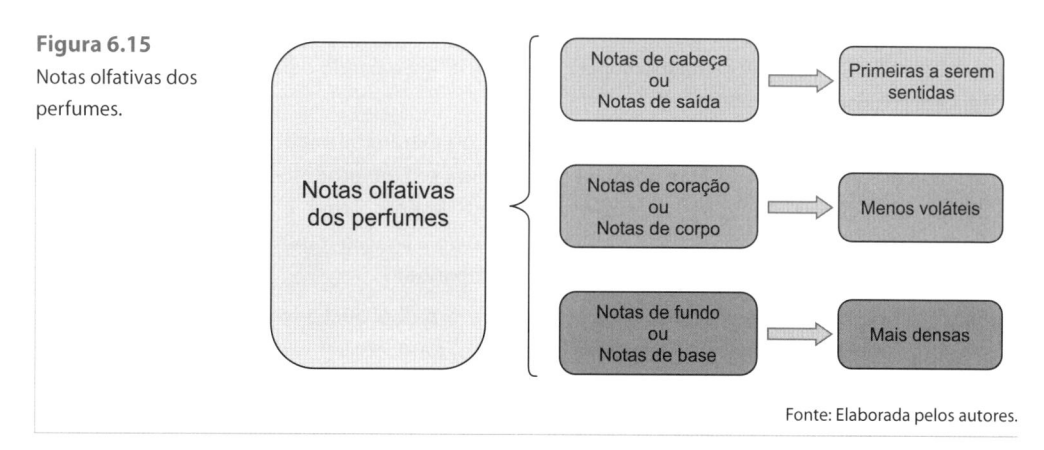

Figura 6.15
Notas olfativas dos perfumes.

Notas olfativas dos perfumes:
- Notas de cabeça ou Notas de saída → Primeiras a serem sentidas
- Notas de coração ou Notas de corpo → Menos voláteis
- Notas de fundo ou Notas de base → Mais densas

Fonte: Elaborada pelos autores.

Um perfume é uma combinação de notas, que resultam em determinado aroma. São classificados em famílias e subfamílias olfativas. Isso ocorre devido à predominância de certas notas na composição do produto, o que os confere personalidade própria.

Algumas das principais famílias olfativas são:

- **Aromático:** são notas energizantes, naturais e dinâmicas. Os aromáticos são compostos principalmente por sálvia, alecrim, tomilho e lavanda, geralmente acompanhados por notas cítricas e apimentadas. Esta família é muito utilizada na perfumaria masculina.

- **Floral:** são notas femininas, românticas, elegantes e delicadas. É a família olfativa mais popular, composta por jasmim, rosas, gardênias e outras flores. Podem ser apresentadas em suas formas puras ou com toques orientais ou especializados. São notas que transmitem romance, delicadeza e feminilidade.

- **Floriental:** são notas misteriosas, cativantes e sensuais. São uma combinação entre notas florais e um fundo oriental, com toque adocicado.

- **Oriental:** são notas sensuais, misteriosas, quentes e envolventes. Uma combinação de notas frescas com mais quentes como baunilha, âmbar e madeiras.

- **Amadeirado:** são notas refinadas e elegantes. A família é composta por madeiras como cedro, sândalo e patchouli, que podem resultar em notas mais secas e menos adocicadas. Podem incluir toques de canela, terra ou tabaco.

- **Fougère:** são fragrâncias estimulantes e marcantes. Um acorde que inclui notas cítricas, lavanda e cumarina, acompanhadas de notas amadeiradas e de almíscar.

SAIBA MAIS

O perfumista usa a fantasia e o olfato para criar fragrâncias marcantes, que podem reunir até 300 matérias-primas. É capaz de distinguir mais de 3 mil cheiros e consegue combiná-los em uma quantidade ilimitada de fórmulas. Com habilidade, ele compõe as diferentes notas, e sua mistura resulta no acorde ou na harmonia da fragrância, imaginando o papel que cada ingrediente terá em sua composição olfativa.

A força de um perfume é função da concentração do extrato aromático e das matérias-primas usadas em sua composição. Transformar esse conjunto em um produto de sucesso depende dos perfumistas, que ganham salários astronômicos para desenvolverem essências sob encomenda. O bom olfato é desenvolvido desde a infância. Existe uma ligação muito forte entre as coisas que acontecem durante a vida e os cheiros que as acompanham.

Existem evidências que a poderosa relação entre o bulbo olfatório e o sistema límbico do cérebro, a parte que lida com memórias e emoções, parecem ser cada vez mais convincentes. Em 2007, o Raymond Poincaré Hospital, em Garches, na França, em colaboração com a IFF e a organização sem fins lucrativos Cosmetic Executive Women, experimentou usar fragrâncias em pacientes que haviam sofrido traumas graves e perdido a memória ou até a fala. Um paciente, que havia perdido a capacidade de falar após um acidente de moto, murmurou suas primeiras palavras após sentir cheiro de alcatrão. Outro paciente, após sair de 12 meses de coma, disse algumas palavras depois que os funcionários do hospital o fizeram sentir o cheiro de um pão que o havia marcado na infância.

6.6.1 Aromatização em smart buildings

No caso da escolha de fragrâncias para edificações, os perfumistas procuram trabalhar em conjunto com consultores ambientais para a indicação das melhores preparadas para cada ambiente específico. Mesmo em obras residenciais de baixa renda, a intenção da utilização de fragrâncias dedicadas é a de que, ao espalhar a fragrância pelos corredores e áreas comuns de prédios, seja possível infundir nos moradores o otimismo e a felicidade. Isso é denominado aromatização de ambiente.

É possível impregnar as calçadas externas de prédios comerciais para melhorar a experiência de compra dos clientes.

Muitas empresas se mostram céticas sobre os benefícios de investir em uma fragrância distintiva, enquanto outras preferem manter seus experimentos olfativos em sigilo. Mesmo assim, grandes nomes do setor de fragrâncias, como Firmenich, Givaudan, Symrise e, em particular, a IFF, preveem a expansão do mercado caso consigam reunir pesquisas suficientes para provar definitivamente que os aromas evocam respostas emocionais específicas que preparam os consumidores para gastar.

Embora exista muita discussão nesse setor sobre os benefícios potenciais de uma experiência olfativa artificialmente arquitetada para vários produtos, por exemplo, telefones celulares aromatizados, assim como o aproveitamento pelas empresas aéreas, avanços na tecnologia de dispersão e na coleta de aromas, ou seja, na capacidade de desconstruir compostos aromáticos e recriá-los, permitem que os perfumistas possam produzir praticamente qualquer aroma.

DICA

Perfumar ambientes

Existem várias opções para perfumar ambientes como flores, incensos, aromatizadores, difusores, sachês, ervas, velas etc.

As dicas são:

- **Entrada de luz solar e ar renovado:** deixar entrar a luz solar para arejar os ambientes e trocar o ar. Todos os dias, janelas, cortinas e portas de armários devem ser abertas, para que a luz e o calor dos raios solares e a renovação de ar percorram os ambientes. Essa troca é fundamental para controlar a umidade e o mofo, evitar doenças respiratórias e espantar o cheiro de ambiente fechado.
- **Essência nas lâmpadas:** com as lâmpadas apagadas e frias, deve-se molhar um algodão na essência preferida e passar nas lâmpadas ou luminárias. Quando as luzes estiverem acesas, elas esquentarão e exalarão o aroma. Se preferir, espirre nas lâmpadas o perfume predileto.
- **Essência para espantar insetos:** para espantar as moscas e formigas, acabar com as traças, eliminar cheiro de gordura e de comida da casa, principalmente da cozinha, faça um preparado com álcool, cravo da índia e água. Deve-se aplicá-lo com um borrifador, deixar curtir e limpar o ambiente para se espalhar pelo ar.

SAIBA MAIS

[...]

Aromatizar um prédio inteiro é um segmento em expansão que, por anos, passou despercebido pela maioria dos consumidores. Estima-se que 20 empresas no mundo estão se especializando na comercialização de aromas de ambiente e em tecnologias de dispersão. Os executivos do setor avaliam os negócios entre US$ 80 milhões e US$ 100 milhões. Essas empresas se aliam a fabricantes de fragrâncias e dividem a tarifa cobrada pela aromatização e manutenção, que pode variar de US$ 100 a US$ 10 mil por mês, dependendo do tamanho do espaço.

A aromatização de ambientes, após conseguir sair do confinamento das lojas de lingerie, tornou-se uma prática comum em cassinos no início da década de 2000 e invadiu o setor de hotelaria pouco tempo depois. O Sheraton Hotels & Resorts usa o Welcoming Warmth, uma mistura de figos, jasmim e frésias. O Westin Hotel & Resorts emprega o White Tea, que tenta proporcionar a indefinível experiência de "refúgio zen".

Tentar relacionar uma marca aos aromas também tem se tornado tendência no varejo. Pesquisadores acreditam que as fragrâncias permitem aos consumidores estabelecer uma conexão mais profunda com a marca, o que levou muitas empresas de setores diferentes a entrarem na moda. Recentemente, foi criada uma fragrância para as lojas da Samsung, ação considerada um marco do projeto de aromas. Uma pesquisa, que a IFF não divulga por motivos contratuais, mostrou que os clientes sob a sutil influência de sua criação não apenas passaram um tempo em média 20 a 30% maior na loja, como também associaram o aroma – e, por extensão, a marca – a características como inovação e excelência.

Embora haja escassez de pesquisas independentes, o número de empresas que testam o terreno indica um fenômeno em crescimento. O próximo lançamento da Coty de uma fragrância da marca Guess também será usado para aromatização interna, o que não deixa de ser bastante natural para uma empresa de perfumes. Companhias de outros setores, como Credit Suisse, De Beers e Sony, também vêm experimentando a aromatização de ambientes em seus espaços de varejo.

[...]

BLOOMBERG Bussinessweek. Prédio em NY recebe aroma para despertar otimismo. *Jornal Valor Econômico*. Publicado em 29 jul. 2010. Disponível em: < https://bit.ly/2yKgaFq>. Acesso em: 6 ago. 2019.

CONSIDERAÇÕES FINAIS

▶ Neste capítulo foi observada a influência do vento e da umidade do ar atmosférico no desempenho térmico das edificações. Também foi detalhada a renovação do ar interior por ventilação natural e comentou-se o efeito da chuva ácida na vegetação. Foi apresentada a importância da camada de ozônio para o conforto ambiental e foram apresentados o gerenciamento da refrigeração. Por fim, foi apresentado o aroma e suas características principais, como componente do conforto ambiental.

Acústica e Som Ambiente em Smart Buildings

7

CONSIDERAÇÕES INICIAIS

▸ O objetivo deste capítulo é apresentar a influência do conforto acústico em indivíduos nas edificações. Detalha também a abordagem de design do projeto integrada e os problemas acústicos comuns em ambientes internos de edificações. Discorre sobre os fatores intervenientes no conforto acústico. Trata, ainda, das normas técnicas relacionadas ao conforto acústico nas edificações. Por fim, debate a sustentabilidade e a acústica nos projetos de edificações.

7.1 Conforto acústico

As condições acústicas dos espaços das edificações (ambientes acústicos) costumam receber pouca ou nenhuma atenção durante a fase de planejamento e design dos projetos das edificações. A funcionalidade e a estética dos espaços projetados são, em geral, o foco principal do designer.

Os ambientes acústicos, por vezes negligenciados nos projetos, são fatores que contribuem para a produtividade dos indivíduos que ocupam os espaços de trabalho, ou mesmo para o descanso, nos espaços dedicados ao lazer. Proporcionar ambientes confortáveis às pessoas contribui de modo significativo para o desempenho ideal, reduzindo o absenteísmo no trabalho.

O conforto do espaço de trabalho é uma combinação de fatores, que inclui iluminações natural e artificial, qualidade ambiental interna, temperatura e acústica.

O desconforto auditivo nos locais de trabalho, por exemplo, pode vir do ruído do tráfego externo, do equipamento mecânico em espaços adjacentes, de copiadoras ou impressoras, telefones e vozes no próprio local.

Além da equipe de design se concentrar na funcionalidade e estética do projeto ambiental, a acústica das edificações é frequentemente considerada de baixa prioridade, pois concorre com projetos limitados com vários outros objetivos, incluindo itens como: design, desenvolvimento sustentável, segurança física, antiterrorismo, tecnologia da informação (TI), telecomunicações, automação predial e controles.

A solução para incorporar a acústica no processo de desenvolvimento do projeto é uma abordagem de design do projeto integrada (Figura 7.1).

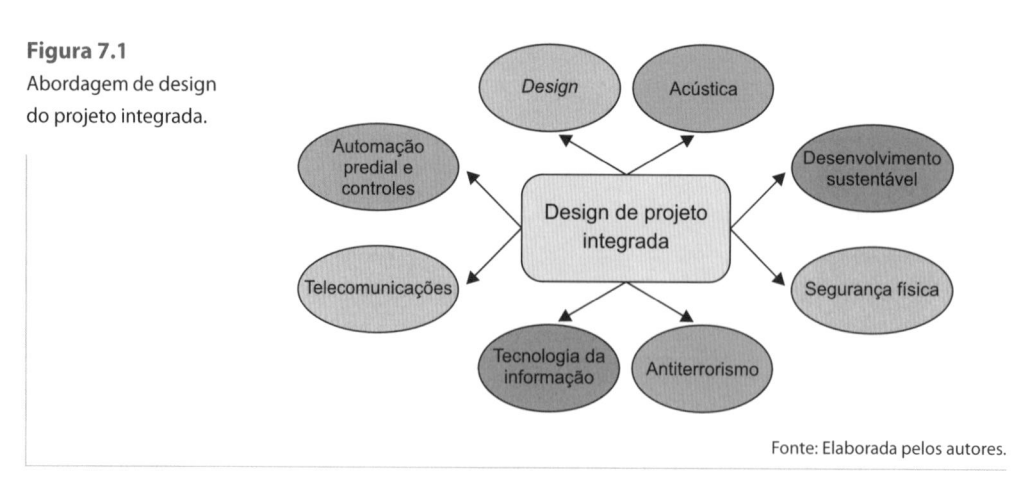

Figura 7.1
Abordagem de design do projeto integrada.

Fonte: Elaborada pelos autores.

Embora existam algumas diferenças nos requisitos acústicos de ambientes como escritórios, salas de aula e salas de conferência, vários problemas comuns de ruído (Figura 7.2) afetam essas ocupações:

- barulho fora da edificação entrando no espaço interno;
- barulho dos espaços internos adjacentes;
- falta de controle do som no próprio espaço interno.

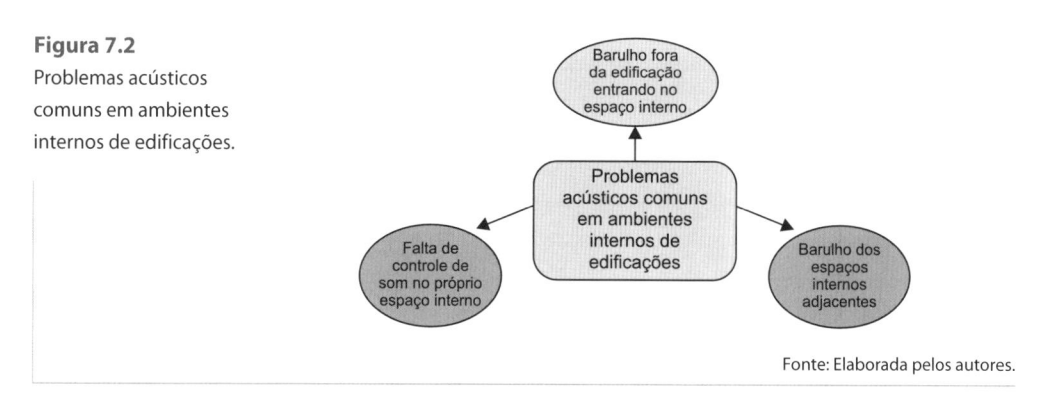

Figura 7.2
Problemas acústicos comuns em ambientes internos de edificações.

Fonte: Elaborada pelos autores.

O ruído nesses locais geralmente não é alto o suficiente para prejudicar a audição humana. Contudo, tira a concentração durante o trabalho ou estudo e proporciona ambientes de trabalho e aprendizado abaixo das condições consideradas ideais.

Uma das soluções encontradas para a redução dos ruídos é a aplicação de forros com sistemas acústicos incorporados (Figura 7.3).

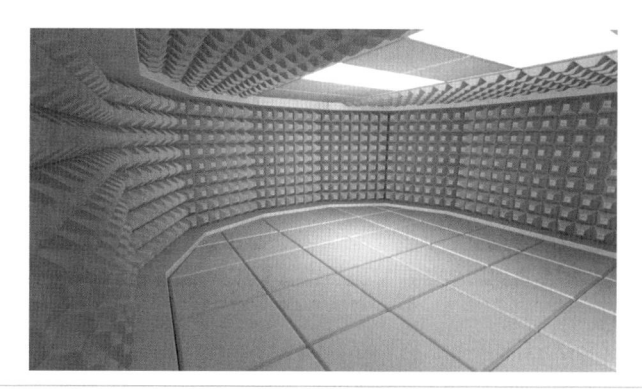

Figura 7.3
Forro com sistema acústico.

Para proteger os espaços das edificações contra o ruído proveniente de rodovias ou ferrovias próximas, uma solução é projetar a edificação de modo que os banheiros, as salas de equipamentos mecânicos e elétricos e outros espaços menos sensíveis ao ruído sejam adjacentes às pistas de rolamento dessas vias de transporte.

No caso do projeto de ambientes de educação que estejam localizados próximos às atividades de alto nível de ruído, devem-se localizar os ginásios de esportes e outras instalações menos sensíveis ao ruído próximas à fonte de sons e posicionar os ambientes que precisam de tranquilidade à sombra dessas instalações. Na implantação do controle de ruído, deve-se incorporar o planejamento de local sustentável no processo de tomada de decisão.

Uma das soluções usadas para a proteção acústica dos ambientes adjacentes às estradas é a utilizaçao de barreiras antirruído ao longo dos trechos sensíveis (Figura 7.4).

Figura 7.4
Barreira antirruído instalada em rodovia.

É mais provável que um projeto de edificação permaneça dentro do orçamento se forem buscadas oportunidades para aplicar uma única abordagem de projeto, para alcançar múltiplos objetivos. Por exemplo, uma parte do terreno deve ser constituída com plantas de baixo crescimento e tolerantes à seca. Essas plantas podem atuar como uma barreira de ruído do tráfego rodoviário, podem atender aos princípios de desenvolvimento sustentável e podem ajudar a atender aos requisitos de segurança para a distância dos edifícios (Figura 7.5).

Figura 7.5
Barreira antirruído composta de plantas.

Para uma janela ou porta serem acústicas (ou seja, com isolamento de som), é importante a escolha, prioritariamente, não do vidro, mas do tipo de abertura. Janelas e portas de correr não são acústicas, pois o som passa pelas frestas. Então, ambas precisam ter dobradiças, que abrem para fora ou para dentro, ou ser do tipo basculante (Figura 7.6).

Figura 7.6
Janela tipo basculante.

A espessura de vidro deve ser compatível com o ruído existente no ambiente da instalação da janela. Existem vidros de até 20 milímetros de espessura – na realidade, é um vidro comum, mas com espessura mais grossa.

As portas e janelas de esquadrias de alumínio são as que mais deixam o som passar, inclusive pela trepidação dos vidros. O alumínio não pode ficar oco; ele tem que ser preenchido com lã de vidro ou de rocha, para dar coerência (coincidir) com a espessura do vidro.

As janelas acústicas contam com dois ou mais vidros em suas constituições, permitindo que os ambientes possam estar isolados de ruídos externos (Figura 7.7).

Figura 7.7
Janela acústica utilizada em estúdio de gravação.

SAIBA MAIS

O mascaramento de som ambiental é realizado a partir da introdução de sons de fundo discretos nos ambientes. Esta técnica acústica tem a intenção de reduzir a interferência de sons ambientais, que possam causar distração e tornar a fala de colegas de trabalho praticamente ininteligível.

Esta técnica acústica é utilizada nos projetos de escritórios (abertos e fechados), quando o nível de som ambiente é muito baixo. A intenção é aumentar a produtividade, melhorando o moral dos indivíduos e aumentando a privacidade da fala (Figura 7.8).

Figura 7.8
Caixa de som para a técnica da máscara de som.

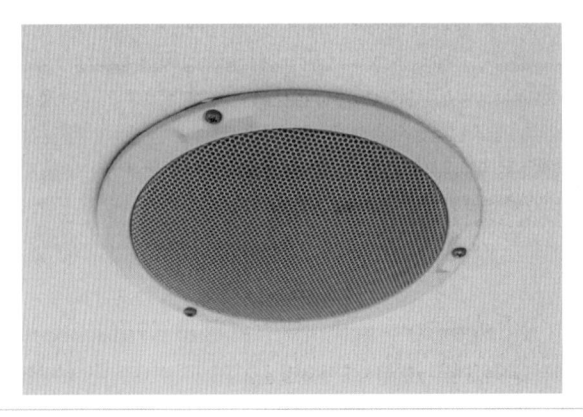

O mascaramento de som funciona a partir da reprodução de som eletronicamente, semelhante ao sopro suave do ar, que é projetado através de alto-falantes instalados acima das placas de forro no teto.

Esse som é uniformemente distribuído em toda a área que está sendo mascarada e pode ser ajustado aos requisitos individuais de privacidade em qualquer área específica das edificações. Em escritórios sem divisórias e sem forro, os alto-falantes podem ser colocados nos móveis dos sistemas ambientais ou mesmo sob o piso elevado, se houver.

7.2 Fatores intervenientes no conforto acústico

A qualidade do som em qualquer espaço interno é determinada pelas fontes do som ou do ruído e qualidade do envelope dos edifícios (fechamento dos edifícios). Essas fontes de som (Figura 7.9) podem incluir:

- ruído exterior do tráfego nas proximidades;
- ruído interior de músicas ou conversas telefônicas;
- ruído de impacto como pegadas;
- barulho de fundo de aparelhos, sistemas de ventilação ou equipamentos eletrônicos.

Figura 7.9
Fontes de som em espaços internos de edificações.

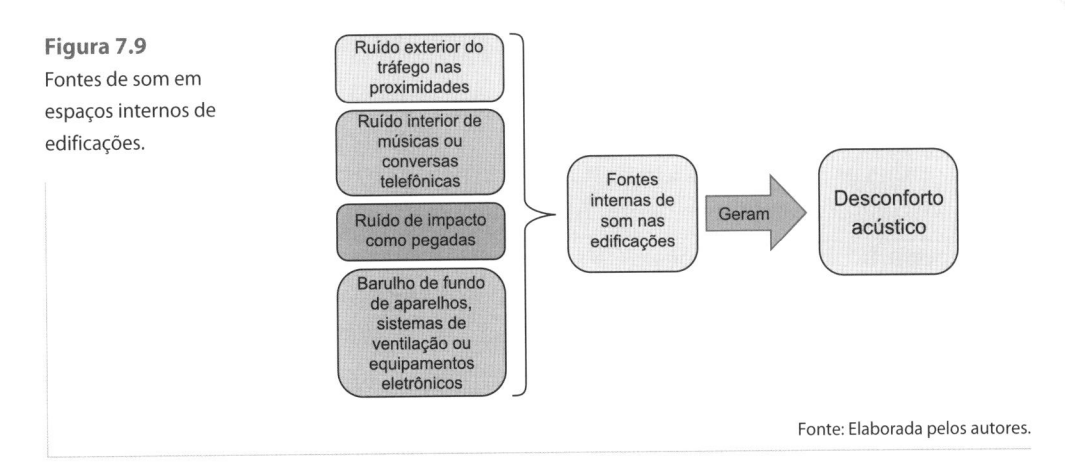

- Ruído exterior do tráfego nas proximidades
- Ruído interior de músicas ou conversas telefônicas
- Ruído de impacto como pegadas
- Barulho de fundo de aparelhos, sistemas de ventilação ou equipamentos eletrônicos

→ Fontes internas de som nas edificações — **Geram** → Desconforto acústico

Fonte: Elaborada pelos autores.

O efeito do ruído em um indivíduo depende de muitos fatores, que incluem a previsibilidade e a familiaridade do som, a controlabilidade do som, a atitude pessoal e as sensibilidades, informações sobre o conteúdo do som e a necessidade do som. Por exemplo: é mais provável que seja tolerado o ruído dos vizinhos pelos quais se tem simpatia do que daqueles pelos quais se tem antipatia (Figura 7.10).

Figura 7.10
Fatores intervenientes do efeito do ruído em indivíduos.

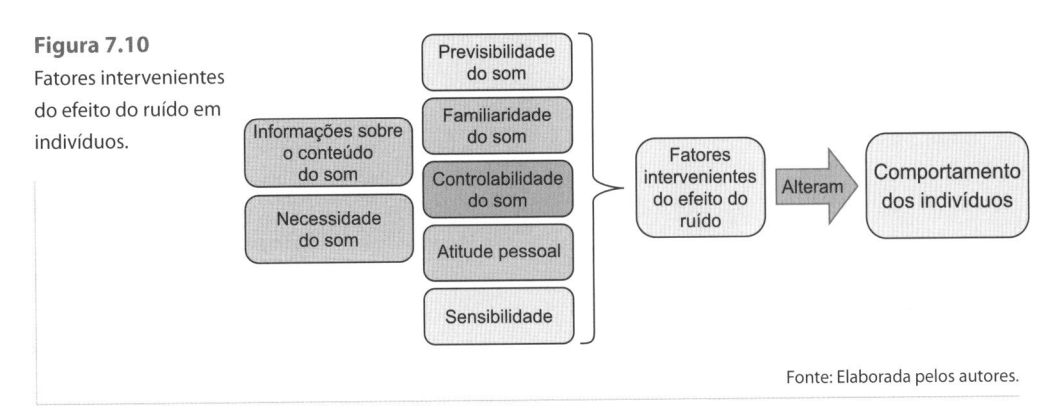

- Informações sobre o conteúdo do som
- Necessidade do som
- Previsibilidade do som
- Familiaridade do som
- Controlabilidade do som
- Atitude pessoal
- Sensibilidade

→ Fatores intervenientes do efeito do ruído — **Alteram** → Comportamento dos indivíduos

Fonte: Elaborada pelos autores.

Os níveis sonoros aceitáveis também dependem das atividades a serem executadas em uma edificação ou em um ambiente específico. Os requisitos necessários para uma área de trabalho de alta concentração são diferentes daqueles demandados para uma sala de concertos, por exemplo. Da mesma forma, as cozinhas exigem diferentes níveis acústicos do que os exigidos para os quartos.

Outro ponto importante na questão acústica é que os hábitos de vida estão em constante mudança. Os espaços ambientais agora raramente têm um único uso; eles devem ser multifuncionais, com várias atividades coexistentes. As pessoas estão cada vez mais trabalhando em casa, descansando ou fazendo compras on-line, no escritório. Uma profunda compreensão do impacto da acústica no humor e bem-estar geral dos indivíduos é, portanto, cada vez mais crítica.

7.2.1 Influência do barulho na vida dos indivíduos

Estar exposto a altos níveis de ruído afeta a todos de maneiras diferentes. As crianças, em geral, são mais sensíveis a níveis excessivos de ruído, juntamente com os doentes crônicos e as pessoas idosas. Os adultos que trabalham em ambientes especialmente ruidosos também experimentam níveis mais elevados de estresse e fadiga.

A perturbação nos padrões de sono devido à poluição sonora pode significar condição para um maior índice de ocorrência de doenças, e, nas crianças, pode prejudicar seu desenvolvimento pleno.

O decibelímetro é o aparelho capaz de medir as intensidades sonoras provenientes dos ambientes (Figura 7.11).

Figura 7.11
Decibelímetro medindo intensidade sonora de veículo em alta velocidade.

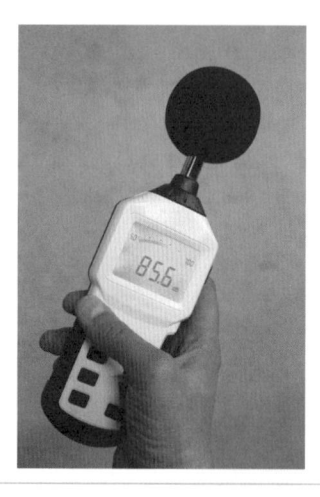

Embora o decibel (dB) seja a unidade de intensidade sonora mais utilizada quando se refere à medição de som, os seres humanos não ouvem todas as frequências de maneira igual. Por essa razão, os níveis de som na extremidade de baixa frequência do espectro são reduzidos, uma vez que o ouvido humano é menos sensível a baixas frequências de áudio do que elevadas.

Por conta da baixa sensibilidade auditiva do homem, foram criadas diferentes pontuações para dar uma medição de volume que leva em consideração a forma de como o ouvido humano realmente percebe o som. A mais comum é a ponderação "A". Os valores que foram corrigidos usando o sistema de ponderação "A" são mostrados usando unidades de dB(A). Valores não corrigidos para contagem de audição humana são escritos usando unidades de dB.

A qualidade do som para os indivíduos pode ser avaliada em função do nível sonoro ambiental (Tabela 7.1).

Tabela 7.1 – Qualidade do som e nível sonoro ambiental

Qualidade do som	Nível sonoro ambiental (dB)	Influência do nível sonoro ambiental nos indivíduos
Muito baixo	0 – 20	Muito repousante
Baixo	20 – 40	Repousante
Moderado	40 – 60	Incomodativo
Alto	60 – 80	Muito incomodativo
Muito alto	80 – 100	Fatigante
Ensurdecedor	100 – 120	Perigoso
Muito ensurdecedor	120 – 140	Doloroso

Fonte: Elaborada pelos autores.

A OMS dispõe de uma lista de níveis de ruído recomendados para diferentes tipos de espaços interiores. Por exemplo: a OMS recomenda menos de 30 dB(A) de ruído para quartos e menos de 35 dB(A) em salas de aula, para permitir um bom ensino e ambiente de aprendizagem adequado, conforme Tabela 7.2.

Tabela 7.2 – Escala de decibéis em diversas situações

Fonte sonora	Nível sonoro ambiental dB(A)	Qualidade do som (intensidade)	Influência do nível sonoro ambiental nos indivíduos
Respiração	10	Baixo	Repousante
Sussurro	30		
Chuva moderada	40		
Refrigerador	50	Moderado	Incomodativo
Conversa em voz alta	60		
Tráfego urbano de carros	70	Alto	Mutito incomodativo
Caminhão	80	Muito alto	Fatigante
Secador de cabelo	90		
Helicóptero	100		
Trombone	110	Extremamente alto	Perigoso
Sirene de polícia	120		
Avião	130	Ensurdecedor	Doloroso
Fogos de artifício	140		

Fonte: Elaborada pelos autores.

Se uma pessoa perder 25 dB(A) de volume, poderá ter problemas de audição, e a perda de 95 dB(A) poderá ensurdecer totalmente um indivíduo (Tabela 7.3).

Tabela 7.3 – Classificação do grau de perda auditiva

Média tonal dB(A) (perda em dB(A))	Denominação	Habilidade para ouvir a fala
≤ 25	Adição normal	Nenhuma dificuldade significativa
26 – 40	Perda auditiva de grau leve	Dificuldade com fala fraca ou distante
41 – 55	Perda auditiva de grau moderado	Dificuldade com fala em nível de conversação
56 – 70	Perda auditiva de grau moderadamente severo	A fala deve ser forte; dificuldade para conversação em grupo
71 – 90	Perda auditiva de grau severo	Dificuldade com fala intensa; entende somente fala gritada ou amplificada
≥ 90	Perda auditiva de grau profundo	Pode não entender nem a fala amplificada; depende da leitura labial

Fonte: Lloyd e Kaplan (1978, p. 14).

Estudos mostram que uma grande quantidade de pessoas é regularmente submetida a mais do que os níveis de ruído recomendados. Nos países da União Europeia, por exemplo, cerca de 40% da população está exposta ao ruído de tráfego a níveis superiores a 55 dB e mais de 30% dos indivíduos são expostos a níveis superiores a 55dB à noite.

DICA

- **Conforto acústico:** quando é feito mínimo esforço fisiológico com relação ao som, ou quando o som é agradável à audição.
- **Ruído:** é uma onda sonora desordenada, ou seja, é um som indesejável que pode estar presente no ambiente ou ser transmitido a este. Essa percepção é subjetiva e varia de pessoa para pessoa. Os ruídos podem ser de transmissão aérea ou estrutural.
- **Propagação do som:** quando uma onda sonora incide sobre uma superfície ou parede, acontecem três fenômenos: reflexão, absorção e transmissão.
- **Reflexão:** é o fenômeno que acontece quando a onda sonora se choca contra uma superfície e se reflete, retornando para o ambiente. Quanto mais densa e estanque for a superfície, maior será a reflexão sonora.

7.3 NBR 10.152:2017 – Acústica – Níveis de pressão

A norma ABNT NBR 10.152:2017 – Acústica – Níveis de pressão sonora em ambientes internos a edificações – deve ser utilizada por profissionais das áreas de engenharia e arquitetura, construtoras e demais atuantes no mercado da construção civil brasileira.

Esta norma estabelece os procedimentos técnicos aplicáveis para medições dos níveis de pressão sonora, determinação do nível sonoro representativo e avaliação sonora dos ambientes internos a partir da comparação dos resultados obtidos com os valores de referência indicados por esta norma técnica.

A ABNT NBR 10.152:2017 tem por objetivo definir valores de referência visando à preservação da saúde e do bem-estar humano, tendo uma abordagem subjetiva do ponto de vista da qualidade de vida do usuário.

Ela faz a associação explícita das três normas básicas de acústica de edificações no Brasil: a própria NBR 10.152, a NBR 10.151: 2000 – Acústica – Avaliação do ruído em áreas habitadas, visando ao conforto da comunidade – Procedimento, e a NBR 15.575: 2013 – Edificações habitacionais – Desempenho, conforme Figura 7.12.

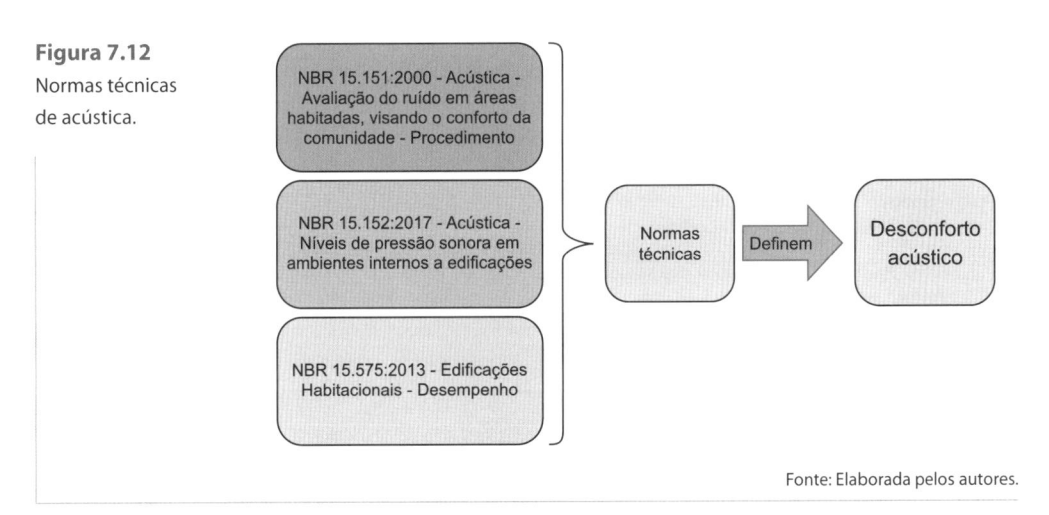

Figura 7.12
Normas técnicas de acústica.

Fonte: Elaborada pelos autores.

Esta norma indica basicamente se há cumprimento dos valores dos níveis de pressão sonora equivalentes, ponderados em "A" (Sistema de Ponderação), externos à edificação, determinados pela NBR 10151:2000, e se igualmente estão sendo cumpridos os valores especificados pela NBR 15575:2013, para desempenho dos sistemas construtivos, logo, serão cumpridos os valores da NBR 10152 :2000. A associação das três normas técnicas da ABNT tem por consequência direta a melhor definição das responsabilidades das partes envolvidas no processo de conforto acústico: vizinhos (emissores), construtores (trajetória) e moradores (receptores), conforme Figura 7.13.

Figura 7.13
Partes envolvidas no processo de conforto acústico.

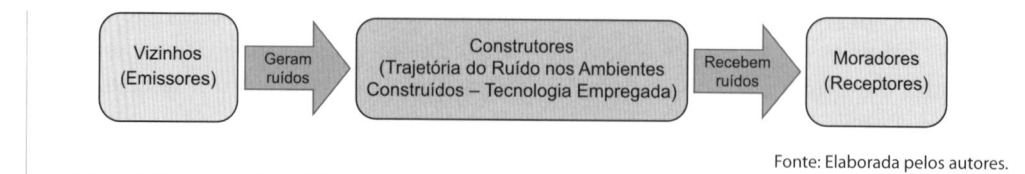

Vizinhos (Emissores) → Geram ruídos → Construtores (Trajetória do Ruído nos Ambientes Construídos – Tecnologia Empregada) → Recebem ruídos → Moradores (Receptores)

Fonte: Elaborada pelos autores.

7.4 NBR 10.151:2000 – Acústica – Avaliação do ruído

A norma técnica ABNT NBR 10.151:2000 – Acústica – Avaliação do ruído em áreas habitadas, visando ao conforto da comunidade – Procedimento, deve ser utilizada por profissionais das áreas de engenharia e arquitetura, com o objetivo de atender ao conforto acústico das comunidades.

Esta norma técnica fixa as condições exigíveis para avaliação da aceitabilidade do ruído em comunidades, independentemente da existência de reclamações. Ela especifica um método para a medição de ruído, a aplicação de correções nos níveis medidos se o ruído apresentar características especiais e uma comparação dos níveis corrigidos com um critério que leva em conta vários fatores (Figura 7.14).

Figura 7.14
Aceitabilidade do ruído em comunidades.

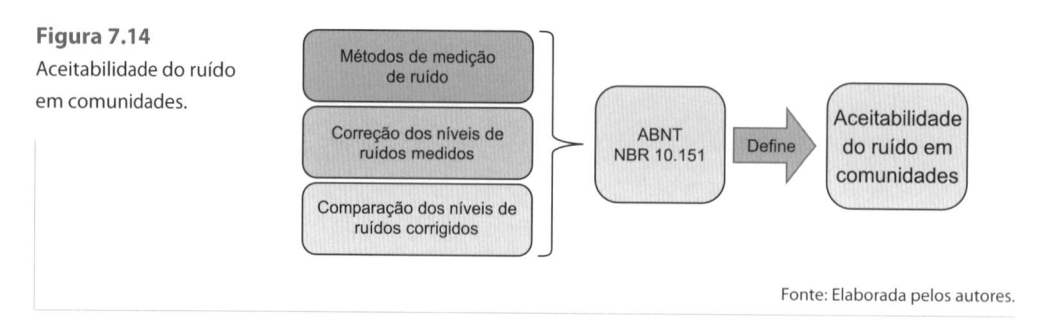

Métodos de medição de ruído; Correção dos níveis de ruídos medidos; Comparação dos níveis de ruídos corrigidos → ABNT NBR 10.151 Define → Aceitabilidade do ruído em comunidades

Fonte: Elaborada pelos autores.

Não devem ser efetuadas medições sonoras na existência de interferências audíveis advindas de fenômenos da natureza, como trovões e chuvas fortes. A duração da medição deve ser escolhida de modo a permitir a caracterização do ruído que está sendo avaliado. A medição pode envolver uma única amostra ou uma sequência delas, dependendo da fonte sonora avaliada e das condições ambientais.

7.4.1 Medições realizadas no exterior das edificações

No caso das avaliações sonoras ambientais realizadas em espaços fora das edificações, deve-se prevenir os efeitos de ventos sobre o microfone do aparelho decibelímetro a partir do uso de protetores, conforme as instruções de cada fabricante.

No exterior das edificações que contêm fontes sonoras, as medições devem ser efetuadas em pontos afastados de aproximadamente 1,2 m do piso e pelo menos 2 m do limite da propriedade e de quaisquer outras superfícies refletoras, como muros, paredes etc. Na impossibilidade de atender a alguma dessas recomendações, a descrição da situação medida deve constar no relatório da avaliação sonora (Figura 7.15).

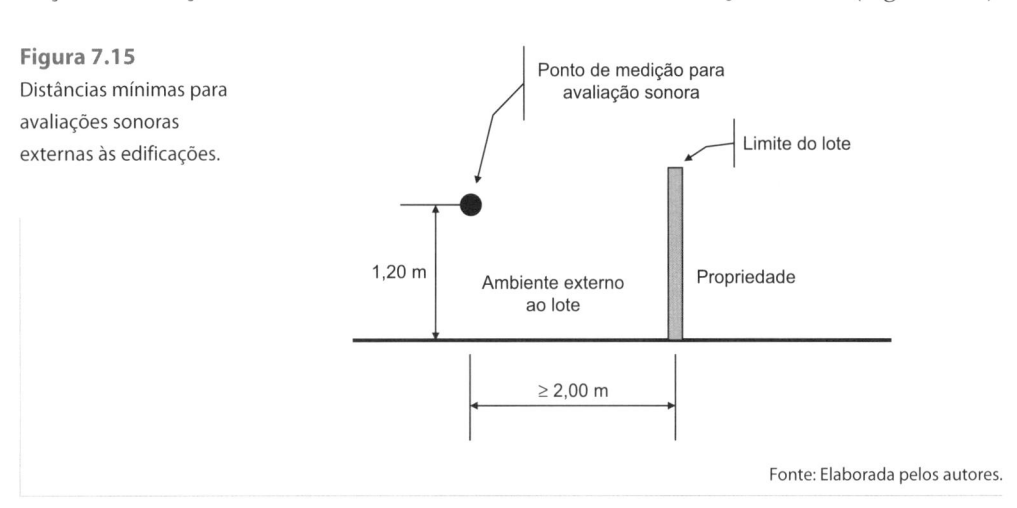

Figura 7.15
Distâncias mínimas para avaliações sonoras externas às edificações.

Fonte: Elaborada pelos autores.

O nível de critério de avaliação para ambientes externos é apresentado na Tabela 7.4.

Tabela 7.4 – Nível de critério de avaliação NCA para ambientes externos

Tipos de áreas	Diurno dB(A)	Noturno dB(A)
Áreas de sítios e fazendas	40	35
Área estritamente residencial urbana ou de hospitais ou escolas	50	45
Área mista, predominantemente residencial	55	50
Área mista, com vocações comercial e administrativa	60	55
Área mista, com vocação recreacional	65	55
Área predominantemente industrial	70	60

Fonte: ABNT NBR10.151:2000.

7.4.2 Medições realizadas no interior das edificações

As medições em ambientes internos devem ser efetuadas a uma distância de, no mínimo, 1 m de quaisquer superfícies, como paredes, teto, pisos e móveis (Figura 7.16).

Figura 7.16
Distâncias mínimas para avaliações sonoras no interior das edificações.

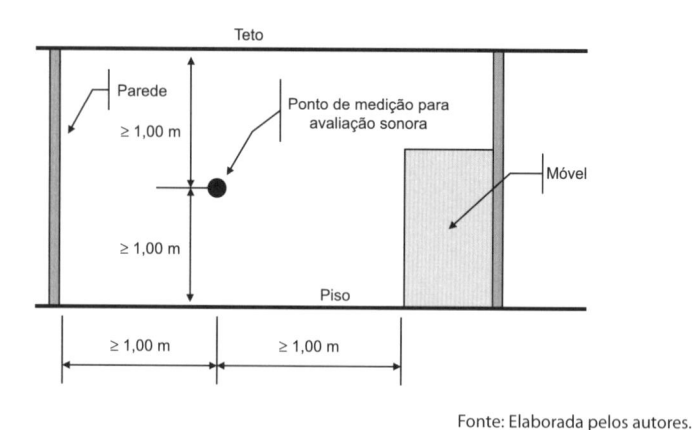

Fonte: Elaborada pelos autores.

Os níveis de pressão sonora em interiores devem ser o resultado da média aritmética dos valores medidos em pelo menos três posições distintas, sempre que possível afastadas entre si em, no mínimo, 0,5 m (Figura 7.17).

Figura 7.17
Distâncias mínimas dos pontos para avaliações sonoras no interior das edificações.

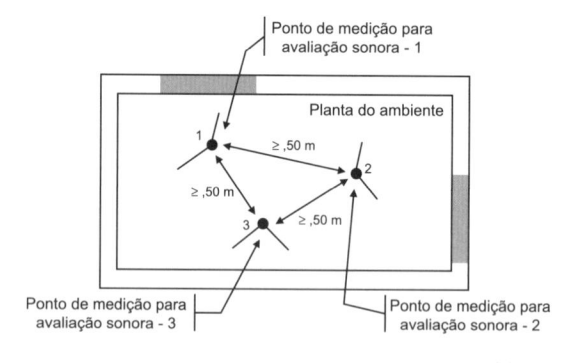

Fonte: Elaborada pelos autores.

Caso o reclamante do desconforto sonoro indique algum ponto de medição que não atenda às condições indicadas pela norma técnica, o valor medido neste ponto também deverá constar no relatório da avaliação sonora ambiental.

As medições devem ser efetuadas nas condições de utilização normal do ambiente, isto é, com as janelas dos ambientes abertas ou fechadas, de acordo com a indicação do reclamante.

7.5 NBR 15.575:2013 – Desempenho em edificações

No âmbito da construção civil brasileira, existe um histórico de reclamações de usuários referentes aos ruídos percebidos nas edificações residenciais, principalmente nas habitações coletivas.

A ABNT NBR 15.575:2013 – Edificações habitacionais – Desempenho é a primeira norma técnica brasileira a estipular níveis mínimos de isolamento acústico para as edificações residenciais.

Esta norma é composta de seis partes. A primeira parte apresenta os requisitos gerais da edificação habitacional, que foram baseados em uma lista de exigências dos usuários. Constam nessa lista itens de segurança, sustentabilidade e habitabilidade, no qual estão inseridos os critérios acústicos. As outras cinco partes focam, cada uma, respectivamente, em um sistema construtivo das edificações residenciais: estrutura, pisos, vedações verticais internas e externas, coberturas e hidro sanitários.

A avaliação dos critérios acústicos das edificações é feita por meio de medições acústicas *in loco*. Isso é bastante coerente, pois o desempenho acústico de um sistema é determinado tanto pelas características dos elementos que o compõem quanto pelo processo de execução empregado.

7.5.1 Absorção e dissipação sonora

É a capacidade de os materiais ou sistemas construtivos absorverem e dissiparem o som, diminuindo o excesso de reflexões, tornando-o inteligível.

7.5.2 Isolação sonora

É a capacidade de os materiais ou sistemas construtivos formarem uma barreira, reduzindo a transmissão do som de determinado ambiente para os demais recintos.

Existem duas maneiras de isolar essa passagem do som entre os ambientes:

- **Utilizando paredes feitas com materiais de alta densidade:** para ser eficiente, este tipo de solução acústica muitas vezes requer o aumento de espessura da parede, diminuindo o espaço útil dos ambientes e aumentando o peso da construção, requerendo estruturas mais caras de sustentação das edificações.
- **Sistema construído por mola – massa – mola:** este é constituído de uma chapa de gesso, por exemplo (representando a massa), um "colchão" de ar ou um material que amorteça e absorva a maior parte da onda sonora, quebrando sua intensidade (representando a mola) e outra chapa de gesso (representando a massa). A eficiência deste sistema construtivo quanto à acústica se deve ao fato de ocorrer uma fricção entre a onda sonora e o novo meio (o ar ou um material fibroso, como a lã mineral). Essa fricção converte parte da energia sonora em calor, ou seja, o ar ou a lã mineral faz com que a energia sonora perca intensidade, resultando em aumento da isolação sonora.

🏠 SAIBA MAIS

Desempenho acústico das paredes de gesso acartonado

As paredes de gesso acartonado (*drywall*) apresentam desempenho acústico superior ao da alvenaria. De acordo com as normas técnicas, uma boa instalação garante esse diferencial.

As paredes e os revestimentos das paredes de *drywall* apresentam desempenho acústico superior ao da alvenaria convencional, mesmo no caso das paredes mais simples, com uma chapa de gesso acartonado de cada lado, sem isolamento interno com lã mineral.

As paredes de gesso acartonado com duas chapas de cada lado e isolamento interno com lã mineral apresentam desempenho muito superior. A melhor prova da qualidade acústica desta tecnologia é o fato de que praticamente todas as salas de cinema multiplex instaladas no Brasil, que são operadas por experientes empresas multinacionais, utilizam paredes de gesso acartonado.

Para garantir o bom desempenho acústico dessas paredes, é necessário que a instalação dos sistemas seja feita de acordo com as recomendações técnicas dos fabricantes (Figura 7.18).

Figura 7.18
Painéis de gesso acartonado em paredes (isolamento acústico).

Os construtores e os consumidores devem verificar se, nos contatos da estrutura de aço galvanizado com as lajes do piso e do teto, bem como nos pilares de concreto, os perfis estão devidamente protegidos com fitas de absorção de vibrações. O uso dessas fitas é obrigatório, evitando a passagem de som para os ambientes contíguos. Outro cuidado importante é verificar se, no interior das paredes hidráulicas (de cozinhas, banheiros e áreas de serviço), foi utilizada lã mineral, que também é obrigatória para isolar o som da água que corre nas tubulações. Paredes que separam apartamentos e as que separam unidades habitacionais das áreas de circulação também exigem o uso dessa lã.

Cada parede de gesso acartonado é dimensionada de acordo com sua finalidade, determinando-se sua espessura, o número de chapas que receberá de cada lado, se terá ou não isolamento interno, dentre outros aspectos construtivos.

A banda acústica aplicada na estrutura de contorno da parede de gesso acartonado, guias e montantes, além de impedir a passagem de som por alguma fresta entre o perfil e o elemento estrutural, evita que a onda sonora que atinge a parede seja transmitida para os elementos estruturais por vibração (Figura 7.19).

Figura 7.19
Painéis de gesso acartonado em montagem aparecendo o isolamento acústico.

7.5.3 Fachada de vidro

As janelas e os vidros são elementos muito importantes no isolamento acústico das edificações. Esses elementos contrutivos devem permitir que a luz do dia entre nos espaços internos das edificações, bem como devem evitar o calor e o clarão, controlar o som e, para alguns projetos, devem ser resistentes a explosões (Figura 7.20).

Figura 7.20
Fachada de vidro isolando os ruídos externos nos diversos edifícios.

A extensão das janelas e dos vidros, bem como seus tamanhos e localizações, são decisões que devem ser tomadas na fase de conceito dos projetos, para garantir que as janelas e os vidros sejam adequadamente escolhidos para cada situação.

É importante lembrar que vários tipos de envidraçamento são possíveis para muitos projetos com base na orientação de construção, proximidade de fontes de ruído intrusivas e avaliações de vulnerabilidade e análise de risco (Figura 7.21).

Figura 7.21
Detalhes modernos de fachada de vidro antirruído.

7.6 Sustentabilidade e acústica nos projetos de edificações

Podem haver condições de projeto para atingir as metas de sustentabilidade em conjunto com um bom projeto acústico caso estas sejam consideradas desde o início da fase de desenvolvimento de cada projeto de edificação. Por exemplo: uma parede de concreto armado pode ser recomendada como uma estratégia passiva de projeto de proteção térmica solar. Se a edificação estiver localizada próxima a uma rodovia ou ferrovia movimentada, essa parede também poderá fornecer a redução da transmissão de som necessária, de modo a proporcionar um ambiente acústico interno aceitável.

Para projetos com requisitos de segurança, a mesma parede de concreto armado poderia servir para mitigar uma possível explosão proveniente de algum ataque externo.

O sucesso de um projeto de edificação depende da integração dos consultores em acústica, segurança e sustentabilidade, que estarão envolvidos na concepção do projeto e usarão o processo de design integrado durante todo o projeto (Figura 7.22).

Figura 7.22
Isolamento acústico para ambientes internos de edificações.

Os produtos acústicos, como telhas de teto, isolamento, carpetes, entre outros, podem ajudar a atingir as metas de sustentabilidade do projeto, já que muitos deles são recicláveis ou fabricados a partir de conteúdo reciclado, como fibras de madeira ou de borracha (Figura 7.23).

Figura 7.23
Painéis decorativos protetores de som feito de fibras de borracha.

SAIBA MAIS

A Liderança em Energia e Design Ambiental (LEED), do U.S. Green Building Council (USGBC) para o Schools Rating System, é o primeiro sistema de classificação de edifícios ecológicos que inclui tanto um pré-requisito de acústica quanto créditos para o projeto de sala de aula.

As plantas externas aos edifícios também podem influenciar o conforto acústico no interior das edificações, diminuindo o custo das soluções de arquitetura (Figura 7.24).

Figura 7.24
Barreira sonora de vegetação natural.

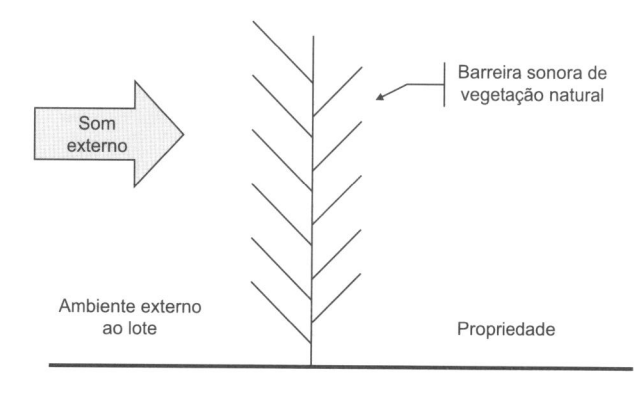

Fonte: Elaborada pelos autores.

CONSIDERAÇÕES FINAIS

▶ Foi observada neste capítulo a influência do conforto acústico nos indivíduos nas edificações. Também foram apresentados a abordagem de design do projeto integrada e os problemas acústicos comuns em ambientes internos de edificações. Foram estudados os fatores intervenientes no conforto acústico e as normas técnicas relacionadas ao conforto acústico nas edificações. Por fim, viu-se a questão da sustentabilidade e da acústica nos projetos de edificações.

Luminosidade e Uso Racional de Energia Elétrica em Smart Buildings

8

CONSIDERAÇÕES INICIAIS

▸ Este capítulo tem o objetivo de apresentar a luminosidade e o uso racional de energia elétrica nas edificações. Detalha a iluminação e o conforto visual, bem como discorre sobre os parâmetros ergonômicos visuais e os de iluminação. Trata da medida de iluminância, dos tipos de lâmpadas, da temperatura das cores e dos sistemas de controle de iluminação. Aborda ainda os tipos de luminárias e as etapas do projeto de iluminação. Por fim, explica a reciclagem de lâmpadas de mercúrio.

8.1 Luminosidade

Luz é uma radiação eletromagnética capaz de produzir uma sensação visual, sendo compreendida entre 380 e 780 nanômetros (nm). À princípio, a estrutura básica do olho corresponde a um instrumento óptico simples: como acontece em uma câmera fotográfica, a imagem real de um objeto observado é projetada por uma lente convergente sobre uma superfície constituída de células sensíveis à luz. Fibras nervosas levam a imagem ao cérebro a partir de impulsos elétricos. Por meio de pequenos movimentos exploratórios (sacádicos), o processo visual transforma diferenças espaciais de luminância em variações temporais de iluminamento retinal, que provocam o disparo de informações para o cérebro.

A sensibilidade visual para a luz varia conforme o comprimento de onda da radiação e a luminosidade. A curva de sensibilidade do olho humano demonstra que radiações com menor comprimento de onda (cores violeta e azul) geram maior intensidade de sensação luminosa quando há pouca luz (exemplo: crepúsculo, noite etc.), enquanto as radiações com maior comprimento de onda (cores laranja e vermelha) se comportam de modo contrário. O olho humano pode se adaptar a uma faixa extensa de níveis de luminosidade, desde sol a pino até a luz das estrelas.

A radiação solar é a energia transmitida pelo sol sob a forma de ondas eletromagnéticas, ou seja, ondas constituídas de campos elétricos e magnéticos oscilantes, que se propagam com uma velocidade constante no vácuo. As várias formas de radiação, caracterizadas por seu comprimento de onda, compõem o espectro eletromagnético. A radiação eletromagnética do sol chega em todos os comprimentos de onda ou frequências, mas principalmente entre 200 e 3.000 nm, que são subdivididos em: radiação UV (UVA, UVB e UVC) – 200 a 380 nm; radiação térmica (infravermelho) – 700 a 10.000 nm; radiação visível – 380 a 770 nm.

A radiação solar que atinge a atmosfera terrestre pode, de alguma maneira, alcançar o solo (com as devidas filtragens), ser difundida pela atmosfera, ser espalhada pelas nuvens ou, então, ser refletida pelo solo. Assim, a intensidade com que a radiação atinge a Terra dependerá da densidade do ar por meio do qual os raios devem penetrar, da nebulosidade local, da quantidade de partículas em suspensão e do meio circunstante.

O olho humano possui diferentes sensibilidades à luz. Durante o dia, a percepção se dá, em maior grau, para o comprimento de onda de 550 nm, correspondente às cores amarelo-esverdeadas. Já à noite, a maior percepção ocorre para o comprimento de onda de 510 nm, correspondente às cores verde-azuladas (Tabela 8.1). A maior parte da capacidade de adaptação da visão decorre da mudança de sensibilidade das próprias células, em razão da dissolução e recomposição do pigmento conforme a luminosidade.

Tabela 8.1 – Espectro da visão humana das cores

Cor	Frequência (THz)	Comprimento de onda (nm)
Violeta	668 – 789	380 – 450
Azul	606 – 668	450 – 495
Verde	526 – 606	495 – 570
Amarela	508 – 526	570 – 590
Laranja	484 – 508	590 – 620
Vermelha	400 – 484	620 – 750

Fonte: Elaborada pelos autores.

Um bom sistema de iluminação, com o uso adequado de cores e texturas, com a criação de contrastes e com a escolha adequada de lâmpadas e luminárias, pode produzir ambientes que promovam o bem-estar, de modo a resultar em um conforto visual perfeito (Figura 8.1).

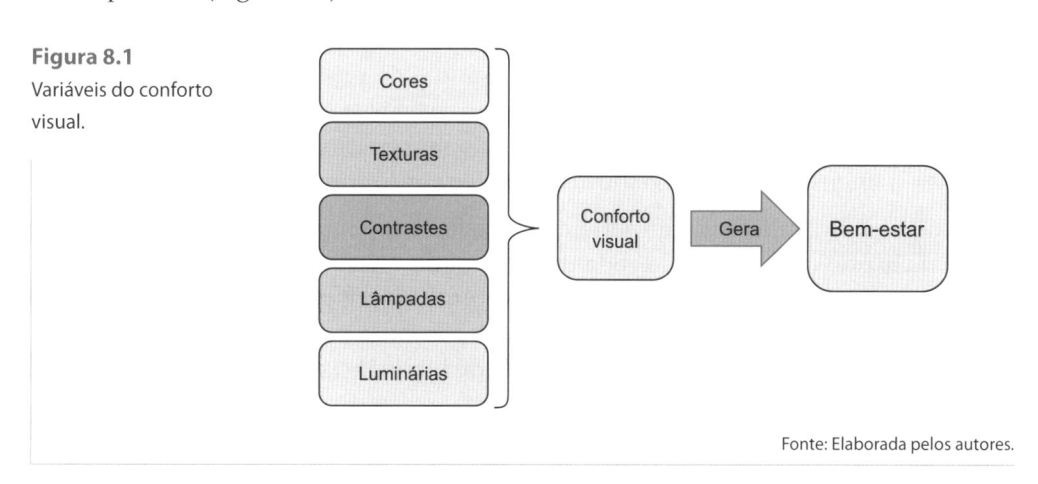

Figura 8.1
Variáveis do conforto visual.

Cores, Texturas, Contrastes, Lâmpadas, Luminárias → Conforto visual → Gera → Bem-estar

Fonte: Elaborada pelos autores.

O conforto visual é importante, uma vez que interfere diretamente na produtividade laboral e na qualidade de vida dos indivíduos que utilizam ou habitam o espaço construído. No caso de ambientes profissionais, um sistema de iluminação deficiente pode fazer com que ocorram acidentes de trabalho, por exemplo.

A iluminação pode ser natural (produzida pelo sol), artificial (produzida por lâmpadas) ou uma combinação de ambas as fontes. Uma boa iluminação requer igual atenção e cuidado para a quantidade e a qualidade da iluminação, embora seja necessária a provisão de uma iluminância (densidade da quantidade de luz que é refletida em determinada superfície, em certa direção e distância) suficiente para cada tipo de tarefa (Figura 8.2).

Figura 8.2
Fontes de luz.

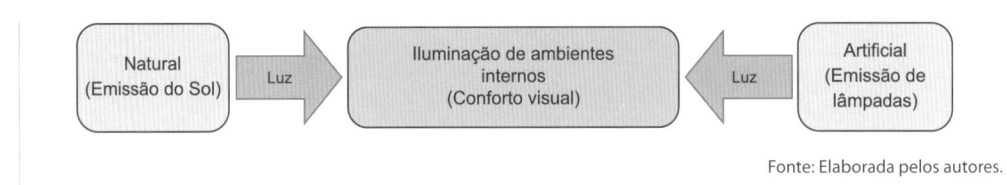

Natural (Emissão do Sol) → Luz → Iluminação de ambientes internos (Conforto visual) ← Luz ← Artificial (Emissão de lâmpadas)

Fonte: Elaborada pelos autores.

A luz natural é uma das fontes de energia mais importantes para o homem desenvolver suas atividades, pois é ela que proporciona a visão nítida do mundo. Além disso, todo ser vivo depende da exposição à luz natural para ativar o ciclo de funções fisiológicas. A luz natural sempre teve papel importante na arquitetura, dos pontos de vista estético e simbólico, e em relação ao conforto e à iluminação funcional. A luz natural pode proporcionar efeitos singulares em um determinado espaço, dando-lhe identidade própria, criando aspectos cenográficos e características relevantes marcantes. No entanto, para se projetar com a luz natural, garantindo uma iluminação eficiente na realização de qualquer tarefa e proporcionando um ambiente visual agradável, torna-se necessário conhecer suas vantagens e desvantagens.

A principal causa de variação da luz natural ocorre com o movimento aparente do sol no céu, da hora do dia, da estação do ano e da posição do edifício (latitude, longitude e orientação) na superfície terrestre. Assim, a luminância do céu não é constante nem uniforme devido às mudanças na posição solar e às variações das nuvens – a intensidade da luz natural muda de acordo com as condições climáticas.

É necessário conhecer o comportamento da fonte luminosa, separando a luz direta do sol da luz do céu e tratando cada uma de modo diferente, para se poder prever e calcular o aproveitamento da iluminação natural em um projeto. O sol é uma fonte concentrada e pode ser considerado uma fonte luminosa pontual, ao passo que o céu é uma fonte grande e difusa, com distribuição de luminância variável.

Monitorar a iluminação natural em uma edificação existente pode não ser um trabalho fácil, mas é importante considerar os instrumentos disponíveis aos arquitetos utilizados para o maior aproveitamento da luz natural.

A visibilidade depende da maneira pela qual a luz é fornecida, das características da cor da fonte de luz e da superfície de trabalho em conjunto com o nível de ofuscamento do sistema (Figura 8.3). Do ponto de vista ambiental, a edificação deve proporcionar ao usuário uma condição mínima de habitabilidade, seguida de uma sensação contínua de bem-estar. Vale ressaltar que os aspectos de iluminação e confortos térmico e luminoso (subáreas do conforto ambiental) devem ser considerados conjuntamente no projeto arquitetônico. Essa visão integrada também torna possível o bom desempenho energético da arquitetura que, sendo adequada às necessidades do usuário, resulta, sobretudo, em ambientes mais confortáveis e energeticamente eficientes.

Figura 8.3

Iluminação em uma fábrica.

A luz natural pode fornecer parte ou toda a iluminação para execução de tarefas visuais. Ela varia em nível e composição espectral com o tempo (período entre a noite e o dia, entre as estações do ano e as condições climáticas), e, por essa razão, a iluminação de um ambiente interno sofre variações (Figura 8.4).

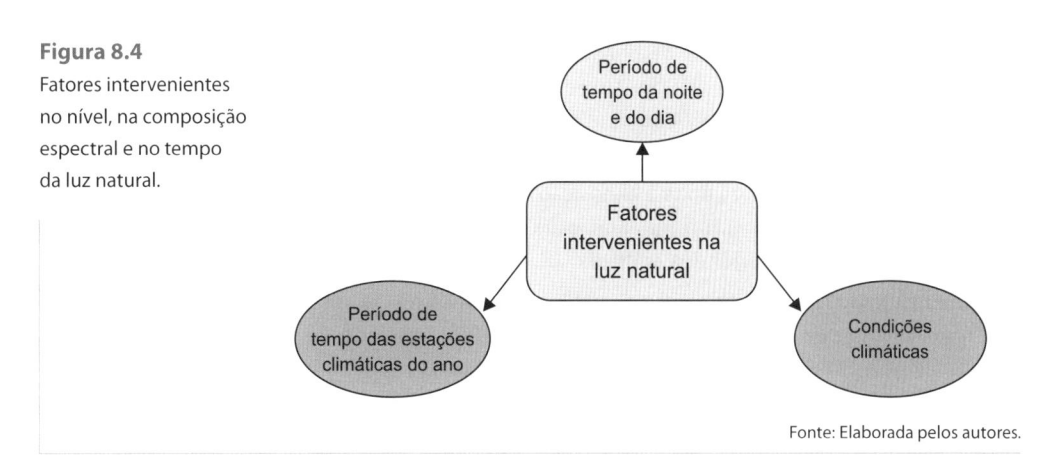

Figura 8.4

Fatores intervenientes no nível, na composição espectral e no tempo da luz natural.

- Período de tempo da noite e do dia
- Período de tempo das estações climáticas do ano
- Condições climáticas
- Fatores intervenientes na luz natural

Fonte: Elaborada pelos autores.

Conforto luminoso (visual) é o principal determinante da necessidade de iluminação em um edifício. É entendido como a existência de um conjunto de condições, em um determinado ambiente, no qual o ser humano pode desenvolver suas tarefas visuais com o máximo de precisão visual, o menor esforço, o menor risco de prejuízos à vista e reduzidos riscos de acidentes.

A luz natural nos ambientes internos das edificações pode criar uma modelagem e uma distribuição de luminância específica por conta de seu fluxo quase horizontal, por ser proveniente das janelas laterais. A luz natural também pode ser fornecida por aberturas zenitais (aberturas na parte superior das coberturas) e outros elementos de fenestração (aberturas de janelas, portas ou frestas).

As janelas podem também fornecer um contato visual com o mundo exterior. Elas podem evitar o contraste excessivo e o desconforto térmico, causados pela exposição direta da luz do sol em áreas de trabalho.

É importante ter um controle adequado da luz solar por meio da utilização de cortinas, persianas ou brises, de tal forma que a luz do sol direta não atinja os trabalhadores e/ou as superfícies no interior do campo de visão.

SAIBA MAIS

Luz é vida!

Uma das principais funções de uma edificação é atenuar as condições negativas e aproveitar os aspectos positivos oferecidos pela localização e pelo clima. Portanto, trata-se de neutralizar as condições climáticas desfavoráveis e potencializar as favoráveis, tendo em vista o conforto dos usuários. A luz, além de ter influência direta na visão humana, tem também influência nos ritmos biológicos internos dos seres vivos.

O conhecimento sobre as relações entre iluminação, homem e arquitetura pode ser sintetizado por meio de várias abordagens ao tema. Em relação ao desempenho humano, há três rotas principais de análise: por meio do sistema visual, do perceptivo e do circadiano. Os dois primeiros têm conhecimento consolidado, que demonstra como iluminar para obter conforto visual e estimular a percepção. No entanto, os estudos sobre as relações entre iluminação e o sistema circadiano humano, ou ritmos diários de 24 horas, ainda são incipientes.

A exposição à luz pode ter impactos tanto positivos quanto negativos na saúde humana, que podem ficar evidentes logo após a exposição ou apenas depois de muitos anos. Compreender como a luz influencia o corpo humano, para o lighting designer, é também entender como iluminação afeta os usuários dos edifícios.

Como resultado das modificações dos hábitos humanos de trabalho e descanso, que levam ao uso prolongado da iluminação artificial, aumentando o período do dia ou da fase claro, ou a permanência em espaços com baixos níveis de iluminação, os indivíduos estão sofrendo alterações na sua saúde.

A Cronobiologia é o ramo da ciência que estuda os ritmos e os fenômenos físicos e bioquímicos periódicos que ocorrem nos seres vivos. A variação alternada do claro-escuro é a forma básica de marcação do tempo, e seu acompanhamento é feito por sensores físico-químicos e de sistemas humorais e neurais que informam todo o organismo sobre a iluminação ambiental presente.

A influência da iluminação natural nas funções fisiológicas dos seres vivos acontece de duas maneiras: a exposição aos raios UV da radiação solar, que influencia o funcionamento do sistema nervoso, a absorção de vitamina D e a defesa imunológica; e a intensidade da exposição à iluminação natural, que influencia o ciclo ou ritmo circadiano.

Os ritmos circadianos podem ser regulados por uma variedade de indicadores externos, mas a luz (ciclo claro-escuro) é a variável primária e mais importante na sincronização (ou dessincronização) dos humanos aos ritmos diurnos ou noturnos. O ritmo de atividade e repouso, de temperatura corporal e de níveis hormonais (melatonina e cortisol) são exemplos de ritmos biológicos no corpo, que podem ser facilmente medidos e que estão associados à iluminação.

O ritmo circadiano é o ritmo biológico de altas frequências, com ciclos periódicos de 24 horas, que afeta numerosas funções do organismo (temperatura corporal, batimentos cardíacos, pressão sanguínea, fome) e a alternância sono-vigília, que modelam a nossa resistência às agressões do mundo exterior (ruído, produtos tóxicos etc.).

Com relação ao espectro dos tipos de lâmpadas, as que carecem da porção azul do espectro, que é a parte mais importante para os humanos e mais bem oferecida pela luz natural, são as menos eficientes para estimulação do sistema circadiano. As lâmpadas de espectro completo são as mais semelhantes ao espectro da luz natural, e seu efeito tem sido objeto de estudo. A lâmpada incandescente é a única que não apresenta interferências significativas no sistema circadiano. Ao abordar a questão da iluminação apenas sob a ótica da eficiência energética, a legislação da iluminação pode incorrer em graves erros, por ignorar os efeitos a longo prazo muitas vezes ainda desconhecidos na saúde das pessoas, das fontes de luz mais eficientes, como as fluorescentes compactas ou LED branco.

8.2 Iluminação

Os seres humanos, em comum com a maioria dos outros organismos complexos, dependem da exposição à luz natural para ativar uma série de funções fisiológicas.

Enquanto os perigos da exposição excessiva à luz solar forem amplamente divulgados, os perigos da pouca exposição serão frequentemente desconsiderados. A evolução humana ocorreu devido à exposição à luz natural, incluindo os raios UV (componente ultravioleta), e, embora o esgotamento da camada de ozônio cause preocupação, não altera o fato de que a fisiologia humana depende de certo grau de exposição aos raios UV. A radiação UV é a parte do espectro solar cujos comprimentos de onda são menores do que aqueles da faixa desse espectro visualmente captados pelos seres humanos.

A concepção dada à iluminação em qualquer projeto tem de ser única, ou seja, a iluminação natural deve ser pensada juntamente com a artificial para que se tenha uma solução integrada. Durante o período diurno, a iluminação artificial suplementar torna-se um parâmetro importante do projeto de iluminação. A integração dos dois sistemas, por meio de um projeto integrado, contribui para uma racionalização no consumo de energia elétrica (Figura 8.5).

Figura 8.5
Iluminações artificial e natural – Rua 24 horas, em Curitiba, no Paraná.

A prática de uma boa iluminação para locais de trabalho é muito mais do que apenas fornecer uma boa visualização da tarefa. É essencial que as tarefas sejam realizadas facilmente e com conforto. Dessa maneira, a iluminação deve satisfazer os aspectos quantitativos e qualitativos exigidos pelo ambiente (Figura 8.6).

Em geral, a iluminação adequada de interiores de edificações assegura:

- **Conforto visual:** fornece aos usuários a sensação de bem-estar.
- **Desempenho visual:** os usuários ficam capacitados para realizarem suas tarefas visuais, rápida e precisamente, mesmo sob circunstâncias difíceis e durante longos períodos.
- **Segurança visual:** melhoria na percepção ao olhar ao redor e detectar perigos.

Figura 8.6
Iluminações artificial e natural.

Fonte: Elaborada pelos autores.

A luz mais intensa pode influenciar a psicofisiologia instantaneamente ao induzir o sistema endócrino (supressão da melatonina e elevação dos níveis de cortisol), provocar outras mudanças fisiológicas (elevação da temperatura corporal, por exemplo) e modificar variáveis psicológicas (redução da sonolência, aumento da atenção). Essa abrangência de influências da luz faz com que ela se reflita em muitos campos de aplicação, desde a otimização do ambiente de trabalho até o tratamento.

> ### SAIBA MAIS
> **Conforto visual em uma smart city**
>
> Os aspectos referentes ao conforto visual são subjetivos; no entanto, as paisagens são as imagens preferidas das pessoas. Elas, geralmente, gostam de espaços que possibilitem uma visão ampla do horizonte, que permitam a contemplação de visuais dinâmicos e naturais.
>
> Os ambientes construídos com formas e elementos arquitetônicos diferenciados são sempre bem-vindos e, também, agradam as pessoas. Por isso, é importante planejar as cidades de modo a permitir mais integração entre os espaços artificiais/construídos e os ambientes naturais.
>
> Iluminação, controle da luz natural proveniente das janelas, aparelhos eletrônicos, consumo elétrico, sistemas de segurança, sistemas de comunicação e de telefonia, entre outros – tudo isto já é possível de ser controlado por meio de alguns simples comandos a partir do smartphone, ou de qualquer outro dispositivo ligado à rede da IoT. É possível controlar os dispositivos de uma edificação a partir de qualquer lugar do mundo. O que falta até o momento é que esses sistemas de automação se tornem acessíveis ao grande público.
>
> Os sistemas de automação funcionam por radiofrequências e se comunicam entre si, sendo cada um desses elementos um módulo, que, por sua vez, estão conectados a uma central.
>
> Para que todos os aparelhos e sistemas integrados funcionem de maneira correta, todos os dispositivos de controle devem estar ligados à mesma rede, sendo que as informações de comando e as condições dos aparelhos eletrônicos da edificação são armazenadas na nuvem da internet. Assim, é possível controlar tudo por meio de um único aparelho que esteja conectado à rede.
>
> O desafio atual para os luminotécnicos é definir de que maneira a luz afeta os indivíduos, não mais apenas em aspectos relacionados à visão, mas no tocante aos processos metabólicos, porque é inegável que os ritmos biológicos são essencialmente controlados pelas qualidades dinâmicas e pelo ritmo da iluminação, e qualquer desvio desse ritmo pode influenciar consideravelmente a saúde e o bem-estar dos seres humanos.
>
> Assim, o projeto precisa ser entendido como uma área de conhecimento interdisciplinar, com o objetivo de desenvolver e aplicar as informações sobre comportamento e fisiologia humanos em relação à luz.

8.3 Conforto visual

Para o conforto visual, o adequado é a luz natural. Deve-se evitar o ofuscamento direto ou indireto nos projetos de iluminação dos ambientes.

A instalação do sistema de iluminação deve atender aos requisitos de iluminação de cada ambiente específico, para a realização de cada tarefa, ou atividade, que nele será realizada, sem desperdício de energia. Entretanto, é importante ressaltar que não se deve comprometer os aspectos visuais de uma instalação de iluminação apenas com o objetivo de reduzir o consumo de energia (Figura 8.7).

Figura 8.7
Coleção de iluminação de cena, efeitos transparentes e difusos.

A percepção do espaço arquitetônico deve-se, principalmente, à reflexão da luz nas superfícies, mesmo que se detecte uma fonte de luminosidade direta. Além disso, a maior parte da luz fornecida ao espaço para execução de uma tarefa não é proveniente diretamente de sua fonte principal (do céu ou de uma fonte artificial), mas, sim, de superfícies refletidas. Isso depende da propriedade da superfície atingida pela luz, como sua textura (lisa ou rugosa), sua refletância e sua cor.

Uma das características da arquitetura atual é a utilização de grandes fachadas envidraçadas (ou translúcidas), independentemente das condições climáticas locais. O uso indiscriminado muitas vezes causa sobreaquecimento das edificações por conta do ganho excessivo de carga térmica decorrente da incidência de radiação solar. Desse sobreaquecimento, duas consequências são imediatas: o desconforto dos usuários e a intensificação no consumo de energia elétrica para o condicionamento artificial do ambiente.

A identificação de tais problemas provocou a necessidade de desenvolvimento de novas tecnologias de produção de componentes translúcidos (vidros, policarbonatos, sistemas avançados etc.), que, basicamente, buscam o componente perfeito: alta transmissão luminosa, baixa transmissão de calor (infravermelho) e baixa transmissão de ultravioleta.

💡 DICA

As fitas de LED são uma ótima maneira de maximizar a eficiência energética e criar projetos de iluminação eficazes para residências, escritórios ou qualquer outro local, em que as luzes devem permanecer acesas por um longo período (Figura 8.8).

Figura 8.8
Iluminação com fita de LED.

De alta ou baixa densidade, com opções à prova d'água e mudança de cor, com flexibilidade e com capacidade de corte das tiras, as tiras de LED funcionam bem como parte de projetos de iluminações externa e interna para desenvolver iluminação de realce dinâmico.

Essas fitas também se destacam nos escritórios, nos quais especialistas sugerem que a iluminação não uniforme, que inclui iluminação especializada, é essencial para a produtividade do trabalhador, reduzindo o consumo de energia (Figura 8.9).

Figura 8.9
Fita de LED.

A iluminação da faixa de LED cria um ambiente confortável nas áreas de espera e nos lobbies. Ao projetar uma luz consistentemente brilhante, porém menos dura, certas luzes LED podem ser instaladas para reduzir o cansaço visual. Da mesma forma, por causa de seu comprimento de onda direcional, elas reduzem os reflexos brilhantes. Elas podem ser usadas para produzir um efeito calmante para as pessoas que estão em salas de espera. Esse mesmo benefício pode ser aplicado à sala, bem como à iluminação individual de escritórios.

8.4 Parâmetros ergonômicos visuais

A origem e a evolução da ergonomia estão relacionadas às transformações sociais, econômicas e, sobretudo, tecnológicas que vêm ocorrendo no mundo do trabalho.

Ergonomia é o estudo do comportamento do homem no seu trabalho, convertendo-se o mesmo homem no sujeito-objeto ou, ainda, como o estudo das relações entre o homem no trabalho e seu ambiente.

Existem ainda parâmetros ergonômicos visuais, como a capacidade de percepção e as características e os atributos das tarefas, que determinam a qualidade das habilidades visuais do usuário e, consequentemente, os níveis de desempenho (Figura 8.10).

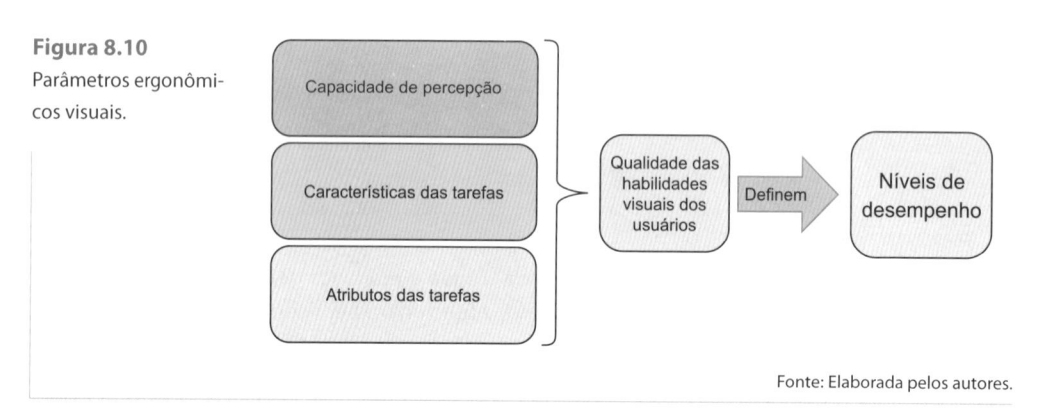

Figura 8.10
Parâmetros ergonômicos visuais.

{Capacidade de percepção; Características das tarefas; Atributos das tarefas} → Qualidade das habilidades visuais dos usuários → Definem → Níveis de desempenho

Fonte: Elaborada pelos autores.

Em alguns casos, a otimização desses fatores intervenientes pode melhorar o nível de desempenho das pessoas, sem que seja necessário aumentar os níveis de iluminância. Por exemplo: a otimização pode ser feita a partir da melhora do contraste nas tarefas e/ou por meio da ampliação à visualização da própria tarefa, a partir do uso de equipamentos de auxílio à visão (óculos) e/ou provisão de sistemas de iluminação especiais, com capacidade de iluminação local direcional (Figura 8.11).

Figura 8.11
Soluções em iluminação.

Há, também, maneiras de determinar o nível de luz que não envolvem a medição. Um dos métodos mais simples é a realização de atividade da leitura no local em estudo. Por exemplo, para saber se tem para-luz suficiente para a leitura de projetos técnicos: se for realizada a leitura por pouco tempo, mas não confortavelmente, é "baixa" luz; se necessitar ler e trabalhar confortavelmente, isso é luz "média"; se a leitura for realizada na precisão de detalhes, é necessária a luz "alta".

Além disso, é preciso considerar como a luz muda ao longo do dia e das estações. Certo nível de luz precisa ser mantido por pelo menos seis horas para classificar esse ponto em determinado nível. Além disso, uma janela que deixa entrar a luz "alta" no inverno pode cair para "média" à medida que o ângulo do sol muda e a folhagem se preenche na primavera.

SAIBA MAIS

A ABNT NBR 5413:1992, que trata de iluminância de interiores, foi cancelada pela ABNT em 2013 e substituída pela ABNT NBR 8995-1 – Iluminação de ambientes de trabalho. No entanto, ainda há discussões em relação à complexidade de aplicação dessa norma, o que fez com que o Ministério do Trabalho publicasse em 2014 uma nota técnica manifestando que a NBR 5413 ainda se aplicaria de forma subsidiária à NBR 8995-1.

8.5 Parâmetros da iluminação

O que todos nós queremos – arquitetos, engenheiros, decoradores de interiores, empresas fornecedoras de tecnologia, produtos e serviços e, principalmente, o usuário final – é que nossos ambientes tenham o melhor conforto luminoso, a melhor qualidade e o menor custo possível. Essa equação, que parece simples, depende de muitas variáveis.

Para que possamos entendê-la, primeiramente discutiremos o que é conforto luminoso. O primeiro ponto para avaliarmos o que é o conforto luminoso refere-se à resposta fisiológica do usuário. Um determinado ambiente provido de luz natural e/ou artificial produz estímulos ambientais, ou seja, certo resultado em termos de quantidade, qualidade da luz e sua distribuição, contrastes etc.

Quanto melhores forem as condições propiciadas pelo ambiente, menor será o esforço físico que o olho terá de fazer para se adaptar às condições ambientais e desenvolver bem a atividade em questão. É o enfoque fisiológico da definição de conforto ambiental:

- **Acomodação visual:** é o processo pelo qual o olho muda seu foco quando observa objetos situados em distâncias diferentes.

- **Ambiente visual:** tudo que esteja dentro do campo visual e que não seja a tarefa visual.

- **Campo visual:** cada olho percebe uma imagem que é transmitida ao cérebro, sendo antes captada de modo próprio por cada olho, com suas desigualdades e peculiaridades. Essas imagens, quando superpostas e invertidas, dão a sensação de profundidade e tridimensionalidade.

Campo visual é a percepção de todos os espaços capazes de transmitir estímulos à retina quando em situação estática, com fixação em um ponto determinado. O campo visual monocular é de 135 graus na vertical (60 graus superior/75 graus inferior) e 90 graus na horizontal, sendo, portanto, o campo visual binocular de 135 graus na vertical e 180 graus na horizontal.

Para a iluminação (natural e artificial), a função é o primeiro e mais importante parâmetro para a definição de um projeto. Ela determinará o tipo de luz que o ambiente precisa. O primeiro objetivo da iluminação é a obtenção de boas condições de visão associadas à visibilidade, à segurança e à orientação dentro de um ambiente. Esse objetivo está intimamente associado às atividades laborativas e produtivas – escritório, escolas, bibliotecas, bancos, indústrias etc. É a luz da razão. O segundo objetivo da iluminação é a utilização da luz como principal instrumento de ambientação do espaço – na criação de efeitos especiais com a própria luz ou no destaque de objetos e superfícies ou do próprio espaço. Este objetivo está intimamente associado às atividades não laborativas, não produtivas, de lazer, estar e religiosas – residências, restaurantes, museus e galerias, igrejas etc. É a luz da emoção.

Normalmente, quando temos um projeto de iluminação em mãos, o dividimos em sistemas principal, aquele que resolverá as necessidades funcionais, e secundário, que dará mais ênfase à "personalidade" do espaço, à sua "ambientação" por meio da luz (em uma abordagem mais criativa, livre e não tão "funcional").

Existem alguns parâmetros importantes para a elaboração do projeto de iluminação: intensidade luminosa, curva de distribuição de intensidade luminosa, fluxo luminoso e iluminância.

8.5.1 Intensidade luminosa (I)

A intensidade luminosa é a parcela do fluxo luminoso de uma fonte luminosa, contida em um ângulo sólido, em uma direção, a qual é representada por vetores, cujos comprimentos indicam as intensidades luminosas. Sua unidade é a candela (cd), conforme Figura 8.12.

Figura 8.12
Iluminação focada para uma fotografia profissional.

Radiação monocromática é caracterizada por uma frequência ou um comprimento de onda único.

Se a fonte luminosa irradiasse a luz uniformemente em todas as direções, o fluxo luminoso se distribuiria na forma de uma esfera. Tal fato, porém, é quase impossível de acontecer, razão pela qual é necessário medir o valor dos lúmens emitidos em cada direção. Essa direção é representada por vetores, cujos comprimentos indicam as intensidades luminosas. Portanto, intensidade luminosa é o fluxo luminoso irradiado na direção de determinado ponto.

Sua unidade é a candela [cd], que é a intensidade luminosa, em uma dada direção, de uma fonte que emite radiação monocromática de frequência de 540 a 1.012 Hz e que tem uma intensidade radiante nessa direção de 1/683 watt por esterradiano.

O ângulo sólido pode ser classificado em:

- **Radiano [rad]:** ângulo central que subtende um arco de círculo de comprimento igual ao do respectivo raio.

Figura 8.13
Ângulo em radianos.

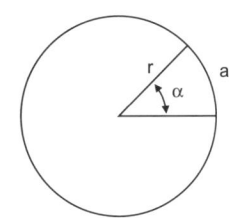

Fonte: Elaborada pelos autores.

- **Esterradiano [sr]:** ângulo sólido que, tendo vértice no centro de uma esfera, subtende na superfície uma área igual ao quadrado do raio da esfera (Figura 8.14).

Figura 8.14
Esterradiano.

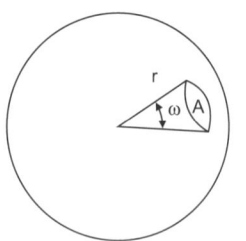

Fonte: elaborado pelos autores.

Para medir a luminosidade de um ambiente, é utilizado um aparelho chamado luxímetro, que é um instrumento digital portátil usado para facilitar as auditorias e as fiscalizações. A medição é realizada por meio de um sensor, capaz de analisar a intensidade da luz.

O luxímetro, também chamado de fotômetro, é um aparelho que absorve e calcula a luminosidade de um local. Ele foi desenvolvido pelo engenheiro canadense Walter D'Arcy Ryan (1870-1934), e, desde 1909, é muito utilizado no ramo da construção civil e até na agricultura. Com o luxímetro, é possível definir a luz ideal para shows, eventos, salas de escritórios e residências. Ele também é usado para efetuar medições de iluminância, não apenas de ambientes com luz artificial, mas também com luz natural (Figura 8.15).

Figura 8.15
Luxímetro.

8.5.2 Curva de distribuição de intensidade luminosa

É a curva, geralmente polar, que representa a variação da intensidade luminosa de uma fonte, segundo um plano, passando pelo centro em função da direção.

Se, em um plano transversal à lâmpada, todos os vetores que dela se originam tiverem suas extremidades ligadas por um traço, obtém-se a Curva de Distribuição Luminosa (CDL). Em outras palavras, é a representação da intensidade luminosa em todos os ângulos em que ela é direcionada em um plano.

8.5.3 Fluxo luminoso

Representa uma potência luminosa emitida ou observada, ou, ainda, a energia emitida ou refletida, por segundo, em todas as direções, sob a forma de luz. Em uma analogia com a hidráulica, seria como um chafariz esférico, dotado de inúmeros furos em sua superfície. Os raios luminosos corresponderiam aos esguichos de água dirigidos a todas as direções e decorrentes desses furos. O fluxo luminoso é a radiação total da fonte luminosa entre os limites de comprimento de onda mencionados (380 e 780 nm).

O fluxo luminoso é a quantidade de luz emitida por uma fonte, medida em lúmens, na tensão nominal de funcionamento. Representa uma potência luminosa emitida ou observada, ou ainda, a energia emitida ou refletida, por segundo, em todas as direções, sob a forma de luz.

Em uma analogia com a hidráulica, o fluxo luminoso seria como um chafariz esférico, dotado de inúmeros furos em sua superfície. Os raios luminosos corresponderiam aos esguichos de água dirigidos a todas as direções e decorrentes desses furos. Sua unidade é o lúmen [lm].

As lâmpadas, de acordo com seu tipo e sua potência, apresentam fluxos luminosos diversos:

- **lâmpada incandescente de 100 W:** 1.000 lm;
- **lâmpada fluorescente de 40 W:** 1.700 a 3.250 lm;
- **lâmpada vapor de mercúrio de 250 W:** 12.700 lm;
- **lâmpada multivapor metálico de 250 W:** 17.000 lm.

8.5.4 Iluminância (E)

A iluminância e sua distribuição nas áreas de trabalho e no entorno imediato têm maior impacto em como uma pessoa percebe e realiza a tarefa visual de maneira rápida, segura e confortável. Para lugares em que a área específica é desconhecida, a área onde a tarefa pode ocorrer é considerada a área de tarefa.

Iluminância é o fluxo luminoso incidente em uma superfície por unidade de área (m²). Um lux (lux) corresponde à iluminância de uma superfície plana de um metro quadrado de área, sobre a qual incide perpendicularmente um fluxo luminoso de um lúmen. É medido por um aparelho chamado luxímetro, apresentado anteriormente.

O melhor conceito sobre iluminância talvez seja o de uma densidade de luz necessária para a realização de uma tarefa visual. Os valores relativos à iluminância foram tabelados por atividade. No Brasil, eles se encontram na ABNT NBR 5413:1992 – Iluminância de interiores.

SAIBA MAIS

Paris, a cidade luz

No século XVII, durante o reinado de Louis XIV, a cidade de Paris, na França, estava atormentada pelos altos índices de criminalidade. Em 1667, o comandante da polícia decidiu iluminar a cidade e seus becos escuros com lanternas e tochas. Ao mesmo tempo, os habitantes da cidade foram incitados a iluminar suas janelas com velas e lâmpadas de óleo. Por isso, algumas pessoas dizem que foi nesse momento que a cidade ganhou o apelido de "Cidade Luz" ou "Cidade das Luzes".

Em 1878, durante a exposição universal de Paris, vários lugares e avenidas foram equipados com velas Yablochkoff, um tipo de lâmpada à base de arcos elétricos. Essas inovações foram de grande impacto para a vida da cidade.

Em 1879, o empresário estadunidense Thomas Edison (1847-1931) fundou a Edison Electric Light Company e, a partir de 1880, as lamparinas a gás de Paris começaram a ser substituídas pelas luminárias elétricas.

Há, no entanto, quem diga que o apelido de Cidade Luz venha do advento do Iluminismo, com sua noção de igualdade entre os homens, que era pregada por filósofos como Voltaire, Montesquieu, Rousseau e Molière.

8.6 Medida da iluminância

Medir a iluminância é importante por dois motivos:

- para garantir o nível mínimo desejável de iluminação para que a pessoa execute as tarefas e as atividades enquanto permanecer no ambiente, evitando a sensação de cegueira momentânea, ou mesmo o desfoque;
- para não sobrecarregar o sistema de iluminação.

Qualquer projeto de iluminação obrigatoriamente deve atender às normas estabelecidas na ABNT NBR 5413:1992, que é a garantia maior de que a observação da iluminação seguirá a qualidade desejada. Conforme a norma, a iluminância em qualquer ponto do campo de trabalho não deve ser inferior a 70% da média, conforme determinado pela norma ABNT NBR 5382:1985. A iluminância deve ser medida no campo de trabalho; quando esta não for definida, entende-se como tal o nível referente a um plano horizontal a 0,75 m do piso acabado.

A ABNT NBR 5413:1992 informa sobre os valores recomendados para iluminância mínima em serviços para iluminação artificial e interiores, em diversos contextos, como sua aplicação em ambientes de comércio, práticas esportivas, indústria e muito mais.

Pela referida norma, ambientes de trabalho como escritórios e áreas administrativas possuem três níveis mínimos de iluminância, que variam de acordo com a natureza da atividade desenvolvida: 500 – 750 – 1.000 lux. Em geral, escolhe-se o valor do meio, no caso, 750 lux. O valor maior de iluminância deve ser escolhido quando houver trabalho visual crítico, erros de difícil correção ou baixa capacidade de visão dos trabalhadores. O valor mais baixo pode ser usado em casos em que a tarefa é executada ocasionalmente e a precisão e a velocidade não são importantes. De acordo com a norma em questão, cada ambiente requer um nível de iluminância (E) ideal, estabelecido segundo as atividades a serem desenvolvidas (Tabela 8.2).

Tabela 8.2 – Nível de iluminância dos ambientes

Classe	Iluminância (lux)	Tipo de atividade
A Iluminação geral para áreas usadas interruptamente ou com tarefas visuais simples	20 – 30 – 50	Área pública com arredores escuros.
	50 – 75 – 100	Orientação simples para permanência curta.
	100 – 150 – 200	Recintos não usados para trabalho contínuo, depósitos.
	200 – 300 – 500	Tarefas com requisitos visuais limitados, trabalho bruto de maquinaria, auditório.
B Iluminação geral para área de trabalho	500 – 750 – 1.000	Tarefas com requisitos visuais normais, trabalho médio de maquinaria, escritórios.
	1000 – 1.500 – 2.000	Tarefas com requisitos especiais, gravação manual, inspeção, indústria de roupas.
C Iluminação adicional para tarefas visuais difíceis	2.000 – 3.000 – 5.000	Tarefas visuais exatas e prolongadas, eletrônica de tamanho pequeno.
	5.000 – 7.500 – 10.000	Tarefas visuais muito exatas, montagem de microeletrônica.
	10.000 – 15.000 – 20.000	Tarefas visuais muito especiais, cirurgia.

Fonte: ABNT NBR 5413:1992.

De acordo com a norma ABNT NBR ISO/CIE 8995-1:2013, seguem as especificações para cada tipo de ambiente, tarefa ou atividade:

Áreas gerais da edificação

- **Saguão de entrada:** 100 lux.
- **Sala de espera:** 200 lux.
- **Refeitório/cantinas:** 200 lux.
- **Salas para exercícios físicos:** 300 lux.
- **Entrada de mercadorias, marcação e distribuição:** 300 lux.
- **Salas para atendimento médico, enfermaria e laboratórios:** 500 lux.
- **Escrever, teclar, ler, processar dados:** 500 lux.
- **Estações de projeto assistido por computador:** 500 lux.
- **Salas de reunião e conferência:** 500 lux.
- **Área de leitura:** 500 lux.

8.6.1 Índice de reprodução de cor

O índice de reprodução de cor (IRC) é abalizado em uma tentativa de mensurar a percepção da cor avaliada pelo cérebro. O IRC é o valor percentual médio relativo à sensação de reprodução de cor, com base em uma série de cores padrões. Para indicar de forma consistente as propriedades de reprodução de cor de uma fonte de luz, idealizou-se um índice de reprodução de cores padrões (no caso, 8) sob diferentes iluminantes.

O método de avaliação consiste no exame das cores padrões quando submetidas à luz da fonte a ser analisada e sob a luz de uma fonte de referência que deveria ser um corpo negro (radiador integral), que apresenta um valor de 100%. Costuma-se, então, afirmar que está relacionado com a lâmpada incandescente, pois esta tem um comportamento próximo ao do radiador integral. Então, se uma fonte luminosa apresenta um índice de 60%, este está relacionado com o radiador integral, que é de 100%. Isso, em partes, é verdade. Como a percepção varia segundo o indivíduo e suas experiências anteriores, nem sempre essa avaliação corresponde à realidade. Para facilitar o esclarecimento, é costume, entre os fabricantes, a apresentação de uma tabela que informe comparativamente o IRC, a temperatura de cor e a eficácia ou eficiência luminosa.

Um IRC em torno de 60 pode ser considerado razoável, 80 é bom e 90 é excelente. Claro que tudo dependerá da exigência da aplicação que uma lâmpada deve atender. Um IRC de 60 mostra-se inadequado para uma iluminação de loja, porém é mais do que suficiente para a iluminação de vias públicas.

8.6.2 Luminância (L)

A luminância se refere a uma intensidade luminosa que atinge o observador e que pode ser proveniente da reflexão de uma superfície ou de uma fonte de luz ou, simplesmente, de um feixe de luz no espaço.

A luminância é o brilho de um objeto que pode ser percebido pelo olho humano. Ela é dada como a relação entre a intensidade na direção considerada e a área aparente da superfície real ou imaginária, de onde provém o fluxo luminoso. Sua unidade é candela por metro quadrado [cd/m²].

Figura 8.16
Luminância.

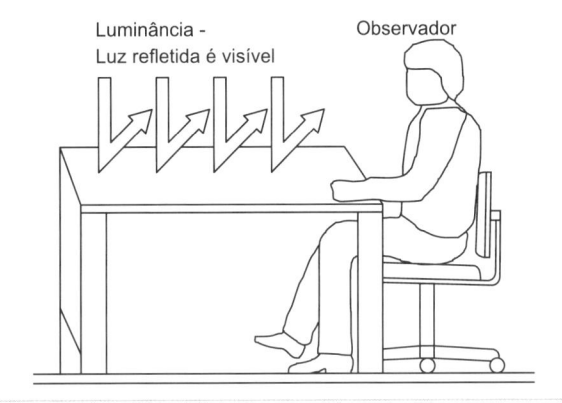

Fonte: PROCEL (2011).

Em que:

- L = luminância, cd/m²;
- I = intensidade luminosa, em cd;
- A = área projetada, em m²;
- α = ângulo considerado, em graus.

$$L = \frac{I}{A \cdot \cos \alpha}$$

8.6.3 Eficiência da luminária

É a razão entre os lúmens emitidos por uma luminária, divididos pelos lúmens emitidos pela lâmpada, ou lâmpadas, em uso da luminária.

8.6.4 Eficiência luminosa

É a relação entre o fluxo luminoso emitido e a energia elétrica consumida por unidade de tempo (potência) por uma fonte de luz. Quanto maior for a eficiência luminosa de uma lâmpada e de um equipamento, menor será seu consumo de energia (Gráfico 8.1). Sua unidade é lumens por watt [lm/W].

Gráfico 8.1
Eficiência energética de equipamentos para iluminação

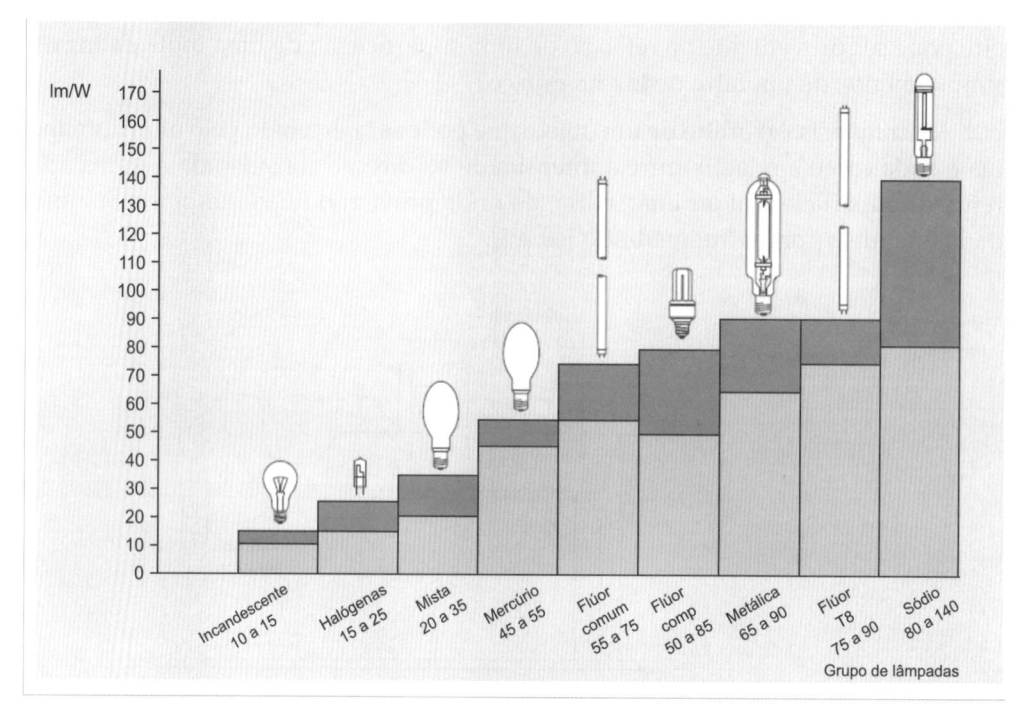

Grupo de lâmpadas	lm/W
Incandescente 10 a 15	~15
Halógenas 15 a 25	~25
Mista 20 a 35	~35
Mercúrio 45 a 55	~55
Flúor comum 55 a 75	~75
Flúor comp 50 a 85	~85
Metálica 65 a 90	~90
Flúor T8 75 a 90	~90
Sódio 80 a 140	~140

Fonte: PROCEL (2011).

8.6.5 Efeitos luz e sombra

Deve-se ter cuidado no direcionamento do foco de uma luminária, para evitar que sejam criadas sombras incômodas, lembrando, porém, que a total ausência de sombras leva à perda da identificação da textura e do formato dos objetos. Uma boa iluminação não significa luz distribuída por igual.

8.6.6 Critérios de desempenho do ponto de vista do projeto de iluminação

Sete critérios de desempenho nos possibilitam avaliar se os objetivos foram cumpridos nessas duas situações. São eles:

- **Nível mínimo de iluminância (lux) fixado pela norma NBR 5413:** para que possamos desempenhar bem uma tarefa qualquer do ponto de vista visual, devemos ter uma quantidade de luz satisfatória. Por exemplo, para as atividades que envolvam leitura e escrita, a norma estipula valores mínimos e máximos de 300 e 750 lux, respectivamente. No caso de atividades laborativas, esses níveis adquirem maior importância e maiores valores do que no caso das não laborativas.

- **Boa distribuição desses níveis pelo local:** quanto menor for a uniformidade na distribuição, maiores serão os esforços de adaptação do olho em função de pontos mais e menos iluminados. Esses esforços levam ao cansaço visual e a uma consequente queda da produtividade do trabalho. A boa uniformidade adquire maior importância no caso de atividades laborativas e perde o significado no caso das não laborativas.

- **Falta da presença de ofuscamentos dentro do campo visual:** ofuscamento significa contrastes fortes e extremos de luminâncias e pode atrapalhar ou até inibir a realização de uma tarefa visual laborativa, realizada normalmente por longos períodos. No caso das não laborativas, os contrastes (e mesmo os deslumbramentos) são absolutamente fundamentais. São eles que criam os jogos de luz e destaque. São, consequentemente, os grandes responsáveis pela ambientação do espaço – contrastes de cores, luminâncias e claro e escuro.

- **Boa reprodução de cor (IRC):** as fontes de luz artificial normalmente são comparadas com a luz natural em função de suas capacidades de reproduzir as cores. Em ambos os casos das atividades laborativas e não laborativas, a boa reprodução de cor é sempre desejável.

- **Temperatura de cor (K) adequada à função:** as aparências de cor quente, neutra e fria das lâmpadas interferem diretamente na ambientação e no estímulo às atividades humanas. Para atividades laborativas, as cores neutras e frias são as mais recomendadas. Para as não laborativas, as cores quentes são mais acolhedoras e nos levam ao relaxamento, à intimidade e ao descanso.

- **Mutabilidade/flexibilidade da luz:** a luz natural caracteriza-se por grande mutabilidade não somente em termos de quantidade, mas também de aparência, cor da luz e de sua projeção no espaço (em função das posições do sol). A tecnologia hoje disponível para o controle da luz artificial também propicia esses efeitos por meio dos sistemas de automação e controle, tanto do ponto de vista de sua intensidade quanto de distribuição, espectro e aparência de cor.

- **Economia da instalação:** não só do ponto de vista de custos iniciais, mas também de manutenção e operação (conta de luz). Sistemas de iluminação – como luminárias, lâmpadas e equipamentos complementares adequados – proporcionam maior racionalidade a todo o projeto e à instalação. É sempre desejável, mas se torna imprescindível no caso das atividades laborativas.

8.7 Tipos de lâmpadas

Um sistema de iluminação adequado à cada atividade que será realizada pode criar ambientes que promovem o bem-estar e oferecem um perfeito conforto visual. Para isso, é preciso saber usar adequadamente as cores e as texturas, fazer escolhas corretas de lâmpadas e luminárias e criar contrastes.

Para criar um conforto visual adequado, devem ser selecionadas lâmpadas e luminárias que não causem ofuscamento direto ou indireto, e as lâmpadas escolhidas devem reproduzir as cores de forma adequada (Figura 8.17).

Figura 8.17
Alguns tipos de lâmpadas.

Se a quantidade de luminárias resultantes do cálculo não for compatível com sua distribuição desejada, recomenda-se sempre aumentar o número delas e não a eliminação, para que não haja prejuízo do nível de iluminância desejado. Uma vez definida a quantidade de luminárias, pode-se calcular exatamente a iluminância média alcançada.

Os pontos de iluminação devem possuir o seguinte critério de distribuição: uniformização no recinto em função do layout do mobiliário, direcionamento da luz para a mesa de trabalho e o próprio tamanho da luminária.

Para diminuir o ofuscamento, uma das estratégias é evitar criar um ponto único de luz e usar diversos focos de luz. Também deve-se evitar colocar a fonte luminosa na altura da linha de visão ou usar superfícies que sejam muito refletoras.

A cor da lâmpada (temperatura de cor) utilizada tem influência direta na sensação transmitida pelo ambiente. A cor ideal varia de acordo com a sensação que se pretende passar. Muitas vezes, a melhor opção é combinar cores diferentes para que o sistema ideal seja ligado e usado de acordo com cada tarefa a ser executada.

As texturas e cores dos objetos presentes nos ambientes causam interferência direta no efeito da luz, isto é, na quantidade de luz que é refletida. Por isso, esses aspectos devem ser levados em consideração ao planejar a luz de um ambiente. Enquanto cores claras refletem a luz, as escuras absorvem. Espelhos apresentam um índice de 100% de reflexão, já os vidros têm 0%. A textura das superfícies afeta muito o efeito da luz: as lisas refletem muito mais luz do que as rugosas.

As lâmpadas se diferenciam entre si, não só pelos diferentes fluxos luminosos que irradiam, mas também pelas diferentes potências que consomem. Para poder compará-las, é necessário saber quantos lumens são gerados por watt consumido. A essa grandeza dá-se o nome de Eficiência Energética ou Rendimento Luminoso. Como geralmente a lâmpada é instalada dentro de luminárias, o fluxo luminoso final disponível é menor do que o irradiado pela lâmpada, devido à absorção, reflexão e transmissão da luz pelos materiais com que são construídas as luminárias.

O fluxo luminoso emitido pela luminária é então avaliado a partir da eficiência da luminária, ou seja, o fluxo luminoso da luminária em serviço dividido pelo fluxo luminoso da lâmpada.

Além da quantidade de lâmpadas e luminárias, bem como do nível de iluminância, é imprescindível a determinação da potência da instalação para se avaliar os custos com energia e, assim, desenvolver um estudo de rentabilidade entre diversos projetos apresentados.

A análise comparativa de dois sistemas de iluminação, para se estabelecer qual deles é o mais rentável, leva em consideração tanto os custos de investimento quanto os operacionais. Geralmente, o uso de lâmpadas de melhor eficiência energética leva a um investimento maior, mas proporciona economia nos custos operacionais. Decorre daí a amortização dos custos, ou seja, há o retorno do investimento dentro de um dado período. O tempo de retorno é encontrado quando se calcula o quociente da diferença no investimento por aquela na manutenção. Feitos os cálculos, os valores podem ser alocados em gráficos, nos quais se visualiza a evolução das despesas no tempo. O ponto de interseção das linhas indica o instante de equalização destes custos.

8.7.1 Lâmpada incandescente

A lâmpada funciona a partir da passagem da corrente elétrica pelo filamento de tungstênio que, com o aquecimento, gera luz. A lâmpada incandescente é um dispositivo elétrico que transforma energia elétrica em luminosa e térmica por meio do efeito Joule.

Sua oxidação é evitada pelo vácuo ou pela presença de gás inerte dentro do bulbo em que está o filamento. Com a temperatura de cor agradável, na faixa de 2.700 K (amarelada), e reprodução de cor de 100%, os diversos tipos de lâmpadas comuns, decorativas ou refletoras têm, atualmente, aplicação predominantemente residencial.

Dada a sua simplicidade, foi o primeiro dispositivo prático que permitiu utilizar eletricidade para iluminação, sendo durante as primeiras décadas de uso comercial da energia elétrica a principal forma de consumo daquela forma de energia.

A lâmpada incandescente é indicada para uso em áreas nas quais o acendimento é curto e frequente, como em locais com sensor de presença, locais de passagem, corredores, banheiros e onde lâmpadas de tecnologia sofisticadas têm custos de aquisição superiores à economia que produzem. As incandescentes ainda podem ser dimerizadas (por meio de potenciômetros) e têm uma aparência de cor (2.700 K) quente e aconchegante. Note-se que a dimerização aumenta a durabilidade da lâmpada, economiza energia e reduz a eficiência da lâmpada (a luz que resta sai proporcionalmente mais cara).

As lâmpadas incandescentes refletoras direcionam a luz, pois têm uma pintura refletora na sua lateral. As lâmpadas incandescentes duram no máximo mil horas, mas podem queimar antes desse tempo por motivos variados, como superaquecimento.

- **Acabamento dos bulbos:** o vidro pode ser claro, fosco, leitoso e colorido ou também receber uma camada refletora. O acabamento fosco ou leitoso resulta em uma luz suave e difusa, evitando o ofuscamento e o aparecimento de sombras fortes provenientes do brilho intenso do filamento, como ocorre com o uso de lâmpadas de acabamento claro. As lâmpadas coloridas podem ser revestidas internamente à base de sílica colorida ou externamente à base de pigmentos específicos para lâmpadas. As refletoras recebem um revestimento interno à base de alumínio, que dirige a luz em determinada direção, formando um facho de luz concentrada e controlada.

8.7.2 Lâmpada halógena

As lâmpadas halógenas podem ser consideradas incandescentes, porque têm o mesmo princípio de funcionamento, ou seja, a incandescência de um filamento. Porém, convencionou-se considerá-las como outra categoria de produto. Esse tipo de lâmpada tem o nome de forma abreviada para uma lâmpada de tungstênio-halógeno.

Foram incrementadas com a introdução de gases halógenos, que, dentro do bulbo, combinam-se com as partículas de tungstênio desprendidas do filamento. Essa combinação, somada à corrente térmica dentro da lâmpada, faz com que as partículas se depositem de volta no filamento, criando o ciclo regenerativo do halogênio. O resultado é uma lâmpada com vantagens adicionais, quando comparada às incandescentes tradicionais, como manutenção do fluxo luminoso, maior vida útil, menor volume, maior eficiência etc., passando, em contrapartida, para uma categoria de preço mais alto.

São vantagens adicionais quando comparadas às incandescentes comuns:

- luz mais branca e uniforme durante toda a vida;
- vida útil mais longa, variando entre 2.000 e 4.000 horas;
- dimensões menores.

Sua eficiência não é das melhores – de cada 100 W que consome, cerca de 10% são convertidos em luz; os 90% restantes se convertem em calor. Na realidade, mais do que uma fonte de luz, funciona como um aquecedor. No verão tropical e em ambientes fechados, não é uma das opções mais recomendáveis, pois traz desconforto e aumenta os custos com ar-condicionado.

As lâmpadas halógenas oferecem uma grande quantidade de energia visível e infravermelha a partir de uma pequena fonte de luz, com cerca de 90% da energia na faixa do infravermelho. Algumas lâmpadas halógenas podem ser usadas para aplicações especiais, em que pequenas quantidades de energia ultravioleta são requeridas. Sob condições normais de uso, não existe risco para o ser humano de danos à pele causados pelo ultravioleta, tal como queimadura. Por exemplo, em uma típica aplicação de escritório, a exposição à luz ultravioleta durante oito horas por dia é equivalente a 10 minutos sob o sol de verão.

8.7.3 Lâmpada halógena – IR (HIR)

Usada pela primeira vez em uma lâmpada pela GE em 1983, a Halógena – IR mantém todos os benefícios da halógena comum, porém é ainda mais eficiente. Ela é a lâmpada halógena mais eficiente disponível. Além de usar o ciclo halógeno, a HIR usa uma película reflexiva a altas temperaturas, denominada "Power – IR Film" para cobrir a ampola e aprisionar dentro da lâmpada o infravermelho invisível que seria desperdiçado. Esse redirecionamento do calor do infravermelho produz mais luz visível, resultando em ganho de eficiência de mais de 40% sobre as lâmpadas halógenas convencionais. Isto não só economiza no custo da iluminação, como também reduz a carga do ar-condicionado, diminui a fadiga dos objetos sensíveis ao calor e permite aos engenheiros da GE desenvolver em lâmpadas de longa vida sem reduzir a quantidade de luz. E você obtém a mesma luz branca e brilhante, controle do facho e tamanho compacto das halógenas comuns.

8.7.4 Lâmpada PAR

PAR é um acrônimo para Refletor Aluminizado Parabólico. Refletor parabólico, também chamado de refletor paraboloide, refletor paraboloidal ou apenas parabólica, é um tipo de superfície refletora utilizada para captar ou projetar energia associada a processos ondulatórios, como a luz, a radiação infravermelha ou qualquer outra forma de radiação eletromagnética, ou o som e outras formas de ondas de pressão.

A lâmpada PAR pode utilizar um filamento incandescente, um tubo de filamento halógeno ou tubo de arco HID3. É uma lâmpada refletora com facho de luz preciso e maior pressão interna dos gases. É fabricada com vidro resistente ao calor e controla seu facho de luz por meio do seu refletor interno e de uma lente com prismas e difusores. São lâmpadas que produzem uma descarga elétrica de alta intensidade em seu interior, gerando grande quantidade de luz.

8.7.5 Lâmpada refletora

Pode ser uma lâmpada incandescente, fluorescente compacta ou HID com bulbo com superfície refletora.

8.7.6 Lâmpada refletora elíptica

Lâmpada incandescente com refletor de formato elíptico. Este formato produz um ponto focal à frente da parte frontal da lâmpada, o que reduz a absorção da luz em alguns tipos de luminárias. Isso é particularmente positivo quando a lâmpada é utilizada em luminárias embutidas, pois reduz a perda de luz no interior da luminária.

8.7.7 Lâmpada mista

Consta de um tubo de arco de vapor de mercúrio em série com um filamento incandescente de tungstênio, que, além de produzir fluxo luminoso, funciona como elemento de estabilização da lâmpada. Reúne características da lâmpada incandescente, fluorescente e vapor de mercúrio, pois:

- a luz do filamento emite luz incandescente;
- a luz do tubo de descarga a vapor de mercúrio emite intensa luz azulada;
- a radiação invisível (ultravioleta), em contato com a camada fluorescente do tubo, transforma-se em luz avermelhada.

As lâmpadas de luz mista dispensam o reator, uma vez que o filamento, além de produzir luz, limita a corrente de funcionamento, podendo ser ligado diretamente à rede, em tensões de 220 V, pois tensões menores não seriam suficientes para a ionização do tubo de arco.

O IRC dessas lâmpadas é 60 e a eficiência luminosa é em torno de 25 lm/W (muito baixa quando comparada com uma lâmpada a vapor de mercúrio) e tem restrições quanto à posição de funcionamento, ou seja, não é uma boa opção luminotécnica para um sistema de iluminação, pois a vida útil é de aproximadamente 6.000 horas. A potência varia entre 160 a 500 W.

8.7.8 Lâmpada fluorescente

São lâmpadas que utilizam a descarga elétrica por meio de um gás para produzir energia luminosa. As lâmpadas fluorescentes tubulares consistem em um bulbo cilíndrico de vidro, tendo em suas extremidades eletrodos metálicos de tungstênio recobertos de óxidos, que aumentam seu poder emissor, por onde circula a corrente elétrica. Em seu interior, existe vapor de mercúrio ou argônio à baixa pressão, e as paredes internas do tubo são pintadas com materiais fluorescentes conhecidos por cristais de fósforo (fósforo, complexo de cálcio, bário, zinco etc.), conforme tipo e fabricante.

Para as lâmpadas fluorescentes chamadas de "partida lenta", são necessários dois equipamentos auxiliares: o starter e o reator. O starter é um dispositivo constituído de um pequeno tubo de vidro, dentro do qual são colocados dois eletrodos imersos em gás inerte, responsável pela formação inicial do arco que permitirá estabelecer um contato direto entre os referidos eletrodos, e destina-se a provocar um pulso de tensão a fim de deflagrar a ignição da lâmpada. Existem dois tipos de reatores: o eletromagnético, que consiste essencialmente em uma bobina com núcleo de ferro, ligada em série com a alimentação da lâmpada, com a finalidade de provocar um aumento da tensão durante a ignição e uma redução na intensidade da corrente durante o funcionamento da lâmpada; e o reator eletrônico, que tem a mesma função do reator eletromagnético e consiste basicamente de um circuito de retificação e um inversor oscilante (oscilador), de 16 a 50 kHz. Segundo os fabricantes, os reatores eletrônicos oferecem diversas vantagens em relação aos eletromagnéticos, tais como: menor ruído audível, menor aquecimento, menores níveis de interferência eletromagnética, menor consumo de energia elétrica e redução da cintilação (flicker).

Ao se fechar o interruptor, ocorre no starter uma descarga de efeito, o elemento bimetálico aquecido fecha o circuito e a corrente que passa aquece os eletrodos da lâmpada. Depois de fechados os contatos (no starter), cessa a descarga, o que provoca rápido esfriamento do bimetálico que, dessa forma, abre os contatos e cessa a corrente pelo starter. Em consequência da abertura do contato, é gerado no reator uma sobretensão, que faz romper o arco, e o circuito passa a fechar-se no interior da lâmpada. Os elétrons deslocando-se de um filamento a outro esbarram em seu trajeto com átomos do vapor de mercúrio, que provocam liberação de energia luminosa não visível (frequências muito elevadas), tipo radiação UV. As radiações, em contato com a pintura fluorescente do tubo, produzem radiação luminosa visível. A tensão final no starter é insuficiente para gerar uma nova descarga, o que faz com que ele fique fora de serviço enquanto a lâmpada estiver acesa.

8.7.9 Lâmpada fluorescente tubular

Essas lâmpadas são a forma clássica para uma iluminação econômica. A alta eficiência e a longa durabilidade garantem suas aplicações nas mais diversas áreas comerciais e industriais.

Possuem comprimentos diversos, que variam entre aproximadamente 400 mm, 600 mm, 1.200 mm e 2.400 mm, cuja potência varia de 15 a 110 W, tonalidades de cor distintas e em dois diâmetros (26 e 33,5 mm) para operação em partida rápida, convencional ou eletrônica. As lâmpadas fluorescentes da Série 80 apresentam IRC igual a 85, possibilitando muito boa reprodução de cores, sendo muito utilizadas em iluminação de grandes áreas como escritórios, bancos, lojas, escolas, hospitais, hotéis, supermercados etc.

Alguns fabricantes possuem duas versões deste tipo de lâmpada:

- **Fluorescente comum:** apresenta eficiência energética de até 70 lm/W, temperatura de cor variando entre 4.100 e 6.100 K e IRC de 48 a 78%.

- **Fluorescente trifósforo:** apresenta eficiência energética de até 100 lm/w, temperatura de cor variando entre 3.000 e 6.000 K e IRC até 90%.

A grande evolução da lâmpada fluorescente ao longo dos anos refere-se à redução do seu diâmetro. Quanto menor, maior é a possibilidade do desenvolvimento ótico dos refletores, permitindo mais eficiência das luminárias.

As versões tradicionais destas lâmpadas são produzidas em T12 (38 mm) ou T10 (33 mm); as versões mais modernas, em T8 (26 mm) e T5 (16 mm). O passo mais recente para otimização global dos sistemas fluorescentes é a miniaturização obtida com a versão T5, que além do diâmetro de 16 mm, teve uma redução de 50 mm no comprimento total. Além da compactação, houve aumento na eficiência energética (104 lm/W), somado ao fato de terem sido desenhadas para operações diretas em reatores eletrônicos.

O desempenho dessa família de lâmpadas é otimizado por meio das instalações e dos modernos reatores eletrônicos – de alta frequência, proporcionando grande economia, mais conforto e vida útil mais longa.

8.7.10 Lâmpada fluorescente compacta

São lâmpadas fluorescentes, às quais foram incorporadas todas as características e tecnologias das lâmpadas fluorescentes tubulares, consideradas de nova geração, porém, em proporções reduzidas.

Foram desenvolvidas visando obter grande economia de energia por meio de sua instalação em lugar das incandescentes comuns. São mais eficientes, pois economizam até 80% de energia em relação às lâmpadas incandescentes, vida longa ($\approx$ 10.000 h), ótimo índice de reprodução de cores ($\approx$ 80) e adaptável à base comum (E-27), com potências que variam de 9 a 23 W.

Podem ser classificadas em dois grupos:

- **Lâmpadas fluorescentes compactas integradas:** o reator é integrado ao corpo da lâmpada, ambos fazendo parte de uma mesma unidade. São as convencionais lâmpadas compactas com base/soquete E27, similar à da lâmpada incandescente, proporcionando instalação imediata em substituição às incandescentes.

- **Lâmpadas fluorescentes compactas não integradas:** o reator e a lâmpada não são integrados, fazendo-se necessária a instalação de reator à parte na luminária. São as convencionais lâmpadas compactas com base/soquete de dois ou quatro pinos.

As lâmpadas fluorescentes compactas, quando comparadas às incandescentes comuns, apresentam as seguintes vantagens:

- durabilidade até dez vezes maior, implicando em uma enorme redução nos custos de manutenção e reposição de lâmpadas;
- design moderno, leve e compacto;
- aquecem menos o ambiente, representando uma forte redução na carga térmica das grandes instalações, proporcionando conforto e sobrecarregando menos os sistemas de ar-condicionado;
- excelente reprodução de cores, com índice de 85%.

Aplicações:

- por conta de sua praticidade de instalação e seu formato extremamente compacto, tornam-se ideais para iluminação geral e decorativa de residências, hotéis e similares;
- a opção de luz clara (branca) é indicada para iluminação de áreas onde ocorra o desenvolvimento frequente de atividades, como cozinhas e áreas de serviço;
- a opção de luz suave (amarela) é indicada para iluminação de áreas de descanso, como salas e quartos;
- quando utilizadas em substituição às lâmpadas incandescentes tradicionais, recomenda-se que seja verificada a equivalência ideal de potências, visando manter a mesma quantidade de luz para o ambiente iluminado.

8.7.11 Lâmpada de LED

O diodo emissor de luz, também conhecido pela sigla em inglês LED (Light Emitting Diode), é usado para a emissão de luz em locais e instrumentos em que se torna mais conveniente a sua utilização no lugar de uma lâmpada. Especialmente utilizado em produtos de microeletrônica como sinalizador de avisos, também pode ser encontrado em tamanho maior, como em alguns modelos de semáforos. Também é muito utilizado em painéis de LED, cortinas de LED, pistas de LED e postes de iluminação pública, permitindo uma redução significativa no consumo de eletricidade.

O LED é constituído por uma série de camadas de material semicondutor. Elas convertem energia elétrica diretamente em energia luminosa, por meio de pequenos chips.

Diferentemente do que ocorre com as lâmpadas incandescentes, o LED emite luz em uma determinada cor. A cor da luz depende do material utilizado em sua composição e varia entre as cores vermelha, amarela, verde e azul. A cor branca pode ser produzida por meio da mistura das cores azul, vermelha e verde ou por meio do LED azul com fósforo amarelo. O LED azul proporciona uma excitação do fósforo, fazendo com que ele emita luz amarela, resultando na luz branca.

Com o avanço tecnológico, a eficiência dos LED aumentou consideravelmente. Dependendo do tipo de cor, obtém-se em torno de 50 a 60 lm/W, incrementando ainda mais a cada ano. A tensão de operação do LED também varia em função da cor, variando de 2 a 4 V para uma corrente de condução de até 70 mA.

A eficiência máxima é obtida pelo uso de uma fonte de corrente contínua (DC). A utilização intensiva de fontes eletrônicas em grandes instalações deve merecer atenção especial para aspectos como distorção harmônica e fator de potência.

8.7.12 Lâmpadas de luz negra

São lâmpadas a vapor de mercúrio, diferindo-se somente no vidro utilizado na confecção da ampola externa. Nesse caso, utiliza-se o bulbo externo de vidro com óxido de níquel (vidro de Wood), que, sendo transparente ao ultravioleta, absorve em grande parte o fluxo luminoso produzido. São usadas em exames de gemas e minerais, apuração de fabricações, setores de correio, levantamento de impressões digitais, na indústria alimentícia para verificar adulterações etc (Tabela 8.3).

Tabela 8.3 – Efeitos de iluminação

Iluminação de ambiente	semelhante aos dias nublados
Iluminação downlighting	iluminação semelhante à produzida pelo sol ao meio-dia
Iluminação uplighting	iluminação por meio de reflexão no teto
Iluminação spot	destaca objetos em ambientes escuros
Iluminação de velas	criam longas sombras, criando ar dramático e romântico
Iluminação para tarefa	provê a iluminação sobre toda a área em que será realizada uma atividade
Iluminação ocasional	procura destacar o objeto que gera a luz, no lugar do ambiente

Fonte: Elaborada pelos autores.

8.8 Temperatura das cores – cromaticidade

A cromaticidade é uma condição importante para os ambientes. Ela expressa a aparência de cor da luz emitida pela fonte de luz. Sua unidade de medida é o Kelvin [K].

Quanto mais alta for a temperatura de cor, mais clara será a tonalidade de cor da luz. Quando se classifica a luz em quente ou fria, não se refere ao calor físico da lâmpada, e sim à tonalidade de cor que ela apresenta ao ambiente. Luz com tonalidade de cor mais suave torna-se mais aconchegante e relaxante; luz mais clara, mais estimulante. Muito embora isso não possa ser considerado fisicamente, uma temperatura de cor mais alta [K] descreve uma fonte de luz azulada, visualmente "fria". As temperaturas de cores típicas são apresentadas na Tabela 8.4.

Tabela 8.4 – Escala de temperatura das cores – iluminação a LED

Cor	Temperatura (K)
Branco quente	2.500 – 3.500
Branco neutro	4.000 – 4.500
Branco luz do dia	5.000 – 6.000
Branco frio	6.000 – 7.000

Fonte: Elaborada pelos autores.

8.8.1 Espectro visível

É a porção do espectro eletromagnético cuja radiação pode ser captada pela visão humana. Identifica-se essa radiação como a luz visível, ou simplesmente luz, uma sucessão contínua de irradiação magnética e elétrica que pode ser caracterizada pela frequência ou pelo comprimento da onda.

A luz visível abrange uma parte pequena do espectro eletromagnético de cerca de 380 (violeta) até 770 nanômetros (vermelho) de comprimento da onda. Para cada frequência da luz visível é associada uma cor.

8.9 Sistemas de controle de iluminação

Os sistemas de controle são dispositivos importantes para atender aos requisitos de conforto visual nos ambientes internos das edificações.

8.9.1 Sensor de presença

A utilização desses equipamentos pode gerar economias significativas de energia elétrica.

Esses dispositivos asseguram que as luzes permaneçam apagadas quando os ambientes estão desocupados, sendo suas aplicações mais apropriadas a locais com perfil de ocupação intermitente ou imprevisível, como corredores ou garagens.

O sistema é composto por um detector de movimento (que utiliza ondas ultrassônicas ou radiação infravermelha), uma unidade de controle eletrônica e um interruptor controlável (relé). O detector de presença percebe o movimento e envia o sinal apropriado para a unidade de controle, que processa o sinal de entrada para fechar ou abrir o relé que controla a potência da luz.

O sensor de presença pode ser usado em conjunto com sistemas de vigilância e alarmes compatíveis, e, para isso, deverá ser verificado com o fabricante da central de alarmes que tipo de sensor a central utiliza.

8.9.2 Sistema de controle fotoelétrico

O efeito fotoelétrico é a emissão de elétrons por um material, geralmente metálico, quando exposto a uma radiação eletromagnética (como a luz) de frequência suficientemente alta, que depende do material, como a radiação UV. Ele pode ser observado quando a luz incide em uma placa de metal, arrancando elétrons desta. Os elétrons ejetados são denominados fotoelétrons.

Este sistema possui sensores que identificam a presença de luz natural, fazendo a devida diminuição ou até mesmo o bloqueio da luz artificial por meio de dimmers controlados automaticamente. Quanto maior for a quantidade de luz natural disponível no ambiente, menor será a potência elétrica fornecida às lâmpadas e vice-versa.

Este dispositivo é útil para acionamento das lâmpadas que ficarão acesas no período noturno.

8.9.3 Dimmer

O dimmer, também conhecido como variador de luminosidade, é um dispositivo que permite regular a intensidade do brilho da iluminação. É útil para ambientes que necessitam de controle de intensidade de iluminação, como quartos e salas.

A intensidade de brilho em um ambiente determina o que você pode e não pode fazer e tem um efeito enorme sobre como você se sente. Ler com o brilho de uma única vela não é uma tarefa agradável, assim como não é ideal realizar um jantar romântico sob um lustre muito iluminado.

8.9.4 Sensor de movimento × sensor de presença

O sensor de presença possibilita que portas possam se abrir e lâmpadas se acenderem por meio da tecnologia de detecção. Esse dispositivo tem a função de perceber, ou seja, detectar certo tipo de energia e sua variação no ambiente.

Quando uma pessoa entra em um ambiente monitorado por um sensor desse tipo, sua presença é detectada por provocar uma variação dessa energia (calor).

Quando um indivíduo se aproxima de uma porta ou de um local em que há uma lâmpada articulada a sensores, o calor emitido por seu corpo é interpretado pelo sensor como um sinal elétrico. É ele quem aciona a lâmpada e a mantém acesa enquanto existirem pessoas se movimentando ou ocupando o ambiente.

Existem diferenças entre os sensores de presença e de movimento:

- **Sensor de movimento:** também conhecidos como sensores PIR (Passive Infra-Red) ou sensores infravermelhos, fazem com que a iluminação se acenda automaticamente sempre que o sensor detectar algum tipo de movimento. Esta tecnologia baseia-se na radiação infravermelha que é emitida, na forma de calor, por todo corpo quente, como o corpo humano. A detecção de movimentação no ambiente é percebida pela variação dessa radiação no ambiente monitorado. Por exemplo, em um hall de elevador, onde muitas pessoas entram e saem com frequência, o sensor de movimento permanecerá detectando os movimentos e a luz não se apagará enquanto houver movimento. As luzes somente se apagarão quando a última pessoa sair da área de detecção do sensor e após o período programado. No caso ainda de boa influência de luz natural, a iluminação não acenderá mesmo havendo movimentação, otimizando ainda mais a economia de energia.

- **Sensor de presença:** possui as mesmas funções de um sensor de movimento, mas é muito mais sensível, uma vez que pode detectar até mesmo movimentos muito pequenos. Ideal para detecção de ocupação de ambientes que apresentam atividades de baixa movimentação. Na maioria das vezes, apresenta a tecnologia ultrassônica, na qual, por meio do monitoramento da reflexão de uma onda sonora enviada pelo sensor para o ambiente monitorado, tem-se a detecção de ocupação do ambiente toda vez que essa onda for recebida de maneira diferente de quando enviada pelo sensor (Efeito Doppler). Porém, há também sensores com tecnologia infravermelha (PIR) que são dotados de uma lente especial (lente Fresnel) e possuem capacidade de detecção bem apurada.

Para garantir a eficácia do sistema de segurança, os sensores de presença podem ser combinados com outros equipamentos, que ajudam a dar o alarme e inibir a ação dos invasores. São eles:

- **Luzes de segurança:** quando o sensor detecta a presença de intrusos, ele acende as luzes do local para dar a impressão de que há alguém ali. Esse tipo de combinação é muito utilizado em ambientes como garagens e corredores, para garantir iluminação apenas quando necessário.

- **Alarme sonoro:** quando a presença do intruso é notada pelo sensor, ele dispara um alarme sonoro que inibirá a ação criminosa, provocando a fuga dos invasores.

- **Gerador de névoa:** é uma proteção muito eficaz, porque impossibilita totalmente a ação do invasor, seja para vandalismo ou para furto. Em poucos segundos, o equipamento inunda o ambiente com uma névoa branca que impede a visão. A névoa não é tóxica, não deixa resíduos nem odor, também não afeta a mobília ou eletrônicos e, por isso, é uma das melhores opções para combinar com o sensor de presença.

DICA

Acender lâmpadas com sensor de presença

Nas lâmpadas com sensor embutido com uso de fotocélulas, o equipamento identifica quando o ambiente está com baixo nível de luz desejado e desliga automaticamente quando o ambiente está com nível de luz suficiente.

Existem, ainda, modelos em que é possível programar o desligamento da lâmpada depois de certo tempo de acionamento.

Dependendo do modelo, os sensores podem ser instalados no teto, na parede, sobre os muros e até mesmo em áreas externas. Para cada local é indicado um aparelho específico. O melhor sensor para paredes, por exemplo, é o sensor de presença com infravermelho.

Os interruptores pré-programados podem ser usados em conjunto com sensores e outros controladores de sistemas de iluminação. Contrariamente aos sensores de presença, esses interruptores ativam e desativam os sistemas elétricos a horas específicas, previamente programadas – embora algumas unidades tenham sistemas "inteligentes", capazes de responder, por exemplo, às variações e à extensão da luz do dia, adaptando os períodos de funcionamento dos sistemas de iluminação aos períodos noturnos. É um exemplo de uma funcionalidade possível.

Ar-condicionado com sensor de presença

Os aparelhos de ar-condicionado (AC) têm tido frequentes inovações. A tecnologia permite que os aparelhos sejam controlados pelos aparelhos celulares, por comando de voz e até por um tipo específico de anel, sempre visando à eficiência energética e à redução no consumo de energia.

Uma dessas novidades são os sensores de movimento, que prometem contribuir, e muito, na climatização de ambientes. Assim, o AC liga quando percebe a presença de alguém e desliga quando ninguém estiver no local. Além de ligar e desligar automaticamente, o dispositivo também controla o fluxo de ar que sai do aparelho. Por exemplo, quanto mais pessoas entrarem em um ambiente, maior será a vazão de ar, proporcionando mais conforto aos usuários. O mesmo ocorre inversamente – quanto menos pessoas estiverem no local, menor será o fluxo de ar do equipamento. Além de conforto, essa ação gera diminuição na conta de luz.

Torneira com sensor de presença

Uma das melhores soluções quando se pensa em economia de água e sustentabilidade, a torneira com sensor de presença é facilmente encontrada em locais movimentados, como hospitais, shoppings e aeroportos. Porém, há também a possibilidade de instalá-la em casa. Também conhecida como torneira inteligente, seu funcionamento é bem simples: quando alguém se aproxima, o sensor ótico envia um sinal para uma peça, que libera a saída de água. Isso faz com que o fluxo exista apenas enquanto as mãos estão próximas à peça, o que gera economia média de 85% no consumo de água.

8.10 Tipos de luminárias

As luminárias são constituídas pelos aparelhos com as lâmpadas e têm função de proteger as lâmpadas, orientar ou concentrar o facho luminoso, difundir a luz, reduzir o ofuscamento e proporcionar um bom efeito decorativo. No caso de luminárias para edificações, embora se utilizem basicamente lâmpadas fluorescentes, a diversidade de tipos é extensa e variada. Essa é provocada não apenas pelo número e pela potência das lâmpadas utilizadas e pelos modos de instalação e montagem, mas, principalmente, pela forma de controle de luz.

Considera-se ainda luminária qualquer aparato que distribui, filtra ou transforma a luz transmitida de uma ou mais lâmpadas e que inclui todas as partes necessárias para fixá-las e protegê-las. A luminária deve prover proteção contra entrada de sujeira, entrada de água e choques, vibrações e impactos. Essa definição divide as funções da luminária em três grupos:

- **Mecânico:** suportar, fixar e proteger as lâmpadas e equipamentos auxiliares.
- **Ótico:** distribuir, filtrar ou transformar a luz.
- **Elétrico:** conectar a lâmpada à fonte elétrica e controlar seu desempenho.

De acordo com a distribuição de luz e as características de reflexão dos materiais da qual é constituída, a luminária apresentará uma determinada distribuição de iluminamento. Em geral, elas podem ser: fechadas, abertas, spots e projetores.

8.10.1 Fechadas (lâmpadas fluorescentes)

São luminárias que possuem difusores, os quais podem ser de vidro temperado ou de acrílico. Elas podem ser herméticas ou também podem ser encontradas com vários tipos de elemento de controle de luz (refletores espelhados com proteção visual, difusor prismático, colmeias etc.), sendo difícil a sua manutenção.

Podem ser fixadas sobre a superfície do teto e, em alguns casos, podem ser embutidas. Têm rendimentos moderados, dependendo do tipo de elemento de controle da luz. Os tipos que dispõem de refletores sem elementos de controle de luz apresentam melhor rendimento.

8.10.2 Abertas

Podem ser encontradas com ou sem elementos de controle de luz.

Apresentam rendimento superior ao das luminárias fechadas, sendo de fácil manutenção. Elas podem ser suspensas, embutidas ou fixadas sobre a superfície do teto. São utilizadas para iluminação geral de ambientes de escritórios, ambientes comerciais, depósitos e iluminação localizada (balcões).

8.10.3 Spots

São utilizados com vários tipos de lâmpadas incandescentes refletoras, halógenas, coloridas e outros dispositivos, como filtros e refletores.

Podem ser utilizados para iluminação direcional, apresentando grande flexibilidade no direcionamento do fluxo luminoso.

Possuem fácil manutenção, e a fixação pode ser feita sobre superfícies ou embutida. Também se aplicam à iluminação geral com controle de ofuscamento.

8.10.4 Projetores

São encontrados em vários tamanhos, possuindo bom rendimento luminoso.

São fixados sobre as superfícies ou suspensos, podendo ser usados com diversos tipos de lâmpadas, desde as incandescentes comuns, halógenas, até as lâmpadas de vapor de sódio.

São de fácil manutenção, dependendo das condições do local. Podem ser aplicados a fachadas, depósitos ou estacionamentos.

8.11 Etapas do projeto de iluminação

As etapas dos projetos de iluminação de interiores eficiente são:

- **Determinação dos objetivos da iluminação e dos efeitos que se pretende alcançar:** definir o nível de iluminância no local, de acordo com a utilização do ambiente. Para isso, existem normas técnicas brasileiras e internacionais. O nível recomendado também varia com a duração do trabalho sob iluminação artificial, devendo ser mais elevado para as longas jornadas. Deve-se obter uma distribuição razoavelmente uniforme das iluminâncias nos planos iluminados.

- **Apuração de dados pertinentes ao ambiente:** a iluminação é um fator determinante para a boa produtividade no ambiente de trabalho e para as vendas dos produtos expostos nos estabelecimentos comerciais. Em um local bem iluminado, há menos fadiga, menor incidência de erros, redução de problemas com a visão, conforto visual, melhor desempenho visual das atividades e realce das texturas e cores através da reprodução com fidelidade.

- **Análise dos fatores de influência na qualidade da iluminação:** as tarefas visuais desempenhadas pelos olhos são tão diversas quanto as atividades realizadas. Podem estar relacionadas com a produtividade, a segurança, o lazer, a exposição e venda e a aquisição de informação, ou para a criação de uma atmosfera apropriada. Nessas e em outras circunstâncias, a quantidade de luz (medida em lux) deve ser orientada especificamente para a superfície que se pretende ver. Quanto menor for o detalhe, ou mais baixo o contraste, maior será a quantidade de luz necessitada pelos olhos para o trabalho. A iluminação deficiente tem um efeito negativo no bem-estar humano, além de conduzir a uma execução ineficiente ou perigosa das tarefas humanas, incluindo circulação nos edifícios e estradas, aumentando o risco de acidentes.

- **Cálculo da iluminação geral:** escolha da lâmpada e da luminária adequadas, bem como o cálculo da quantidade de luminárias.

- **Adequação dos resultados ao projeto:** o valor calculado para o número de luminárias pode não ser um número inteiro; recomenda-se, quando isso acontecer, arredondá-lo de modo a obter uma distribuição de luminárias o mais uniforme possível.

- **Cálculo da iluminância média:** dependendo da distribuição definida no item anterior, a quantidade de luminárias pode ser alterada, sendo necessário calcular a iluminância média.

- **Definição dos pontos de iluminação:** recomenda-se que o espaçamento entre as luminárias seja o dobro do espaçamento entre elas e as paredes laterais.

- **Avaliação do consumo energético:** é muito usual a utilização de índices de eficiência energética para avaliar o grau de eficiência energética de determinada instalação ou projeto. O valor da "Potência por m^2" ou da "Densidade de Potência Relativa" é um índice amplamente divulgado. Para tanto, calcula-se, inicialmente, a potência total instalada.

SAIBA MAIS

Boas práticas de consumo:

- Instalação de sensores de presença.
- Instalação de interruptores temporizados para controle de iluminação externa, letreiros, vitrines e luminosos.

Setorização – interruptores independentes:

- Usar cores claras em paredes e teto.
- Substituir lâmpadas incandescentes por fluorescentes.
- Limpar luminárias periodicamente.
- Aproveitar a iluminação natural.
- Usar luminárias espelhadas aumenta a eficiência da iluminação.

8.12 Reciclagem de lâmpadas com mercúrio

Considera-se reciclagem de lâmpadas com mercúrio o conjunto de procedimentos que abrange a decomposição da lâmpada, a separação dos materiais, a recuperação do mercúrio, a descontaminação e a destinação dos materiais sem mercúrio para reaproveitamento em processo produtivo.

Considera-se descontaminado o material que não possui mercúrio ou contém níveis mínimos detectáveis do metal.

As recomendações relativas à reciclagem deste tipo de lâmpada são:

- todo procedimento de reciclagem de lâmpadas deve ser feito por empresa legalmente constituída, licenciada por órgão competente e inscrita no Cadastro Técnico Federal do Ibama, além de consolidada em imóvel edificado em endereço fixo;
- prover as áreas de armazenamento e reciclagem de lâmpadas de pisos, paredes e teto impermeabilizados, com produtos que impeçam a impregnação e a penetração de mercúrio;
- fica proibida a realização de quebra ou tratamento de lâmpadas contendo mercúrio em unidades móveis, seja em veículo ou similares ou quaisquer meios passíveis de deslocamento para a realização desse tipo de atividade;
- manter as lâmpadas recebidas para reciclagem em local específico para tal finalidade, coberto e dotado de sistema de ventilação;
- enclausurar todos os procedimentos realizados na reciclagem, de modo a impedir emissões fugitivas de mercúrio, dotados de sistema de ventilação local exaustora eficiente, com dispositivo de captura e coleta do mercúrio e tratamento do ar emitido na atmosfera.

CONSIDERAÇÕES FINAIS

Neste capítulo foram observadas a questão da luminosidade e o uso racional de energia elétrica nas edificações. Também foram abordados a iluminação e o conforto visual. Foram tratados os parâmetros ergonômicos visuais e os de iluminação. Também foram estudados a medida de iluminância, os tipos de lâmpadas, a temperatura das cores e os sistemas de controle de iluminação. Foram, ainda, apresentados os tipos de luminárias e as etapas do projeto de iluminação.

Clima e Arquitetura em Ambientes Internos e Externos de Smart Buildings

9

CONSIDERAÇÕES INICIAIS

▸ Este capítulo tem o objetivo de apresentar a influência do clima terrestre nos projetos de arquitetura. Detalha também a arquitetura bioclimática e a harmonização das construções com o meio ambiente. Por fim, apresenta a arquitetura vernacular.

9.1 Clima terrestre

Clima é a união dos quesitos de umidade relativa do ar, temperatura, ventos e radiação solar em uma região específica em um determinado período de um ano. Ele tende a ser sempre constante e oferece as características das diferentes regiões do planeta.

Figura 9.1
Variáveis intervenientes do clima.

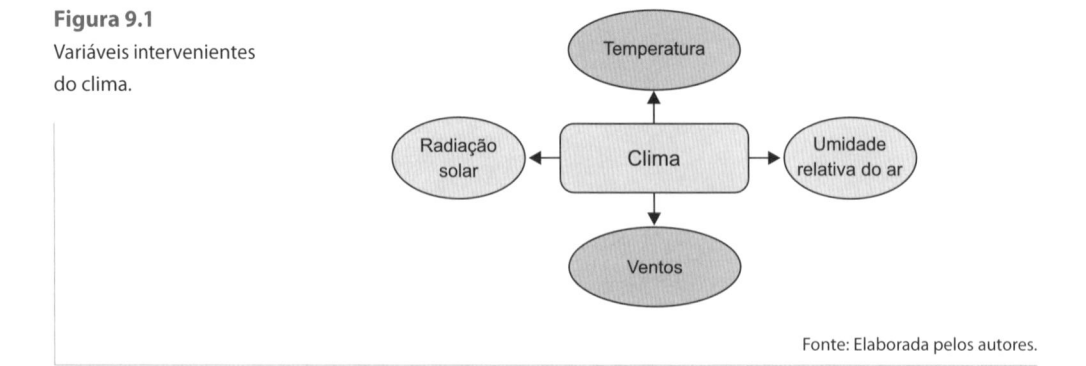

Fonte: Elaborada pelos autores.

Para utilização prática nos projetos de arquitetura, emprega-se a classificação climática geral, levando-se em consideração quatro zonas climáticas: Polar, Temperada/Fria, Temperada/Quente Úmida e Temperada/Quente Seca.

Figura 9.2
Zonas climáticas para projetos de arquitetura.

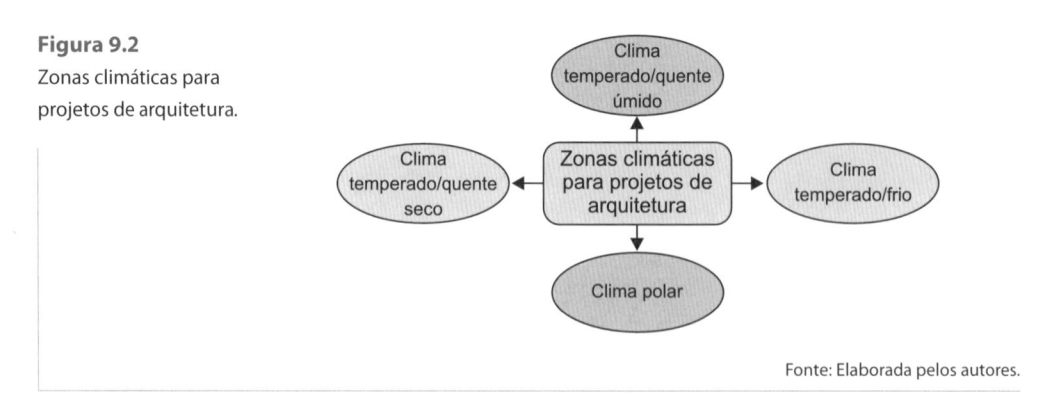

Fonte: Elaborada pelos autores.

9.1.1 Clima polar

Esse tipo de situação climática ocorre em regiões de altas latitudes (Figura 9.3). Neste clima, os projetos de arquitetura têm como características:

- aproveitamento da matéria-prima abundante na região – neve (iglu);
- construção de apenas uma abertura para o meio externo, para minimizar as trocas entre ambientes externos e internos;
- a porta deve ser orientada no sentido contrário aos ventos.

Figura 9.3
Condicionantes climáticas nos projetos de arquitetura para edificações em clima polar.

- Aproveitar a matéria-prima existente (Neve)
- Uma única abertura para o Exterior (Porta)
- Porta no sentido contrário dos ventos

→ Clima polar → Ocorre em → Regiões de altas latitudes

Fonte: Elaborada pelos autores.

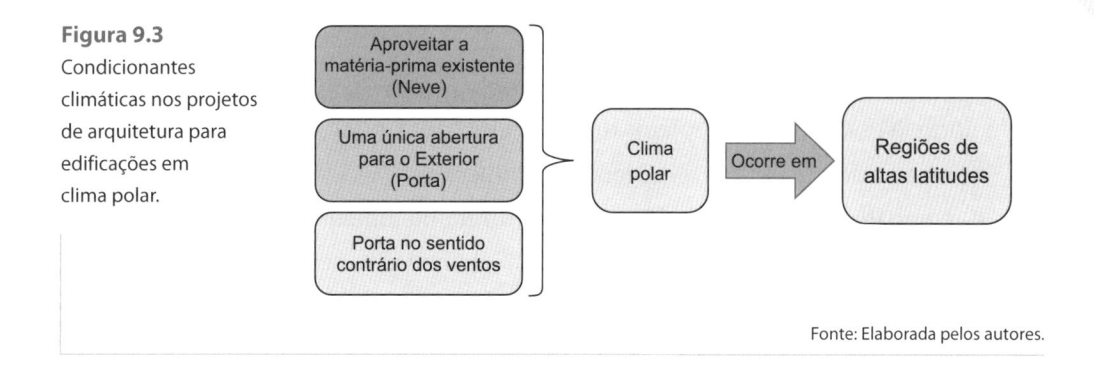

9.1.2 Clima temperado/frio

Esse clima ocorre entre os paralelos 30° e 60° de latitudes Norte e Sul, em que se destacam países na Europa, Ásia e América do Norte e parte da América do Sul. Nesse tipo de clima, os projetos de arquitetura têm como características:

- manutenção do calor interno, buscando minimizar as trocas de calor entre ambientes (interno e externo);
- captação e retenção dos raios solares para o interior das edificações, por exemplo, adoção de esquadrias com vidro duplo e/ou iluminação zenital;
- utilização de cores escuras para absorver calor.

O calor solar é usado em locais e países de climas frios como estratégia de aquecimento passivo. O sol em si não aquece o ar, mas aquece outros componentes que, após receberem energia do sol (ondas curtas), transforma essa energia em calor por ondas longas que aquecem o ar. O vidro é transparente a essas ondas curtas, mas quando essa radiação atinge um componente opaco e é transformada em calor, o vidro retém este calor (ondas longas) dentro do ambiente (Figura 9.4).

Figura 9.4
Condicionantes climáticas nos projetos de arquitetura para edificações em clima temperado/frio.

- Reduzir as trocas de calor entre os ambientes interno e externo
- Captar os raios solares para o interior das edificações (esquadrias com vidro duplo e/ou iluminação zenital)
- Vedações de grande resistência térmica
- Utilizar cores escuras para absorver calor

→ Clima temperado/frio → Ocorre em → Entre os paralelos 30° e 60°, norte e sul

Fonte: Elaborada pelos autores.

9.1.3 Clima temperado/quente úmido

Esse tipo de clima ocorre entre os paralelos entre 30° de latitude sul e 30° de latitude norte. Nesse clima, os projetos de arquitetura têm como características:

- a necessidade de sombreamento e ventilação;
- combater a entrada da radiação solar direta no ambiente interno;
- controlar as temperaturas internas com elementos de controle (janelas, brises, películas etc.);
- aproveitar-se do plantio de vegetação como elemento de sombreamento;
- adoção de cores claras predominantemente nas fachadas;
- captação de ventilação;
- isolamento da cobertura.

Figura 9.5
Condicionantes climáticas nos projetos de arquitetura para edificações em clima temperado/quente úmido.

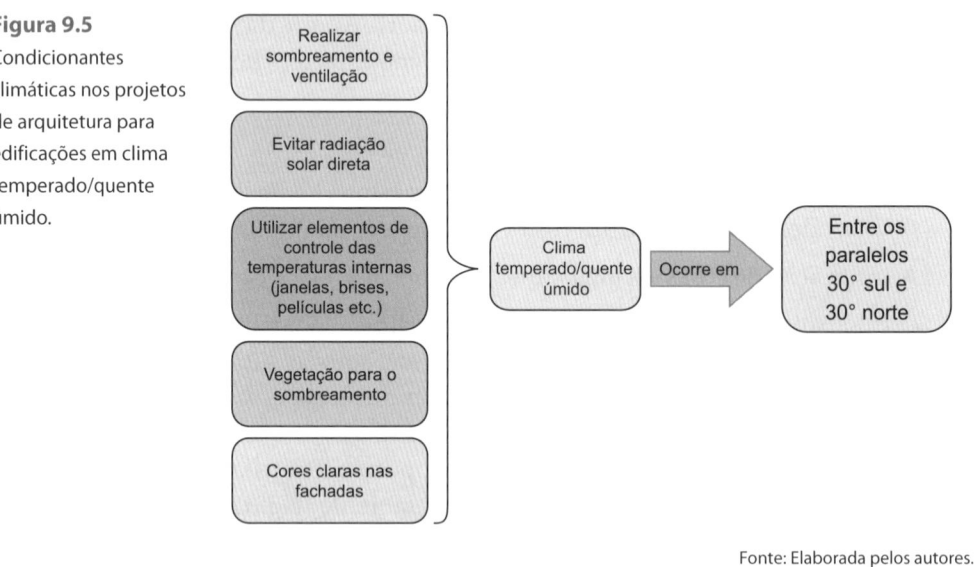

Fonte: Elaborada pelos autores.

Na área da construção, o fascínio pela técnica e a inconsciência da esgotabilidade dos recursos conduziram a que boas práticas ancestrais fossem sendo esquecidas, talvez por se pensar que a tecnologia poderia resolver todos os problemas. Entrou-se, então, em uma época em que grande parte dos princípios básicos de construção foram sendo substituídos por interesses econômicos ou estéticos e onde foi necessário, para suplantar o desconforto causado, introduzir soluções tecnológicas como sistemas de iluminação e climatização artificiais. Isso levou a que os consumos energéticos dos edifícios, sobretudo em energia elétrica, subissem seus valores vertiginosamente, consumos totalmente desnecessários que poderiam ser diminuídos ou mesmo eliminados seguindo outras vias.

9.1.4 Clima temperado/quente seco

Esse clima ocorre nos paralelos entre 30° de latitude sul e 30° de latitude norte. Nele, os projetos de arquitetura têm como características:

- criação de construções com a adoção de materiais pesados e muito próximas, formando grandes massas com maior sombreamento;
- uso de cores claras e vegetação para sombreamento;
- aberturas devem minimizar a entrada de poeira;
- no verão, deve-se ter boa ventilação e, no inverno, deve-se elevar as temperaturas internas.

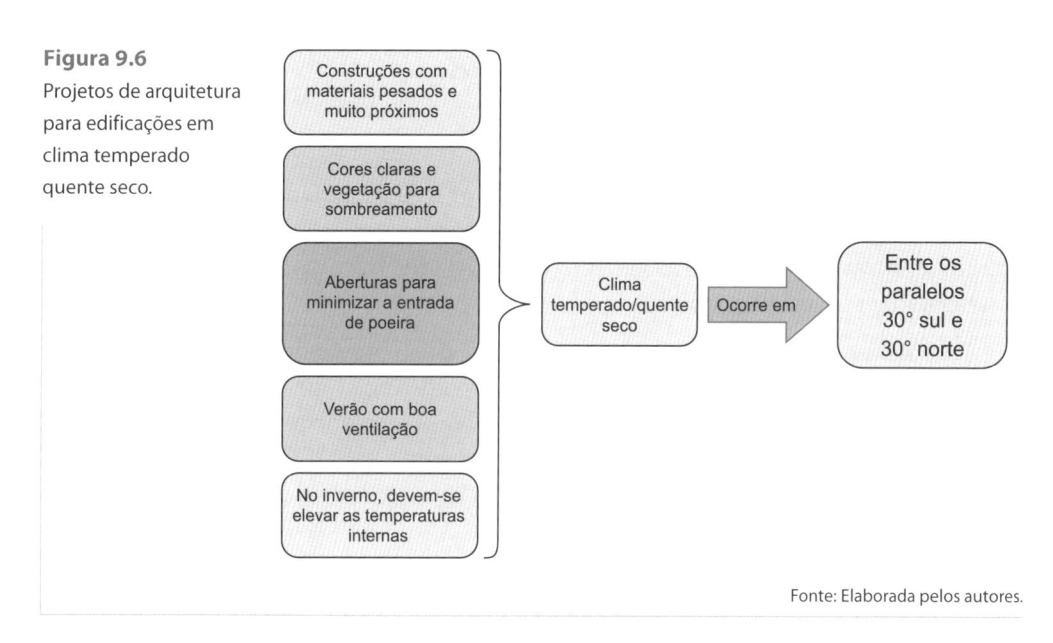

Figura 9.6
Projetos de arquitetura para edificações em clima temperado quente seco.

Fonte: Elaborada pelos autores.

Outra estratégia recomendada para o clima quente e seco é melhorar a sensação térmica no período de verão por meio da evaporação da água presente em vegetação, espelhos e fontes de água, ventiladores com aspersão de água.

Diferenças nas temperaturas das massas de ar geram o deslocamento do vento da área de maior pressão (ar mais frio e pesado) para a área de menor pressão (ar quente e leve). O vento adquire menor temperatura ao passar por uma área sombreada ou superfície com água antes de entrar na edificação, aumentando seu desempenho térmico (Figura 9.7).

Figura 9.7
Resfriamento do vento em clima quente e seco por evaporação.

Ar circulando é sinônimo de ventilação natural de qualidade, melhorando a sensação de conforto dos usuários. É importante ressaltar a existência de tomadas e saídas de ar, através de janelas e venezianas, em lados opostos da edificação, sendo essencial que elas estejam abertas.

Para haver ventilação, é necessário que o ar presente no ambiente saia para dar lugar ao novo. A ventilação cruzada implica na renovação do ar por todo o volume possível, fazendo com que ele atravesse o ambiente ao entrar e sair por aberturas opostas. O fluxo de ar ocorre pela incidência do vento e é influenciado pela posição das aberturas, pelas suas dimensões, pelo tipo de esquadrias e pelas obstruções ao longo do percurso.

Outros equipamentos auxiliam na ocorrência de circulação de ar, já que não há como prever a disponibilidade de velocidades de ventos suficientes para garantir o conforto: chaminés de ventilação e ventiladores.

Microclima é a escala mais próxima ao nível da edificação, podendo ser concebido e alterado pelo arquiteto. As particularidades climáticas do local podem representar benefícios ou dificuldades adicionais, que podem não estar sendo consideradas nas escalas macro e mesoclimáticas. O conhecimento das variáveis climáticas é de fundamental importância para o projeto de edificações mais adequadas ao conforto dos ocupantes e mais eficientes energeticamente. Por esse motivo, é importante considerar o efeito das montanhas e construções vizinhas. Elas podem obstruir a radiação solar direta, refletir os raios solares e modificar ou alterar o sentido dos ventos.

Locais com alta umidade reduzem a transmissão da radiação solar, pela absorção e redistribuição na atmosfera. Porém, elevadas umidades relativas dificultam a perda de calor pela evaporação do suor, aumentando o desconforto térmico.

9.2 Arquitetura bioclimática

O entendimento do conceito de arquitetura bioclimática é facilitado com o aprendizado do conceito de bioclimatologia. A definição de Bioclimática é: a ciência que estuda as relações entre o clima e o homem. É muito importante conhecer os dados climáticos de um local, porque isso possibilita a identificação de períodos com maior probabilidade de desconforto e, como consequência, ajuda na definição das estratégias a serem incluídas no projeto para compensar essas condições.

Destaque para a ventilação. Ela permite que o ar externo entre no ambiente interno, renovando o ar ao "recarregá-lo" de oxigênio e ao diminuir a concentração de gás carbônico. Ela auxilia as condições de temperatura e umidade internas das condições do ambiente exterior e atua diretamente no conforto térmico do usuário.

A Arquitetura Bioclimática é um ramo da arquitetura que consiste em pensar e projetar um edifício, levando em consideração as características ambientais do local em que se insere. O que se pretende com a Arquitetura Bioclimática? Pretende-se, desse modo, otimizar o conforto ambiental no interior do edifício, usando apenas o design e os elementos arquitetônicos disponíveis.

A grande inovação no contexto da Arquitetura Bioclimática resulta de dois grandes fatores: da multidisciplinaridade necessária para conceber um projeto eficiente e da sua inserção no tema da sustentabilidade (Figura 9.8).

Figura 9.8
Arquitetura bioclimática.

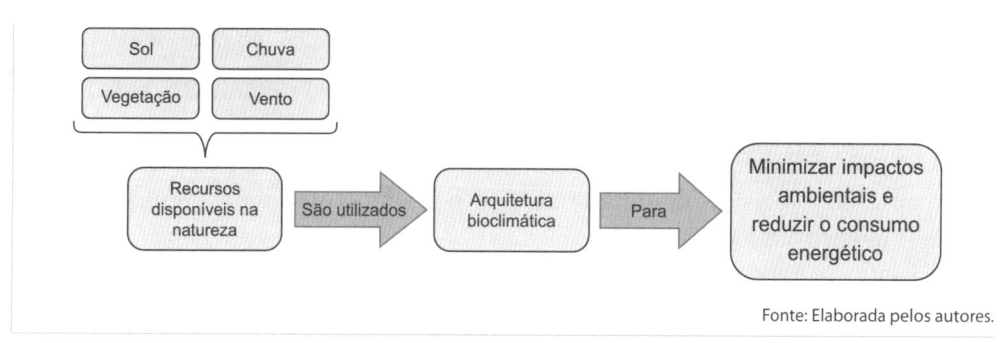

Fonte: Elaborada pelos autores.

Uma casa bioclimática pode conseguir uma considerável economia de energia e ser sustentável no seu todo. Embora o custo da construção possa ser elevado, o investimento neste tipo de construção pode ser compensado com o decréscimo de gastos com energia.

A massa térmica, ou material com elevada inércia térmica, é uma estratégia de resfriamento usada sem nenhuma fonte adicional de calor. Caracteriza-se por ter elevada capacidade térmica, ou seja, elevado poder de armazenamento de calor, o que é possível pela natureza de seu material e sua espessura.

Ainda hoje, muitas edificações não utilizam a arquitetura bioclimática. Essa situação deve-se, em geral, à pouca atenção que os países têm em relação ao meio ambiente, não acionando os meios que dispõem para enfrentar os problemas ambientais.

Embora pareça um conceito novo, a arquitetura bioclimática é tradicionalmente utilizada desde a Antiguidade, como no desenho das cidades romanas de acordo com a orientação solar, casas caiadas ou tetos jardins (Figura 9.9).

Figura 9.9
Casas caiadas no sul de Portugal.

A história da união dos estudos sobre a combinação entre meio ambiente e arquitetura apresenta registros da década de 1960 e seguiu o desenvolvimento do movimento ecológico até 1970.

O crescimento da eficiência energética de uma construção permite a diminuição do impacto negativo causado, por exemplo, pela geração de resíduos. Os projetos devem buscar adequarem-se às condições da natureza local, para que possam ajudar, por exemplo, na adaptação dos moradores ou frequentadores.

Percebe-se, desse modo, que um edifício bioclimático evita despesas tecnológicas extremamente custosas adicionais.

A vantagem da utilização da Arquitetura Bioclimática é a progressiva sistematização e evolução dos objetivos a que se propõe: projetar, tendo em conta o aproveitamento energético potencial do local a que se destina.

São quatro as bases fundamentais da Arquitetura Bioclimática (Figura 9.10):

- Projeção de espaços que garantam qualidade de vida e bem-estar.
- Uso inteligente do que a natureza oferece, de modo a diminuir o consumo de energias não renováveis ou poluentes.
- Diminuição do desperdício e da geração de lixo. Ela consegue apresentar soluções eficientes e cada vez mais baratas, como os painéis solares e os vidros reflexivos. Na Arquitetura Bioclimática, também são valorizados os sistemas simples, comuns e até antigos ou vernaculares (quando são utilizados recursos do próprio meio em que a obra é realizada).
- Visando à economia de energia, é essencial a adoção de soluções arquitetônicas capazes de estabelecer não apenas a redução do consumo, como incentivar a prática de se utilizar fontes passivas de energia.

Figura 9.10
Bases fundamentais da arquitetura bioclimática.

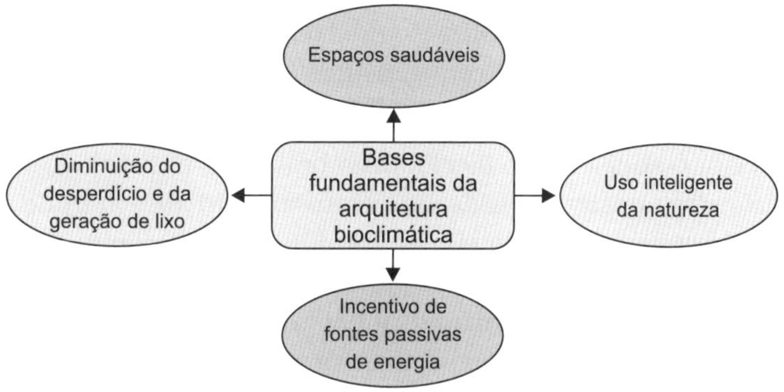

Fonte: Elaborada pelos autores.

SAIBA MAIS

O consumo de energia de um sistema de condicionamento de ar é função de sua resposta à carga térmica da edificação e suas variações ao longo do dia e do ano.

A eficiência de um sistema de ar-condicionado é determinada pelo consumo de energia de cada componente do sistema e a capacidade de geração de frio ou calor, nas diversas formas de operação durante o ano.

O coeficiente de performance (COP) representa a eficiência de um sistema de condicionamento de ar, sendo utilizado para delimitar o consumo desses equipamentos no Brasil. O COP é um parâmetro que representa a eficiência do ciclo termodinâmico de refrigeração e é expresso pela relação entre a capacidade de refrigeração e a potência de compressão consumida no processo.

O uso do ar-condicionado ao longo dos anos deixou de ser um item de luxo por estar ligado diretamente à qualidade de vida. O conforto térmico se faz necessário no dia a dia do ser humano, uma vez que cada indivíduo respira cerca de 450 litros de ar por hora, 10 mil litros por dia e passa cerca de 80% do seu dia em ambientes fechados.

Sistemas de climatização são vitais para o bem-estar dos seres humanos, na utilização, fabricação e conservação de remédios, alimentos, hospitais, datacenters, shopping centers, indústrias, aeroportos, residências, entre tantos outros tipos de ambientes de circulação da massa humana.

Na prática, um sistema de ar-condicionado bem projetado e dimensionado, corretamente instalado, com a operação e a manutenção realizadas periodicamente, significa um consumo de energia adequado e um ambiente climatizado com controle de temperatura, umidade, filtragem, renovação de ar, controle da velocidade e distribuição uniforme do ar no ambiente, fatores que aumentam a produtividade, filtram o ar respirado e apresentam sensação de bem-estar, o que propicia melhores condições de trabalho, incrementando a produtividade e, ao mesmo tempo, uma melhor qualidade de vida, além de um ambiente silencioso e sem ruídos externos.

9.3 Harmonização das construções com o meio ambiente

A projeção de qualquer estrutura com base nas ideias da Arquitetura Bioclimática deve considerar a localização final da obra como fator mais importante. A harmonização só acontece se as características internas forem combinadas e alinhadas com os elementos externos.

Para o zoneamento bioclimático brasileiro, a distribuição das zonas se deu em função das características de temperatura, umidade e altitude das cidades. Para cada uma dessas zonas bioclimáticas, formulou-se um conjunto de recomendações técnico-construtivas que buscam otimizar o desempenho térmico das edificações por meio de sua melhor adequação climática. Para isso, são utilizadas as cartas bioclimáticas (gráficos de apoio), que definem a zona de conforto e como é possível ampliá-la, com base na temperatura e na umidade relativa do ar e com o uso de cinco estratégias passivas e de baixo consumo de energia: o aquecimento solar passivo, a ventilação natural, a massa térmica, a ventilação noturna de massas térmicas e o resfriamento por evaporação.

Figura 9.11
Zonas de conforto e estratégias passivas e de baixo consumo de energia.

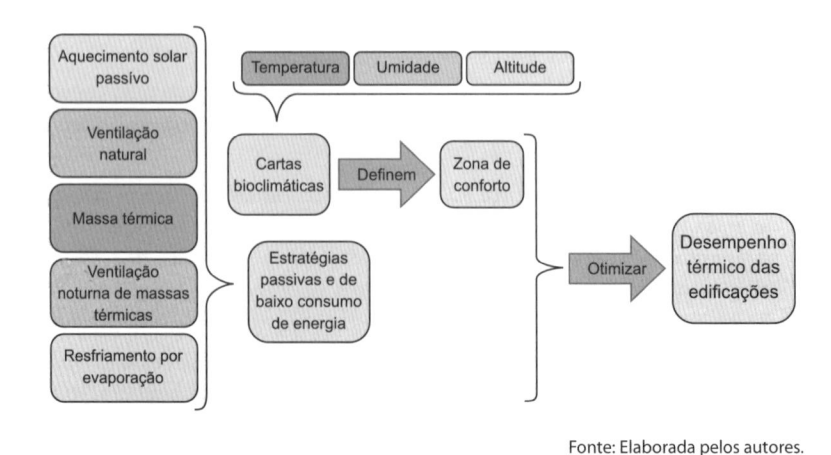

Fonte: Elaborada pelos autores.

O sombreamento pode ser utilizado como técnica de resfriamento passivo das edificações, não permitindo que o sol direto entre nos ambientes durante as horas mais quentes do dia. Isso pode ser obtido a partir de componentes da própria edificação: beirais, brises, pérgulas, cobogós, entre outros protetores (Figura 9.12).

Figura 9.12
Técnica de sombreamento utilizando beiral de telhado.

A temperatura depende essencialmente da radiação solar, do vento, da altitude e da natureza do solo. O sol aquece a atmosfera indiretamente, uma vez que o solo acumula a energia solar que recebe e reemite o calor por radiação e convecção. A propagação desse calor é assegurada por condução ou difusão, por meio do vento. Durante o dia, como resultado da maior quantidade de radiação direta incidente, a temperatura tende a subir, ocorrendo o inverso à noite.

Para o sombreamento, um paisagismo planejado de maneira eficiente dentro do projeto pode ser um meio para criar um microclima e amenizar temperaturas no interior das edificações. O mais eficaz é, portanto, proporcionar um sombreamento que impeça ou minimize os ganhos de calor.

No caso de regiões de clima quente e seco, o bloqueio da radiação solar direta por meio do sombreamento é recomendável durante todo o ano. Para isso, além dos desenhos dos próprios elementos de proteção, é importante ter maior flexibilidade no uso do conjunto janela/veneziana ou similar, de modo que permita iluminação, ventilação, estanqueidade à água e sombreamento seletivo, quando necessário.

Figura 9.13
Técnica de sombreamento com a utilização de vegetação externa.

Na arquitetura, o efeito chaminé é uma das formas utilizadas para gerar ventilação natural dentro das edificações. A inércia térmica depende dos materiais utilizados na construção do edifício.

Qualquer ambiente que apresente carga térmica interna – com a presença de pessoas, equipamentos e/ou iluminação artificial – tende a ter a temperatura do ar interno maior que a do externo. Quando existem aberturas, o ar externo mais frio entra e, naturalmente, o interno mais aquecido sobe, criando ventilação no ambiente.

Figura 9.14
Sistema de ventilação ambiental natural.

Considera-se que o nosso corpo esteja em condição de conforto térmico quando, à nossa temperatura corporal normal, a taxa de produção de calor é igual à taxa de perda. Há, no entanto, uma série de fatores que influenciam o modo como geram o calor, como atividades física e mental e o metabolismo mais ou menos rápido; e há fatores que influenciam a maneira como perdemos calor, como o isolamento corporal natural, as roupas, a temperatura, a umidade e a velocidade do ar. As regiões habitadas do planeta são quentes, frias, úmidas, secas, costeiras ou montanhosas; cada uma delas precisa de técnicas diferenciadas para garantir conforto e economia. Com uma boa avaliação da área ao redor da construção, é possível aproveitar melhor os fatores naturais, a fim de aprimorar as edificações.

Figura 9.15
Edificação com aproveitamento dos fatores naturais ambientais.

Na Arquitetura Bioclimática, a ventilação é muito importante, uma vez que, em um clima médio em termos de temperatura e umidade, pelo menos um terço do volume de ar de cada divisão da edificação deve ser substituído a cada hora, de modo a assegurar conforto, qualidade do ar e mínima habitabilidade.

A circulação de ventos pode ser manipulada através da criação de estratégias naturais de resfriamento dos ambientes, com a substituição do ar interno mais quente pelo ar de fora, mais frio. Outra tática é a observação das posições do sol durante o dia, para garantir a iluminação e o aquecimento natural do interior das edificações.

9.4 Arquitetura vernacular

A Arquitetura Vernacular é uma forma de construção que usa materiais locais, algumas técnicas tradicionais, tipologias regionais e adequadas ao ambiente. Nesse caso, tem-se as construções de taipa (pau a pique), adobe, madeira, pedras, bambu, telhado de palha, entre outras. Essa é uma forma de arquitetura que, por se integrar ao ambiente, utilizar materiais orgânicos e ter resistido ao teste do tempo, é considerada sustentável.

Como cada lugar possui sua singularidade, como questões geográficas e culturais; esta arquitetura está ligada ao modo de construir utilizando materiais da própria região e técnicas que são passadas de geração em geração.

Esse estilo de arquitetura possibilita o uso de técnicas que contribuem para um bom isolamento térmico e acústico. Algumas das suas práticas são milenares, mas continuam a ser estudadas por profissionais contemporâneos, sendo reproduzidas em projetos de modo a obter a diminuição do uso de energia e a elevar o conforto do usuário.

A Arquitetura Vernacular busca conceitos básicos e antigos de arquitetura verde, aliando eficiência energética e utilização de materiais e recursos próximos do lote. Mesmo em uma época em que os materiais estão disponíveis muito além da nossa região, é essencial levar em consideração o quanto de energia perdemos no transporte desses materiais para uma obra.

Esse conceito de arquitetura proporciona uma conexão entre os seres humanos e o meio ambiente. Nesse caso, a arquitetura é o resultado de um processo evolutivo milenar que culminou em tipologias que deram certo, abrigaram nações inteiras e resistiram ao teste do tempo. Se procuramos avançar nos princípios das construções sustentáveis, não podemos deixar os antigos conhecimentos de lado, buscando empregar as estratégias e atingirmos melhores resultados.

É bastante importante ter a noção de que em edifícios desenhados sem qualquer preocupação especial, a energia solar contribui com 20% para seu aquecimento, podendo esse valor aumentar para 40% caso se dedique algum tempo a essa temática quando da concepção do edifício.

Um exemplo da arquitetura vernacular é a configuração de um pátio interno em torno do qual a edificação é implantada, consistindo em uma solução comumente adotada na arquitetura oriental, mas que foi incorporada em casas de fazenda no sertão nordestino. Em vez de a edificação ficar isolada com as quatro faces expostas ao sol, o pátio interno permite que o próprio edifício possa sombrear a si mesmo e barrar os ventos quentes vindos do exterior, formando um agradável microclima interno. Além disso, o edifício "introvertido" proporciona mais privacidade e segurança para que se realizem atividades ao ar livre (Figura 9.16).

Figura 9.16
Pátios internos.

SAIBA MAIS

Arquitetura vernacular nos Estados Unidos

Na cidade de Chicago, em Illinois, nos Estados Unidos, existe uma forma importante de habitação familiar única da cidade, situada na periferia da cidade, que é denominada bangalôs.

Os construtores do local deram o nome de bangalô ao arco feito pelas quase 100 mil casas espalhadas de Norte a Sul da cidade. Na década de 1920, a "Bungalowmania" fez realizar o "sonho americano" da casa própria. Elas são edificações charmosas, com janelas de vidro artísticas.

Figura 9.17
Casas bangalôs em Chicago.

DICA

Para a otimização dos recursos disponíveis e a maximização do conforto ambiental, é importante conhecer as caraterísticas das culturas regionais. Para isso, é fundamental, se possível, entrevistar os moradores de algumas das edificações existentes, na intenção de compreender suas percepções quanto ao conforto ambiental de suas moradias.

A Arquitetura Vernacular é uma linha de projeto de arquitetura importante para este início de século 21, em que existe uma crescente preocupação quanto ao conforto e à sustentabilidade ambiental.

Quanto à orientação do edifício, o mais importante a se considerar é a exposição solar. Normalmente, é importante ter um edifício com a maior fachada voltada a sul, para receber o máximo de energia possível, tendo, no entanto, sombreamentos programados para o verão. A orientação do edifício deve também contar com os ventos dominantes e sua influência na ventilação natural e infiltrações.

A forma do edifício é importante, pois influencia a superfície de contato edifício/exterior, estando naturalmente relacionada com as perdas e os ganhos de calor. Assim, quanto mais compacto for o edifício, melhor.

Também influenciada pela forma do edifício é a exposição ao vento. Uma casa alta é sempre mais exposta do que uma baixa. No verão, a exposição ao vento é benéfica, pois aumenta a ventilação, mas é prejudicial no inverno. Conhecendo a predominância dos ventos no verão e no inverno, é possível chegar a um acordo.

Existem ainda outras particularidades interessantes, como a orientação das diferentes divisões de uma casa, de modo a proporcionar o ambiente mais adequado à sua função. Por exemplo, a biblioteca deve estar orientada com uma forte componente ao norte, visto ser um local em que habitualmente se pretende uma atmosfera fresca e seca, enquanto a cozinha deve estar orientada com uma forte componente ao sul, visto ser um local em que uma temperatura elevada é mais habitual.

As fachadas a oeste e a leste, assim como o teto, estão sujeitas à radiação muito intensa durante o verão. Assim, devem ser incluídas poucas aberturas nessas zonas.

CONSIDERAÇÕES FINAIS

Foram vistas neste capítulo a influência do clima nos projetos de arquitetura, bem como a arquitetura bioclimática e a harmonização das construções com o meio ambiente. Por fim, foi apresentada a arquitetura vernacular.

Análise Ambiental de Projetos para Smart Buildings

10

CONSIDERAÇÕES INICIAIS

▶ Este capítulo tem o objetivo de apresentar algumas das metodologias intervenientes no projeto arquitetônico de edificações. Detalha as metodologias de avaliações ambientais para certificações de edificações britânica (BREEAM), estadunidense (LEED) e francesa (HQE). Por fim, apresenta as avaliações ambientais para certificações de edificações japonesas (CASBEE) e internacionais do Green Building Assessment (GBA tool).

10.1 Metodologias intervenientes no projeto arquitetônico

As metodologias intervenientes no projeto arquitetônico situam-se em várias áreas que se interligam e se interpõem.

Figura 10.1
Algumas das áreas intervenientes no projeto arquitetônico.

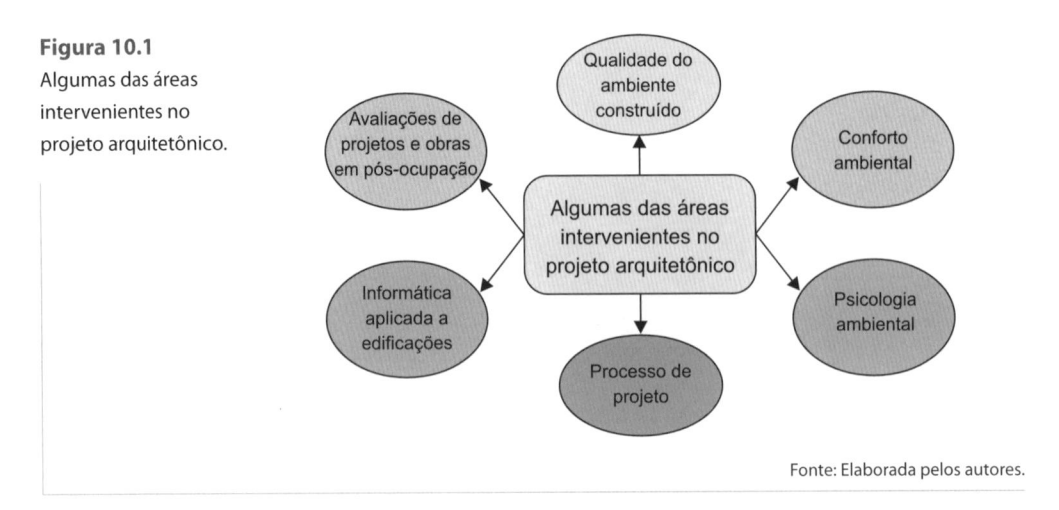

Fonte: Elaborada pelos autores.

Quando se fala em sustentabilidade das edificações, devem ser observadas as componentes:

Figura 10.2
Componentes da sustentabilidade das edificações.

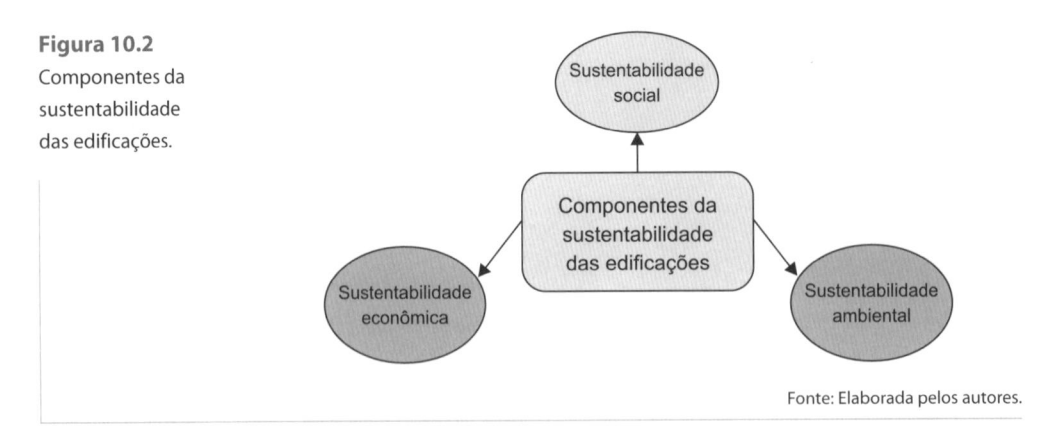

Fonte: Elaborada pelos autores.

10.1.1 Sustentabilidade social

A sustentabilidade social do projeto de uma edificação é a sua capacidade de proporcionar uma boa qualidade de vida aos seus usuários, gerando comunidades saudáveis e habitáveis, que possam proporcionar equidade, diversidade, conectividade e democracia. Essa condição social requer sua contínua manutenção por meio de valores compartilhados e direitos iguais.

10.1.2 Sustentabilidade econômica

O capital humano é o conjunto de habilidades, atitudes e conhecimentos que os indivíduos adquirem ao longo de suas vidas, de modo que possam produzir valor econômico.

A sustentabilidade econômica nos projetos de edificações acontece quando o emprego dos recursos permite que ocorra um equilíbrio responsável e benéfico a longo prazo, na preservação do capital investido. Ela está relacionada ao impacto econômico real que uma sociedade tem em seu ambiente econômico.

10.1.3 Sustentabilidade ambiental

A sustentabilidade ambiental está associada aos conceitos de produção e consumo sustentáveis.

A sustentabilidade ambiental de um projeto de uma edificação é a capacidade de utilizar os recursos naturais sem exceder sua capacidade regenerativa, protegendo o capital para evitar danos aos seres humanos e meio ambiente. Isso significa restringir a escala do sistema econômico humano dentro dos limites biofísicos do ecossistema global do qual depende.

Existem vários sistemas internacionais para a avaliação ambiental das edificações. Mesmo assim, ainda faltam reflexões que possam gerar massa crítica quanto às questões de conforto ambiental e iluminação natural na fase inicial do processo de elaboração dos projetos de edificações.

Geralmente, a condução dos projetos apresenta enfoque nas tecnologias adotadas no projeto, sendo que o principal deveria ser a solução integrada de projeto ou solução projetual.

SAIBA MAIS

Para a análise da sustentabilidade das edificações, devem-se estudá-las nas etapas:

- planejamento;
- projeto;
- construção;
- operação.

Para cada etapa, devem ser relacionados itens como:

- **Implantação:** uso do solo e alterações da ecologia e biodiversidade locais (uso de recursos naturais).
- **Energia:** eficiência energética e fontes renováveis (uso de recursos naturais).
- **Água:** conservação e reúso (uso de recursos naturais).

- **Materiais:** uso de recursos naturais.
- **Cargas ambientais:** poluição, resíduos de construção e demolição (RCD) e efluentes.
- **Qualidade do ambiente interno:** impacto sobre os usuários.
- **Qualidade do ambiente externo:** qualidade dos acessos, sistemas de transporte.
- **Qualidade dos serviços:** desempenho dos serviços, usabilidade dos serviços, manutenção/sustentabilidade dos sistemas e impactos nos edifícios vizinhos.
- **Sistema de gestão da qualidade:** melhoria no produto e serviço oferecidos, incremento dos valores monetários comprometidos à evolução do ciclo de vida e aumento da qualidade das condições de trabalho das mãos de obra operacional e gerencial.
- **Sistema de Gestão Ambiental (SGA):** incentivo à sustentabilidade.
- **Responsabilidade social e desenvolvimento econômico:** relacionamento com a comunidade local e a sociedade.

10.2 BREEAM

Building Research Establishment Environmental Assessment Method (BREEAM – Método de Avaliação Predial Através da Pesquisa do Ambiente Estabelecido) é o primeiro método de avaliação de desempenho ambiental de edificações. Foi desenvolvido pelo Building Research Establishment (BRE), no Reino Unido, sendo que sua primeira versão foi apresentada em 1990.

A metodologia BREEAM é usada para avaliar o desempenho ambiental de qualquer tipo de edificação.

Foram criadas variações deste método de avaliação ambiental para atender às normas complementares específicas de países como os Países Baixos (BREEAM NL) e a Espanha (BREEAM ES). Existem, também, versões para a Suécia (BREEAM SE) e para a Noruega (BREEAM NOR).

Foram emitidos mais de 200.000 certificados desde o início do programa BREEAM. Pelo menos 633 edifícios foram certificados desde 2008, sendo que 73 destes estão fora do Reino Unido e a maioria deles está localizada na França.

O BREEAM apresenta exigências que enfocam o interior das edificações, o entorno próximo e o meio ambiente (Figura 10.3).

Figura 10.3
Focos do método de avaliação ambiental BREEAM.

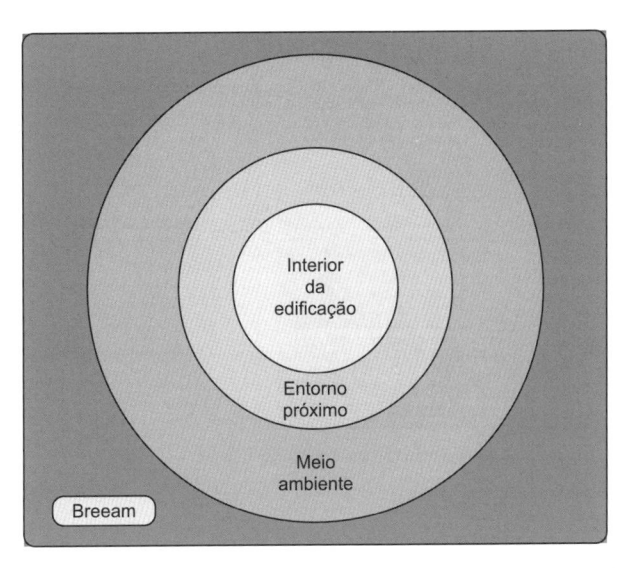

- Interior da edificação
- Entorno próximo
- Meio ambiente
- Breeam

Fonte: Elaborada pelos autores.

O BREEAM busca as melhores condições de conforto e salubridade para a humanidade com um baixo impacto ambiental, tanto em termos de consumo de recursos quanto de emissões de poluentes (Figura 10.4).

Figura 10.4
Condições de conforto e salubridade no método de avaliação ambiental BREEAM.

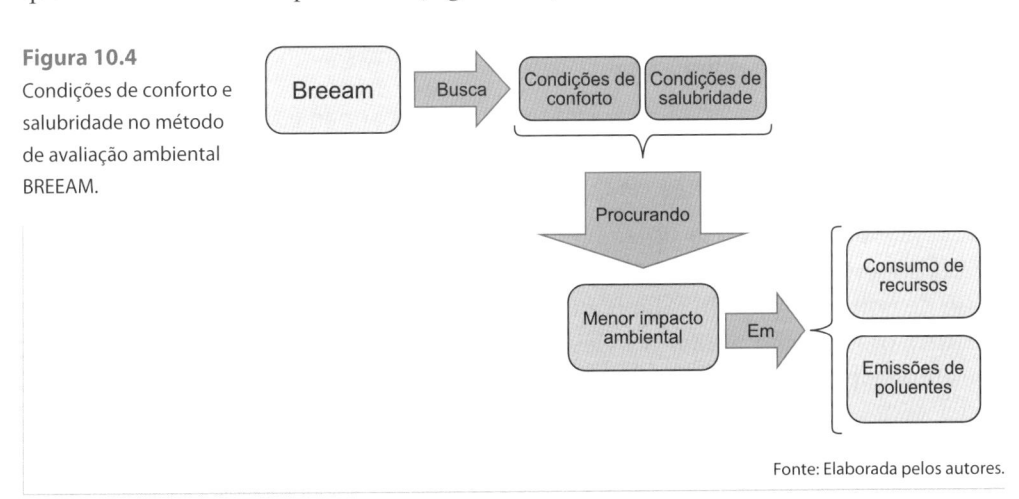

Breeam → Busca → Condições de conforto / Condições de salubridade → Procurando → Menor impacto ambiental → Em → Consumo de recursos / Emissões de poluentes

Fonte: Elaborada pelos autores.

A avaliação da metodologia BREEAM possui itens relacionados ao atendimento obrigatório e a outros quesitos de classificação, listando questões sobre os impactos das edificações no meio ambiente, na saúde e no conforto do usuário e a administração de recursos (Figura 10.5).

Figura 10.5
Itens gerais de avaliação no método BREEAM.

- Impacto das edificações no meio ambiente
- Saúde do usuário
- Conforto do usuário
- Gestão de recursos

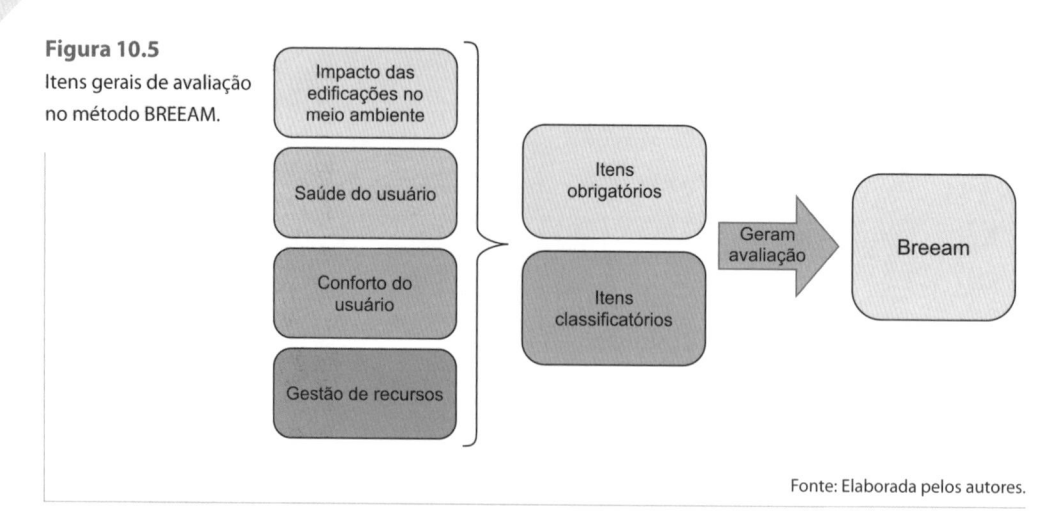

→ Itens obrigatórios
→ Itens classificatórios

Geram avaliação → Breeam

Fonte: Elaborada pelos autores.

O cumprimento dos itens obrigatórios e uma relação mínima de itens classificatórios relacionarão a classificação da edificação em um dos níveis de desempenho desta metodologia. Destaca-se que a somatória de pontos mínima necessária para essa metodologia, que varia de acordo com a versão do método, bem como os níveis de classificação.

Nesse modelo de avaliação, existem critérios para diversos tipos de edificações, como edifícios de escritórios, shopping centers, edificações térreas e de habitações de múltiplos pavimentos e indústrias.

A versão BREEAM 2011 foi projetada para acompanhar as melhorias nas práticas de construção do Reino Unido. Essa tem metas para resíduos do canteiro de obras mais rigorosas do que as suas versões anteriores.

Esse modelo de avaliação ambiental também permite que os usuários possam demonstrar a conformidade com a aquisição sustentável, por meio do uso do processo de Soft Landings do Building Services Research and Information Association (BSRIA), organização britânica independente de testes, instrumentação, pesquisa e consultoria, publicando como o Soft Landings Framework.

A metodologia do BREEAM recompensa o desempenho da edificação perante a regulamentação, que fornece benefícios ambientais, de conforto ou de saúde (Figura 10.6). Os pontos de prêmios dessa metodologia, ou "créditos", agrupam os impactos ambientais da seguinte maneira:

- **Energia:** avalia a energia consumida operacionalmente e o dióxido de carbono (CO_2) gerado.

- **Gestão:** analisa a política de gestão, o comissionamento, a gestão e a aquisição de sites.
- **Saúde e bem-estar:** avalia o interior e o exterior das edificações, aplicando questões como ruído, luz, ar, qualidade etc.
- **Transporte:** verifica o dióxido de carbono (CO_2) relacionado com o transporte e os fatores relacionados à localização.
- **Consumo e eficiência de água:** avalia a água disponível e os desperdícios.
- **Materiais:** analisa os impactos incorporados de materiais de construção, incluindo impactos no ciclo de vida, como o dióxido de carbono incorporado.
- **Resíduos:** verifica a eficiência dos recursos de construção e a gestão de resíduos e sua minimização.
- **Poluição:** analisa a poluição externa do ar e da água.
- **Uso da terra:** avalia o tipo de local e a pegada do edifício.
- **Ecologia:** analisa o valor ecológico, a conservação e a valorização do sítio.

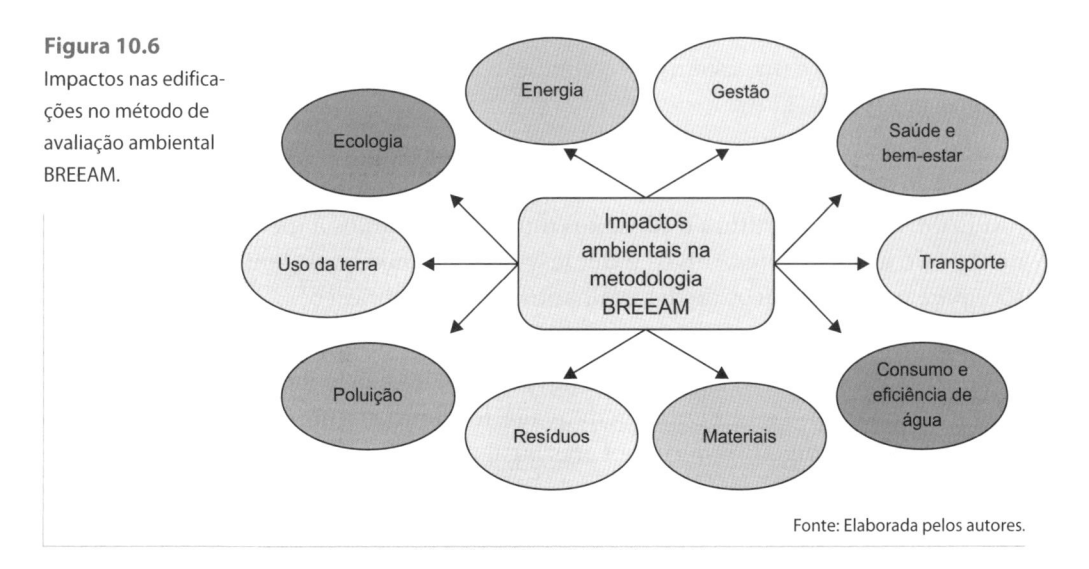

Figura 10.6
Impactos nas edificações no método de avaliação ambiental BREEAM.

Fonte: Elaborada pelos autores.

A somatória do número de pontos obtidos em cada etapa da avaliação é multiplicada por um fator de ponderação ambiental, que leva em consideração a importância relativa de cada etapa. As pontuações de cada seção são adicionadas para produzir uma única pontuação geral. A escala utilizada varia de 1 a 5 a partir da pontuação geral da edificação.

🏠 SAIBA MAIS

Uma certificação BREEAM custa cerca de 1.100,00 libras esterlinas (£100), o equivalente a 1.250 euros (€ 1.250), ou seja, pouco menos de R$ 5 mil. Contudo, se forem até 100 edificações, o custo da certificação é de R$ 20,00 por casa, o que dá menos de R$ 100,00 por unidade. Para até mil casas, o custo cai para R$ 8,00 por unidade. A ideia do BREEAM é estimular a construção de lotes maiores de edificações.

Obter um certificado BREEAM significa que foram incorporadas à edificação medidas de boas práticas ambientais durante a sua construção. Essa condição demonstra o compromisso dos agentes envolvidos com importantes objetivos ambientais da sociedade.

A certificação BREEAM corresponde à garantia da satisfação dos utilizadores da edificação, melhorando a qualidade do ambiente interior e as condições de vida e trabalho, mediante a implementação de padrões de conforto ambiental que beneficiam a saúde e o bem-estar.

10.3 LEED

Leadership in Energy and Environmental Design Green Building Rating System (LEED – Sistema de Classificação de Liderança em Energia e Projeto Ambiental de Prédios Verdes) é um sistema de certificação ambiental que foi lançado nos Estados Unidos, em 1998.

A avaliação ambiental LEED é aplicada pelo United States Green Building Council (USGBC). Suas características foram baseadas na avaliação britânica BREEAM. Ela tem estrutura e conceitos muito semelhantes à metodologia britânica, mesclando aspectos prescritivos e de desempenho, nos quais também existem versões para usos específicos de determinados tipos de edificações.

Assim como o BREEAM, a certificação LEED está disponível para todos os tipos de construção. Ela avalia construções novas, edifícios existentes, núcleos de edificações e adequações. O LEED também avalia residências que, no Reino Unido, são avaliadas pelo Código Britânico de Lares Sustentáveis (Code for Sustainable Home).

O sistema da avaliação LEED foi modificado e adotado com sucesso por muitos países, incluindo Índia, Canadá, Itália e Brasil. Além disso, mais de 20 países também aderiram à Mesa-Redonda Internacional LEED, que tem papel de comitê internacional das práticas LEED.

Os aspectos avaliados pelo LEED referem-se ao impacto criado ao meio ambiente, em relação aos processos pertinentes à edificação em todas as suas etapas construtivas. São abordados: análise do local do empreendimento, verificação do consumo de água e de energia elétrica e gestão de resíduos (Figura 10.7).

Figura 10.7
Aspectos avaliados nas edificações no método de avaliação LEED.

Projeto, construção e operação da edificação:
- Gestão de resíduos
- Conforto do ambiente interno da edificação
- Qualidade do ambiente interno da edificação
- Local do empreendimento
- Consumo de água
- Consumo de energia
- Aproveitamento de materiais locais

Geram avaliação → Impacto gerado ao meio ambiente → Leed

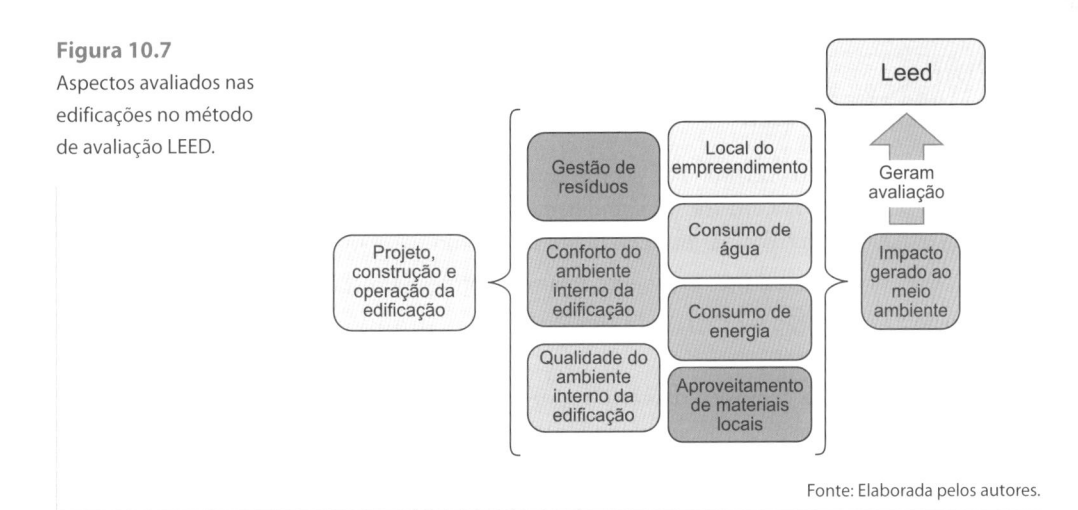

Fonte: Elaborada pelos autores.

O método de avaliação LEED faz a análise da eficiência ambiental potencial da edificação por meio de documentação que indique sua sintonia aos itens obrigatórios e classificatórios presentes na certificação.

Os níveis de certificação são: prata, ouro ou platina. As classes de pontuação e as faixas consideradas para a classificação das edificações variam de acordo com o uso e a fase do ciclo de vida da edificação.

Figura 10.8
Variáveis do nível de certificação LEED.

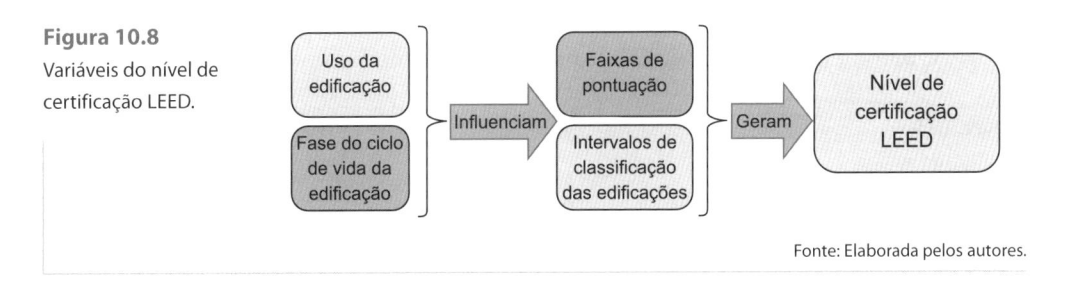

Uso da edificação / Fase do ciclo de vida da edificação → Influenciam → Faixas de pontuação / Intervalos de classificação das edificações → Geram → Nível de certificação LEED

Fonte: Elaborada pelos autores.

SAIBA MAIS

Durante a execução do projeto da edificação, todas as estratégias devem ser registradas por meio de projetos, cálculos, imagens e declarações de conformidade, pois, ao fim dos registros, serão apresentadas ao USGBC como evidências do cumprimento à pontuação.

No final do desenvolvimento dos projetos, esses podem estar sujeitos à avaliação do conselho, comprovando a intenção do empreendedor em aplicar estratégias que tornem a obra certificada.

Não existe a garantia da certificação ao fim da execução da obra, porque as estratégias evidenciadas durante a construção também devem ser submetidas ao conselho da USGBC.

DICA

Custo da certificação LEED

O custo da certificação LEED varia de acordo com a área da edificação e o sistema de avaliação utilizado. Por exemplo, a análise ser combinada (combined review) ou dividida (split review) também influencia no custo, assim como o fato de a empresa ser ou não membro do USGBC.

O custo é dividido em: registro do projeto, análise do projeto e certificação de obra.

No caso de a certificação ser LEED Core and Shell (LEED CS), existe a possibilidade de se pagar a taxa de pré-certificação.

Para verificar o custo completo da certificação LEED para todas as metragens e tipologias, acesse: <http://www.usgbc.org/cert-guide/fees#bdc>.

10.4 HQE

Association por la Haute Qualité Environnementale (HQE – Associação para a Alta Qualidade Ambiental) é uma base de avaliação de edificações francesa. Ela consiste em dois sistemas, relacionados entre si, para a avaliação do desempenho ambiental das edificações (Figura 10.9). Esses sistemas avaliam as fases de projeto, execução e uso, cada qual com uma certificação em separado:

- Gestão do empreendimento (SMO – Système de Management de l'Opération).
- Qualidade ambiental (QEB – Qualité Environnementale du Bâtiment).

Figura 10.9
Estrutura do sistema de avaliação de edificações HQE.

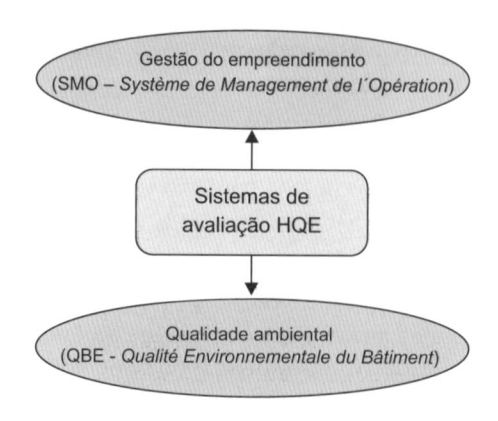

Fonte: Elaborada pelos autores.

Este método francês de avaliação ambiental das edificações é diferente dos métodos BREEAM e LEED. A avaliação ambiental HQE não possui escala de pontuação, mas, sim, uma estrutura baseada em um perfil ambiental determinado pelo empreendedor, dentre os quatro blocos de avaliação, que juntos possuem 14 itens.

Os blocos de avaliação (Figura 10.10) são:

- impactos do empreendimento no meio ambiente;
- gestão de recursos;
- conforto ambiental;
- saúde do usuário.

Figura 10.10
Blocos de avaliação HQE.

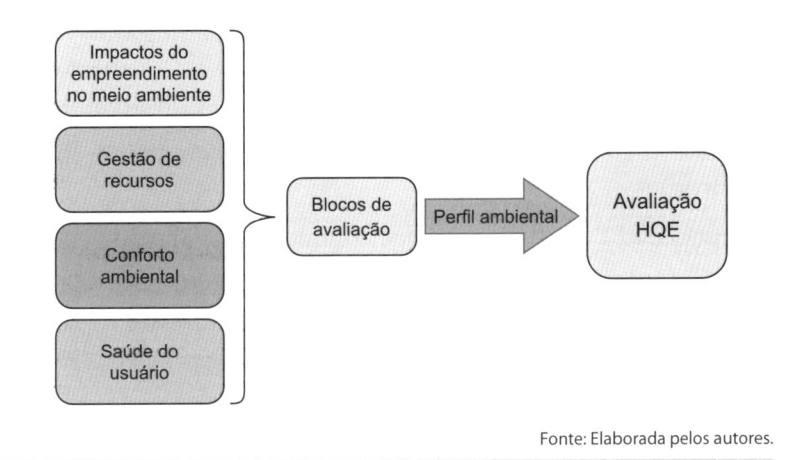

Fonte: Elaborada pelos autores.

Na formação do perfil ambiental, são selecionados itens que deverão atender aos patamares de desempenho definidos. Há três níveis de patamares: o máximo (Très Performant), que representa os melhores patamares de desempenho possíveis de ser obtidos; o médio (Performant); e o mínimo (Base), que já corresponde às adequadas práticas correntes.

Para se obter a certificação HQE, dos 14 itens existentes, 4 devem atender pelo menos ao patamar médio e, no mínimo, 3 ao máximo. As outras categorias devem se enquadrar no patamar base.

SAIBA MAIS

Os dois primeiros métodos de avaliação ambiental de edificações (BREEAM e LEED) são muito parecidos entre si quanto ao formato de avaliação, ao atendimento a pré-requisitos e à concessão de pontuação técnica acerca de itens de avaliação independentes e classificação da performance das edificações em vários patamares.

O método de avaliação ambiental de edificações HQE oferece importância em questões de desempenho global da edificação, da administração do processo de projeto e da construção das edificações, além de correlacionar muitos dos itens avaliados. Sua avaliação ocorre por um perfil ambiental previamente estabelecido, que, se atendido, resulta na certificação da edificação.

10.5 CASBEE

Comprehensive Assessment System for Building Environmental Efficiency (CASBEE – Sistema de Avaliação Abrangente para Eficiência Ambiental de Prédio) é uma metodologia criada no Japão, em 2001.

O CASBEE foi resultado de um trabalho articulado e desenvolvido pela indústria, pelo governo e pela academia, em colaboração com o consórcio de edifícios sustentáveis japoneses JSBC (Japan Sustainable Building Consortium). É administrada pelo Instituto para a Construção do Ambiente e Conservação de Energia (IBEC – Institute for Buillding Environment and Energy Conservation).

Esse método de avaliação qualifica o desempenho ambiental de edifícios e construções.

O CASBEE possui quatro instrumentos de avaliação:

- desenvolvimento do projeto de edificações;
- construções novas;
- edificações existentes;
- reformas.

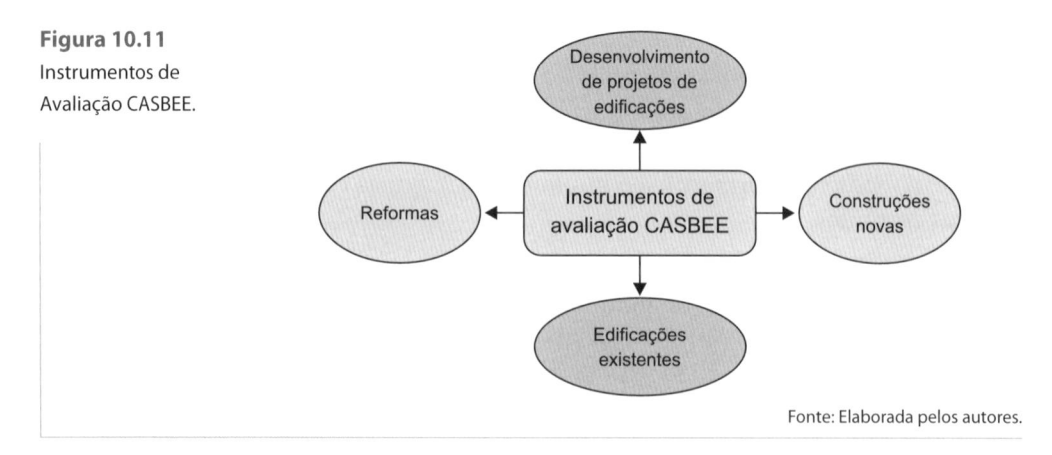

Figura 10.11
Instrumentos de Avaliação CASBEE.

Fonte: Elaborada pelos autores.

Os critérios de avaliação do CASBEE abordam a qualidade ambiental e o desempenho do edifício (Q – Building Environmental Quality and Performance) e a diminuição de cargas ambientais (LR – Reduction of Building Environmental Loadings), conforme Figura 10.12:

- **Sistema Q:** considera as questões associadas à qualidade do ambiente interno/serviço e o meio ambiente local (preservações vegetal e animal; características paisagísticas, culturais, locais etc.).

- **Sistema LR:** avalia a eficiência energética, a gestão de recursos (economia e reúso de água, reúso e reciclagem de materiais etc.) e os impactos na vizinhança (poluição do ar, sonora, vibrações etc.)

Figura 10.12
Sistemas da avaliação CASBEE.

Fonte: Elaborada pelos autores.

A pontuação dos dois sistemas é calculada, resultando em uma nota final (BEE – Building Environmental Efficency), que corresponde à classificação do edifício em um dos patamares possíveis.

O CASBEE possui estrutura de somatória de pontos técnica suportada na relação benefício para o usuário/custo ambiental para obter esse benefício, que resulta em um índice de performance do edifício, enquanto o Green Building Assessment (GBA tool), por seu perfil internacional, necessita que cada aplicador utilize fatores de ponderação estabelecidos de acordo com suas características locais.

SAIBA MAIS
Na avaliação CASBEE, a razão entre "Q" e "LR" oferece o resultado da performance ambiental da edificação, denominado BEE (Building Environmental Efficiency). Quanto maior for o valor de Q e menor for o valor de LR, mais sustentável será considerada a construção.

10.6 GBA Tool

Green Building Assessment Tool (GBA Tool – Ferramenta de Avaliação de Prédios Verdes) é uma ferramenta de âmbito internacional de avaliação ambiental de edificações. Ela surgiu a partir de um consórcio que une vários países da Europa, Ásia e América (Green Building Challenge), na busca do desenvolvimento de incentivos à execução de edifícios mais adequados no quesito ambiental.

É uma ferramenta de discussão e aprimoramento de projetos, podendo ser utilizada por qualquer entidade de avaliação que estabeleça fatores de ponderação para os elementos considerados.

Os assuntos relacionados referem-se a consumo de recursos, cargas ambientais, qualidade do ambiente interno, qualidade do serviço, aspectos econômicos e gestão antes da ocupação da edificação.

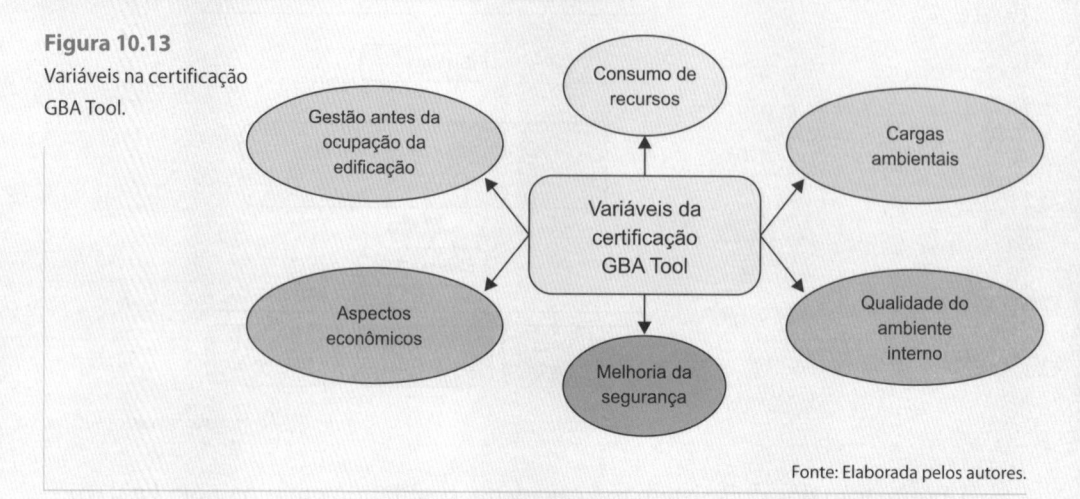

Figura 10.13
Variáveis na certificação GBA Tool.

- Consumo de recursos
- Gestão antes da ocupação da edificação
- Cargas ambientais
- Variáveis da certificação GBA Tool
- Aspectos econômicos
- Qualidade do ambiente interno
- Melhoria da segurança

Fonte: Elaborada pelos autores.

CONSIDERAÇÕES FINAIS

▶ Neste capítulo foram observadas algumas das metodologias intervenientes no projeto arquitetônico de edificações. Foram detalhadas as metodologias de avaliações ambientais BREEAM, LEED, HQE, CASBEE e GBA Tool.

Bibliografia

ABIKO, A. K.; MARQUES, F. S.; CARDOSO, F. F.; TIGRE, P. B. (Orgs.). **Setor de construção civil**: segmento de edificações. Brasília: Senai/DN, 2005.

ABREU FILHO, J. C. F.; SOUZA, C. P.; GONÇALVES, D. A. **Finanças corporativas**. São Paulo: FGV, 2012. (Série Gestão Empresarial)

ALMEIDA, M. I. R. **Manual de planejamento estratégico**. São Paulo: Atlas, 2010.

AMARAL, A. C. C. **Licitação e contrato administrativo**: estudos, parecer e comentários. Belo Horizonte: Fórum, 2006.

ARNHEIM, R. **Arte e percepção visual**: uma psicologia da visão criadora. São Paulo: Thomson, 2007.

ARROYO ENGENHARIA. **Mobilidade elétrica**: o modelo das cidades inteligentes. s/d. Disponível em: <https://arroyoengenharia.com.br/mobilidade-eletrica-o-modelo-das-cidades-inteligentes/>. Acesso em: 29 jun. 2019.

ASSOCIAÇÃO BRASILEIRA DE NORMAS TÉCNICAS (ABNT). **ABNT NBR 7195:2018**. 2 jul. 2018. Disponível em: <https://www.abntcatalogo.com.br/norma.aspx?id=400214>. Acesso em: 30 jul. 2019.

BISTAFA, S. R. **Acústica aplicada ao controle de ruído**. São Paulo: Edgard Blücher, 2006.

CAMISASSA, M. Q. **Segurança e saúde no trabalho**: NRs 1 a 36 comentadas e descomplicadas. Rio de Janeiro: Método, 2017.

CARR, D. K.; LITTMAN, I. D. **Excelência nos serviços públicos**: gestão da qualidade total na década de 90. Rio de Janeiro: Qualitymark, 1992.

CARVALHO, M. M.; RABECHINI JUNIOR, R. R. **Construindo competências para gerenciar projetos**: teoria e casos. São Paulo: Atlas, 2006.

CHING, F. D. K. **Arquitetura**: forma, espaço e ordem. São Paulo: Martins Fontes, 2008.

CORBELLA, O.; YANNAS, S. **Em busca de uma arquitetura sustentável para os trópicos**. Rio de Janeiro: Reven, 2003.

CORRÊA, C. A.; CORRÊA, H. L. **Administração de produção e de operações**: manufatura e serviços: uma abordagem estratégica. São Paulo: Atlas, 2005.

COSTA, E. C. **Arquitetura ecológica**: condicionamento térmico natural. São Paulo: Edgard Blücher, 2000.

ELETROBRAS. Programa Nacional de Conservação de Energia Elétrica (Procel). **Manual de iluminação**. ago. 2011. Disponível em: <http://bit.ly/2YwdVEu>. Acesso em: 20 jul. 2019.

FARINA, M.; PEREZ, C.; BASTOS, D. **Psicodinâmica das cores em comunicação**. 5. ed. São Paulo: Edgard Blücher, 2006.

FIORILLO, C. A. P.; FERREIRA, P.; MORITA, D. M. **Licenciamento ambiental**. São Paulo: Saraiva, 2015.

FRANCISCHINI, P.; GURGEL, F. C. A. **Administração de materiais e do patrimônio**. São Paulo: Pioneira Thomson, 2002.

FRASER, T.; BANKS, A. **O guia completo da cor**. São Paulo: Senac, 2010.

FRAS-LE. **Carros autômatos**: conheça essa tendência tecnológica. 23 mai. 2018. Disponível em: <http://fras-le.rdstationblog.com.br/carros-autonomos/>. Acesso em: 29 jul. 2019.

GOMES, O. **Contratos**. Rio de Janeiro: Forense, 2002.

GUIA TRABALHISTA. **Norma Regulamentadora nº 26**. 2011. Disponível em: <http://www.guiatrabalhista.com.br/legislacao/nr/nr26.htm>. Acesso em: 30 jul. 2019.

GUIMARÃES, L. **A cor como informação**: a construção biofísica, linguística e cultural da simbologia das cores. 3. ed. São Paulo: Annablume, 2004.

GURGEL, M. **Projetando espaços**: design de interiores. São Paulo: Senac, 2007.

HINRICHS, R.; KLEINBACH, M.; REIS L. **Energia e meio ambiente**. Tradução da 4. ed. norte-americana. São Paulo: Cengage Learning, 2010.

KULA, D.; TERNAUX, E. **Materiologia**: o guia criativo de materiais e tecnologias. São Paulo: Senac, 2012.

LEFF, E. **Saber ambiental**: sustentabilidade, racionalidade, complexidade, poder. Tradução de Lúcia Mathilde Endlich Orth. Petrópolis: Vozes, 2001.

LLOYD, L. L.; KAPLAN, H. **Audiometric interpretation**: a manual of basic audiometry. University Park Press: Baltimore, 1978.

MEREDITH, J. R.; MANTEL JUNIOR, S. J. **Administração de projetos**: uma abordagem gerencial. Rio de Janeiro: LTC, 2008.

MESSEGUER, A. G. **Controle e garantia da construção civil**. São Paulo: Projeto P/W, Sinduscon, 1991.

MORAES, A. **Ergonomia**: conceitos e aplicações. Rio de Janeiro: 2AB, 2003.

NOCÊRA, R. J. **Fundamentos de planejamento de controle físico de obras para contratantes**. Santo André: RJN, 2010.

PANERO, J.; ZELNIK, M. **Dimensionamento humano para espaços interiores**: um livro de consulta e referência para projetos. Barcelona: Editorial Gustavo Gili, 2002.

PAVANATI, H. C. I. **Ciência e tecnologia dos materiais**. São Paulo: Pearson, 2015.

PELTIER, F.; SAPORTA, H. **Design sustentável**: caminhos virtuosos. Tradução de Marcelo Gomes. São Paulo: Senac, 2009.

PINHEIRO, A. C. F. B.; CRIVELARO, M. **Conforto ambiental**. São Paulo: Érica, 2015. (Série Eixos)

_____. **Gestão de contratos na construção civil**. São Paulo: Érica, 2018.

_____. **Legislação aplicada à construção civil**. São Paulo: Érica, 2014. (Série Eixos)

_____. **Planejamento e custos de obras**. São Paulo: Érica, 2014. (Série Eixos)

_____. **Qualidade na construção civil**. São Paulo: Érica, 2014. (Série Eixos)

_____. **Tecnologia de obras e infraestrutura**. São Paulo: Érica, 2014. (Série Eixos)

QUARTAROLI, C. M.; LINHARES, J. **Guia de gerenciamento de projetos e certificação PMP**. Rio de Janeiro: Ciência Moderna, 2004.

RICARDO, H. S.; CATALANI, G. **Manual prático de escavação**: terraplenagem e escavação de rocha. 3. ed. São Paulo: Pini, 2007.

SILVA, M. L. **Luz, lâmpada, iluminação**. Rio de Janeiro: Ciência Moderna, 2004.

SOUZA, R.; MEKBEKIAN, G. **Qualidade na aquisição de materiais e execução de obras**. São Paulo: Pini, 1996.

VARGAS, R. **Gerenciamento de projetos**: estabelecendo diferenciais competitivos. 7. ed. São Paulo: Brasport, 2009.

VILLAÇA, J. **Plantas tropicais**: guia prático para o novo paisagismo brasileiro. São Paulo: Nobel, 2005.

Crédito das imagens

CAPÍTULO 1
Figura 1.1: f11photo/Getty Images
Figura 1.2: Beboy_ltd/Getty Images
Figura 1.3: Ridofranz/Getty Images; AndreyPopov/Getty Images
Figura 1.4: esp2k/Getty Images
Figura 1.5: PhonlamaiPhoto/Getty Images
Figura 1.6: valio84sl/Getty Images; Natnan Srisuwan/Getty Images; Agnieszka Skalska/Shutterstock.com
Figura 1.7: Chesky_W/Getty Images
Figura 1.8: DragonImages/Getty Images; shironosov/Getty Images
Figura 1.9: Ирина Мещерякова/Getty Images
Figura 1.10: betoon/Getty Images
Figura 1.11: Kinwun/Getty Images
Figura 1.12: sharrocks/Getty Images
Figura 1.13: hakule/Getty Images
Figura 1.14: DSCimage/Getty Images
Figura 1.15: Spencer_Whalen/Getty Images
Figura 1.16: Click_and_Photo/Getty Images
Figura 1.17: Tzido/Getty Images
Figura 1.18: metamorworks/Getty Images
Figura 1.19: fizkes/Getty Images
Figura 1.20: mikkelwilliam/Getty Images
Figura 1.21: ISerg/Getty Images
Figura 1.22: bwzenith/Getty Images
Figura 1.23: Halfpoint/Getty Images
Figura 1.24: eternalcreative/Getty Images
Mapa 1.1: Cartógrafo - Julio M. F. Silva

CAPÍTULO 2
Figura 2.5: sl-f/Getty Images
Figura 2.6: vchal/Getty Images
Figura 2.7: KangeStudio/ Getty Images
Figura 2.8: YinYang/Getty Images
Figura 2.9: bobainsworth/Getty Images
Figura 2.10: Korisbo/Getty Images
Figura 2.11: JohnnyH5/Getty Images
Figura 2.12: Empato/Getty Images
Figura 2.13: Peter_visual/Getty Images
Figura 2.14: the_guitar_mann/Getty Images; AntonioGuillem/Getty Images
Figura 2.15: Ilya Rudyakov/Getty Images
Figura 2.16: angelhell/Getty Images
Figura 2.17: Bill_Vorasate/Getty Images
Figura 2.18: ziggy1/Getty Images
Figura 2.19: can72/Getty Images
Figura 2.20: venuestock/Getty Images
Figura 2.21: Smileus/Getty Images
Figura 2.22: wsfurlan/Getty Images
Figura 2.23: breifbluesky/Getty Images
Figura 2.24: gianliguori/Getty Images
Figura 2.25: vuk8691/Getty Images

CAPÍTULO 3
Figura 3.2: 12963734/Getty Images
Figura 3.3: Дмитрий Ларичев/Getty Images
Figura 3.4: nd3000/Getty Images
Figura 3.5: deepblue4you/Getty Images
Figura 3.6: JackF/Getty Images
Figura 3.7: PeopleImages/Getty Images
Figura 3.10: CentralITAlliance/Getty Images
Figura 3.11: zhudifeng/Getty Images
Figura 3.12: Jason Finn/Getty Images
Figura 3.13: Nate Hovee/Getty Images
Figura 3.15: zhudifeng/Getty Images

Figura 3.16: scyther5/Getty Images
Figura 3.17: martinwimmer/Getty Images
Figura 3.18: Kemter/Getty Images
Figura 3.19: guvendemir/Getty Images
Figura 3.20: mrtom-uk/Getty Images
Figura 3.21: Fouque/Getty Images

CAPÍTULO 4
Figura 4.4: djmilic/Getty Images
Figura 4.5: Manzor_09/Getty Images
Figura 4.6: agustavop/Getty Images
Figura 4.8: solarseven/Getty Images
Figura 4.9: aniszewski/Getty Images
Figura 4.10: Wavebreakmedia/Getty Images
Figura 4.11: Crazy little things/Getty Images

CAPÍTULO 5
Figura 5.1: Steve Debenport/Getty Images
Figura 5.2: Andrew Bertuleit/Getty Images
Figura 5.6: Maxvis/Getty Images
Figura 5.7: nevereverro/Getty Images
Figura 5.8: jm1366/Getty Images
Figura 5.10: romarj/Getty Images
Figura 5.13: legna69/Getty Images
Figura 5.14: Jose Macedo/Getty Images

CAPÍTULO 6
Figura 6.1: adrian825/Getty Images

CAPÍTULO 7
Figura 7.3: alex-mit/Getty Images
Figura 7.4: Goran Jakus Photography/Getty Images
Figura 7.5: AnnaElizabethPhotography/Getty Images
Figura 7.6: mdragan/Getty Images
Figura 7.7: jacoblund/Getty Images
Figura 7.8: Vudhikul Ocharoen/Getty Images
Figura 7.11: juhajarvinen/Getty Images
Figura 7.18: Sociologas/Getty Images
Figura 7.19: simazoran/Getty Images
Figura 7.20: diegograndi/Getty Images
Figura 7.21: hallojulie/Getty Images
Figura 7.22: asikkk/Getty Images
Figura 7.23: Lemon_tm/Getty Images

CAPÍTULO 8
Figura 8.3: zanskar/Getty Images
Figura 8.5: Solange_Z/Getty Images
Figura 8.7: At-lantica/Getty Images
Figura 8.8: MILANTE/Getty Images
Figura 8.9: Nyo09/Getty Images
Figura 8.11: RyanUssery/Getty Images
Figura 8.12: NiseriN/Getty Images
Figura 8.15: avdeev007/Getty Images
Figura 8.17: choness/Getty Images

CAPÍTULO 9
Figura 9.7: VictorHuang/Getty Images
Figura 9.9: EunikaSopotnicka/Getty Images
Figura 9.12: SUNGSU HAN/Getty Images
Figura 9.13: LRech/Getty Images
Figura 9.14: runna10/Martin Barraud/Getty Images
Figura 9.15: zhudifeng/Getty Images
Figura 9.16: rchphoto/Getty Images
Figura 9.17: stevegeer/Getty Images